Cliff Eisen · Wolf-Dieter Seiffert

Mozarts Streichquintette

Cliff Eisen · Wolf-Dieter Seiffert
(Herausgeber)

Mozarts
Streichquintette

Beiträge zum musikalischen Satz,
zum Gattungskontext
und zu Quellenfragen

Mit zahlreichen Notenbeispielen

Franz Steiner Verlag Stuttgart · 1994

Umschlag: Gemälde Öl auf Holz (1994) von Renate Haftlmeier-Seiffert;
Titel: „Streichquintett". Privatbesitz.

Die Deutsche Bibliothek - CIP-Einheitsaufnahme
Mozarts Streichquintette : Beiträge zum musikalischen Satz,
zum Gattungskontext und zu Quellenfragen / Cliff Eisen ; Wolf-
Dieter Seiffert (Hrsg.). - Stuttgart : Steiner, 1994
    ISBN 3-515-06628-4
NE: Eisen, Cliff [Hrsg.]

Inhalt

Einleitung

Nicht wenige Kenner und Liebhaber zählen Wolfgang Amadeus Mozarts Streichquintett-Kompositionen, also dessen Werke für zwei Violinen, zwei Bratschen und ein Violoncello, zu seinen bedeutendsten Schöpfungen, viele werden gar Friedrich Blume beipflichten, wenn er von ihnen behauptet, sie stünden „völlig isoliert auf einsamer geschichtlicher Höhe"[1]. In umgekehrtem Verhältnis zu dieser allgemeinen Wertschätzung steht die verschwindend geringe Anzahl von Publikationen, seien sie wissenschaftlich oder populärwissenschaftlich ausgerichtet, die man zu dieser Werkgruppe vorfindet. Neuere Arbeiten, vor allem auch solche, die über Allgemeinplätze hinauskommen, kann man ohne weiteres an den Fingern beider Hände abzählen, wobei das Interesse an Mozarts Streichquintetten in jüngerer Zeit zu wachsen scheint[2]. Freilich werden diese insgesamt sechs Kompositionen in den großen Mozart-Biographien mehr oder weniger ausführlich behandelt[3], doch sucht

---

1 Artikel „Mozart" (Friedrich Blume), in: MGG 9 (1961), Spalte 772. Vgl. etwa auch Charles Rosen, Der klassische Stil, München/Kassel usw. 1983 [original: The Classical Style, New York 1971], S. 300: „Mozarts größte Kammermusikwerke sind nach allgemeiner Übereinstimmung seine Streichquintette"; Alec Hyatt King, Chamber Music: Strings Alone, in: The Mozart Compendium. A Guide to Mozart's Life and Music (herausgegeben von H. C. Robbins Landon), London 1990, S. 296 f.: „these splendid last quintets [K. 593 and 614] can be seen as the crown of a continuum unique in Mozart's music of any type".

2 Ernst Hess, Die 'Varianten' im Finale des Streichquintettes KV 593, in: MJb 1960/61, S. 68–77; Rosen, a. a. O., S. 300–327; Marius Flothuis, Mozart. Streichquintett g-Moll (Meisterwerke der Musik, Heft 44), München 1987; Isabelle Emerson, A Question of Order: Andante, Minuet, Or Minuet, Andante – Mozart's String Quintet in C Major, K. 515, in: MJb 1989/90, S. 89–98; Konrad Küster, Mozart. Eine musikalische Biographie, Stuttgart 1990, S. 271–279; Wolf-Dieter Seiffert, Vom Streichquartett zum Streichquintett. Satztechnische Bezüge zwischen kammermusikalischem Früh- und Spätwerk bei Mozart, in: MJb 1991, S. 671–677; Manfred Hermann Schmid, Musikalische Syntax in Menuetten Mozarts. Anmerkungen zur Bläserserenade KV 361 und zum Streichquintett KV 614, in: Gesellschaftsgebundene instrumentale Unterhaltungsmusik des 18. Jahrhunderts, herausgegeben von Hubert Unverricht, Tutzing 1992 (Eichstätter Abhandlungen zur Musikwissenschaft, Band 7), S. 119–130.

3 Sieht man einmal von der allgemein-ästhetisch und psychologisch ausgerichteten Mozart-Studie von Oulibicheff ab (Alexandre Oulibicheff, Nouvelle biographie de Mozart, suivie d'un aperçu sur l'histoire générale de la musique et de l'analyse des principales œuvres de Mozart, Moskau 1843; erste deutschsprachige Auflage: 1847, Band 3, S. 251–283), so war es Otto Jahn, der sich als erster ausgiebiger mit Mozarts Streichquintetten befaßte (Otto Jahn, W. A. Mozart, Band 4, Leipzig 1859, S. 93–107). Vgl. auch: Hermann Abert, W. A.

C. Eisen/W.-D. Seiffert, Hg.: Mozarts Streichquintette
© 1994 Franz Steiner Verlag Stuttgart

man eine umfassende, auf aktueller und verläßlicher Basis ruhende Monographie dieser so wichtigen Werkgruppe vergeblich.

Diese auffällige Diskrepanz zwischen ästhetischer Bedeutung und nahezu fehlender publizistischer Resonanz[4] hängt zweifellos mit der generellen Vernachlässigung der Gattung Streichquintett zusammen. Um nur zwei für sich sprechende Beispiele zu nennen: Ungeachtet der reichhaltigen Überlieferung von Streichquintetten seit den 1750er-Jahren bis zum heutigen Tage, muß sich der Artikel „String Quintet" im „New Grove Dictionary of Music and Musicians" mit weniger als zwei Textspalten begnügen, während dem Streichquartett über 21 Spalten zugebilligt werden[5]. Die siebzehnbändige Enzyklopädie „Die Musik in Geschichte und Gegenwart" (MGG) ist noch sparsamer: Das Streichquintett erhält dort gar keinen eigenständigen Eintrag und wird fast beiläufig unter dem Artikel „Streichquartett" abgehandelt[6]. Ganz offensichtlich wird dem Streich*quartett* auf Kosten des 'größeren Bruders' Streich*quintett* eine Vorrangstellung eingeräumt – und diese Präferenz der Wissenschaft (wie auch des Konzertlebens) hat natürlich tiefere Gründe.

*

Der vorliegende Sammelband kann und will mit seinen sieben Beiträgen keinen umfassenden Überblick zu Mozarts Streichquintetten bieten. Vielmehr sollen hier wesentliche, bislang weitgehend in der Literatur vernachlässigte Aspekte zur Sprache kommen, wobei freilich ein möglichst breites Spektrum an Fragestellungen und an behandelten Werken intendiert ist. Gerade die engen Beziehungen zwischen Quartett und Quintett werden mehrfach – und in erstaunlicher Konsistenz der Ergebnisse – thematisiert. Somit will vorliegendes Buch nicht allein neue Einblicke und Perspektiven vermitteln, sondern auch nachdrücklich zu weiterer Beschäftigung mit diesen wahrhaften Meisterwerken – aber auch mit ihrer Gattung im allgemeinen – anregen.

Christoph Wolffs in das Thema einführender Beitrag öffnet den Blick auf die im Mozartschen Quintettsatz virulenten Bezüge zum zwei-, drei-, und vierstimmigen Satz. Es wird deutlich, daß das Streichquintett in seiner Faktur nicht als festumrissene, gleichsam 'selbstgenügsame' Besetzungsform auftritt, sondern im Gegenteil ganz wesentlich von den benachbarten Kammermusikgattungen profitiert, um gerade durch diese Wechselbeziehung ein eigengewichtig-spezifisches Satz- und Klangbild zu entwickeln.

Mozart, Band 2, Leipzig [7]1956, S. 317–326; Alfred Einstein, Mozart. Sein Charakter. Sein Werk, Stockholm 1947, S. 261–268.

4   Aus neuerer Zeit datiert folgende, nicht gänzlich befriedigende Arbeit: Tilman Sieber, Das klassische Streichquintett. Quellenkundliche und gattungsgeschichtliche Studien (Neue Heidelberger Studien zur Musikwissenschaft, Band 10), Bern/München 1983.

5   Artikel „String Quintet" (Michael Tilmouth), in: The New Grove Dictionary of Music and Musicians, London 1980, Band 18, S. 287 f.

6   Artikel „Streichquartett" (Ludwig Finscher), in: MGG 12 (1965), Spalten 1559–1601; darin Abschnitt: „Streichquintett und Streichsextett", Spalten 1594–1598.

Wolf-Dieter Seiffert nähert sich unter verschiedenartigen Fragestellungen Mozarts erstem, dem B-Dur-Streichquintett KV 174 (1773). Die Untersuchung der erstaunlich differenzierten Satzphänomene, der Vergleich beider authentischer Finalefassungen, der Vergleich mit Michael Haydns beiden Streichquintetten von 1773 sowie die Aufdeckung der Bezüge zu Mozarts frühen Streichquartetten lassen deutlich werden, daß Mozarts „Salzburger" Streichquintett völlig zu Unrecht eine Art 'Aschenputtel-Existenz' im Reigen der Quintette fristet.

Sowohl Hartmut Schick als auch Rudolf Bockholdt befassen sich mit dem C-Dur-Quintett KV 515 – neben dem g-Moll-Quintett KV 516 das wohl bekannteste Streichquintett Mozarts. Schick deckt verblüffende Bezüge dieser Komposition zu Streichquartetten Joseph Haydns, speziell jedoch zu Mozarts „Dissonanzen"-Quartett KV 465 auf, wobei das Quintett geradezu als Steigerung, ja als ideale Manifestation vieler im C-Dur-Quartett bereits angelegter, jedoch dort noch nicht zur vollkommenen Entfaltung gelangter, vor allem satztechnisch-klanglicher Möglichkeiten verstanden wird. Bockholdt wiederum konzentriert sich ganz auf das großartige, schon allein durch seine enorme Länge auffällige Finale unter der hintergründigen Fragestellung, ob es sich bei diesem Satz, wie man arglos annehmen könnte, wohl um ein Rondo handelt. In seiner exemplarischen Satzbeschreibung zeigt Bockholdt, wie wenig hilfreich letztendlich die aus dem 19. Jahrhundert überkommenen Formkategorien für ein tieferes Verständnis dieses (und natürlich nicht nur dieses) Satzes sind und welche unmittelbaren Kräfte das eigentliche Wesen solcher Meisterwerke ausmachen.

Mozart komponierte seine „Wiener" Streichquintette durchaus nicht isoliert. Ganz im Gegenteil läßt sich für die 80er-Jahre des 18. Jahrhunderts bereits eine bemerkenswerte Streichquintett-Tradition gerade im Wiener Musikleben aufgrund der überlieferten handschriftlichen wie gedruckten Quellen dingfest machen, wie Cliff Eisen zeigt. Mozart, der ohnedies nicht der erste Komponist von Streichquintetten war, wandelt deutlich auf den Spuren dieser zeitgenössischen Werke – von denen er einige gekannt haben muß –, andererseits verdeutlichen Eisens unmittelbare Vergleiche, daß man Mozarts „Wiener" Quintette in künstlerischer Hinsicht ohne Zweifel über sämtliche zeitgenössische Streichquintett-Produktion stellen muß.

Ludwig Finscher widmet sich den beiden letztkomponierten Streichquintetten D-Dur KV 593 und Es-Dur KV 614, ausgehend von den engen formalen wie satztechnischen Beziehungen zum Mozartschen Quartettschaffen; vor allem diese 'Spätwerke' scheinen im Lichte der immer wieder feststellbaren Gattungsquerbezüge geradezu experimentellen Charakter zu tragen, als seien sie auf dem Weg zu Neuem (das durch den plötzlichen Tod nicht mehr realisiert werden konnte).

Und schließlich die bedeutsamen Quintettfragmente: Ulrich Konrad macht unmißverständlich klar, daß die abgeschlossenen „Wiener" Streichquintette – KV 515, 516, 593 und 614 – nur einen bestimmten Ausschnitt aus Mozarts generellem Interesse dieser jungen Gattung gegenüber darstellen. Konrad bietet erstmalig eine vollständige Beschreibung der überlieferten Quintettfragment-Quellen Mozarts, und – was schwerer wiegt – er zeigt minutiös auf, wie diese Fragmente im Kontext der vollendeten Quintette zu verstehen sind.

Da die hier versammelten Beiträge das Wesentliche, nämlich die Musik selbst, in das Zentrum der Betrachtung stellen, erschließen sich die Texte nur unter beständiger Heranziehung der Partituren. Weil Mozarts Streichquintette in guten und leicht erreichbaren Ausgaben vorliegen, wurde, mit einer begründeten Ausnahme, auf den Abdruck ganzer Sätze oder allzu reichhaltiger Notenbeispiele verzichtet.

Die Herausgeber bedanken sich sehr herzlich bei allen Autoren für ihr großes Interesse und Engagement. Dem Franz Steiner Verlag, Stuttgart, sei für seine spontane Bereitschaft zur Publikation dieses Bandes und für die prompte, sorgfältige Drucklegung bestens gedankt. Herr Michael Raab, München, erstellte dankenswerterweise sämtliche Notenbeispiele. Und schließlich sei Frau Dr. Renate Haftlmeier-Seiffert für ihr sehr gelungenes, eigens angefertigtes Gemälde gedankt, welches unseren Buchumschlag so reizvoll ziert.

Cliff Eisen und Wolf-Dieter Seiffert
New York und München, im August 1994

Abkürzungen

Bauer-Deutsch	Wolfgang Amadeus Mozart. Briefe und Aufzeichnungen. Gesamtausgabe, herausgegeben von der Internationalen Stiftung Mozarteum Salzburg, gesammelt (und erläutert) von Wilhelm A. Bauer und Otto Erich Deutsch, 4 Textbände [= I–IV] sowie 2 Kommentarbände (von Joseph Heinz Eibl) [= V–VI], Kassel usw. 1962 ff.
KV	Köchel-Verzeichnis: Ludwig Ritter von Köchel, Chronologisch-thematisches Verzeichnis sämtlicher Tonwerke W. A. Mozarts [es wird in der Regel nach der sechsten Auflage zitiert; andernfalls wird die Auflage durch die beigegebene Ziffer spezifiziert].
MGG	Die Musik in Geschichte und Gegenwart. Allgemeine Enzyklopädie der Musik, herausgegeben von Friedrich Blume, Kassel und Basel 1949 ff.
MJb	Mozart-Jahrbuch, 1950 ff.
NMA	Neue Mozart-Ausgabe, 1955 ff.
NMA VIII/19, 1	Wolfgang Amadeus Mozart, Neue Ausgabe sämtlicher Werke, Serie VIII Kammermusik, Werkgruppe 19, Abteilung 1: Streichquintette, vorgelegt von Ernst Hess und Ernst Fritz Schmid, Kassel usw. 1967
Va. 1, 2	Viola 1, 2
Vc.	Violoncello
Vl. 1, 2	Violine 1, 2

*

Bibliothekssigel	Gemäß RISM (Répertoire International des Sources Musicales, 1952 ff.)

Christoph Wolff

à 1, 2, 3, 4, et 5 parties:
Gattungsmerkmale und Satzarten in Mozarts Streichquintetten

Reinhold Brinkmann, dem Freunde,
zum 60. Geburtstag

Die Komposition von Streichquintetten, die mit dem B-Dur-Quintett KV 174 aus dem Jahre 1773 begonnen hatte, nahm Mozart erst 1787 wieder auf – nach einer langjährigen Unterbrechung und zu einem Zeitpunkt, der nahezu jeglichen musikalischen Zusammenhang mit jenem Erstlingswerk der Gattung leugnete. Ein konkreter Anlaß für das Aufgreifen der Quintettkomposition läßt sich nicht dingfest machen. Wohl aber steht außer Zweifel, daß die beiden Streichquintette des Jahres 1787, C-Dur KV 515 und g-Moll KV 516, ganz unmittelbar von der stilistischen und technischen Erfahrung profitierten, die Mozart in den Jahren 1782–1785 bei seiner Arbeit an den sechs „Haydn"-Quartetten gewonnen hatte. Insofern hatte jene „lunga, e laboriosa fatica", von der die Dedikation spricht, ihre mittelbaren Auswirkungen auch auf die Quintette.

Im Unterschied zu dem vierzehnjährigen, musikalisch nur schwer über-brückbaren Hiatus zwischen KV 174 einerseits und KV 515 sowie 516 anderer-seits fällt weder der zeitliche noch der kompositionstechnische Abstand von dem Werkpaar aus dem Jahr 1787 zu den beiden Quintetten KV 593 und KV 614 von 1790–1791 ins Gewicht[1]. Es handelt sich denn auch um diese Vierer-gruppe, die sowohl in Mozarts Œuvre wie auch im allgemeineren Gattungs-zusammenhang als ein geschlossener Komplex verstanden wird, der Friedrich Blume zu der Einschätzung verleitete: „Mozarts Streichquintette stehen völlig isoliert auf einsamer geschichtlicher Höhe"[2] – ein Urteil, das auch nach einer gründlicheren Aufarbeitung des Umfeldes[3] keiner prinzipiellen Revision bedarf.

Eine erste ausführliche und bis heute in vieler Hinsicht mustergültige Dis-kussion der Mozartschen Quintette findet sich bei Otto Jahn[4], die übrigens in Hermann Aberts Neubearbeitung substanziell erheblich reduziert und da-

---

1   Das gilt in gewissem Sinne auch für die Streicher-Bearbeitung des c-Moll-Bläserquintetts KV 406 (516b).
2   Artikel „Mozart" (Friedrich Blume), in: MGG 9 (1961), Spalte 772.
3   Tilman Sieber, Das klassische Streichquintett. Quellenkundliche und gattungsgeschichtli-che Studien (Neue Heidelberger Studien zur Musikwissenschaft, Band 10), Bern/Mün-chen 1983.
4   Otto Jahn, W. A. Mozart, Band 4, Leipzig 1859, S. 93–107.

C. Eisen/W.-D. Seiffert, Hg.: Mozarts Streichquintette
© 1994 Franz Steiner Verlag Stuttgart

durch manch kluger Beobachtungen entblößt wurde[5] . Jahn gebührt vor allem
das Verdienst, Mozarts Quintette in Zusammenhang mit der Komposition
seiner Streichduos, -trios und -quartette zu bringen und damit auf wesentliche
Querverbindungen aufmerksam zu machen, die dann merkwürdigerweise von
Abert weitgehend ausgesondert und infolgedessen in der einschlägigen
Literatur kaum aufgegriffen wurden.

Der Abschnitt über Mozarts Streichquintette findet sich bei Jahn im Anschluß an die Besprechung der „Haydn"-Quartette, dazwischen eingeschoben
jedoch eine Abhandlung des großen Es-Dur-Streichtrios (Divertimentos) KV
563 von 1788. Letztere wird eingeleitet durch allgemein gehaltene Bemerkungen über jene beiden Duos für Violine und Viola KV 423 und 424, die
Mozart während seines Salzburger Besuches im Sommer 1783 – für den er-
krankten Michael Haydn einspringend – im Auftrag des Erzbischofs komponiert hatte. Immerhin wird auf diese Weise der relativ geringe Stellenwert
angedeutet, der im Rahmen der Streichermusik den Gattungen Duo und Trio
gegenüber dem Quartett bei Mozart einnimmt: „Seitdem das Saitenquartett
zur völligen Ausbildung und allgemeinen Anerkennung gekommen war, tra-
ten die dürftiger ausgestatteten Duetts und Trios für Saiteninstrumente, welche früher keineswegs ungewöhnlich waren, begreiflicherweise sehr zurück"[6] .

Diese Feststellung dient Jahn jedoch ausschließlich zur Erklärung der
geringen Anzahl von Werken klein(st)er Besetzung und deutet keineswegs auf
eine Mißachtung von deren satztechnischer Bedeutung. Vielmehr versteht sich
die Hinwendung zum dreistimmigen Satz, wie KV 563 erweist, als besondere
kompositorische Herausforderung: „Der Ausfall der einen Violine erhöht die
Schwierigkeiten ein jederzeit reiches, durch vollen Klang und charakteristische Bewegung befriedigendes Musikstück zu schaffen, mehr als man denken
sollte: der Erfindung und der Kunst des Componisten werden fortwährend
schwer zu lösende Aufgaben gestellt. [...] dieses Trio, welches ohne Frage zu
den bewundernswürdigsten Arbeiten Mozarts gehört, [ist] ein wahres Kabi-
nettstück der Kammermusik"[7] .

Eine solche Ausgangsbasis erlaubt es Jahn, die besonderen satztechnischen Bedingungen des Quintetts zu erläutern, und zwar nicht nur im Verhältnis zum Quartett, sondern gerade auch im Blick auf dessen Verbindungen
zu Duo und Trio: „Von der Erweiterung der Mittel, welche das Quintett
darbot, hat [Joseph] Haydn, der Duetts und Trios in nicht geringer Zahl
schrieb, zufällig keinen Gebrauch gemacht, während Andere, z. B. Boccherini
auch diese Gattung fleißig cultivirten"[8] .

---

5   Hermann Abert, W. A. Mozart, Band 2, Leipzig [7]1956, S. 317–326.
6   Jahn, a. a. O., S. 93.
7   ibid., S. 94.
8   ibid., S. 96.

Elemente von Duo, Trio und Quartett kommen im Quintett unmittelbar zur Geltung: „Mozart hat stets die Bratschen verdoppelt und nicht, wie Boccherini, die Violoncells, was auf die Klangfarbe wie auf die Structur der Musikstücke von wesentlichem Einfluß ist. [...] Wenn nun gleich das Hinzutreten des einen Instruments die Bedingungen größerer Wirkung dem Quartett gegenüber nicht in ähnlicher Weise hebt, wie das Fortbleiben desselben im Trio sie erschwert, so werden doch dadurch nicht unerhebliche Vortheile gewonnen, Vortheile mit welchen allerdings auch neue Schwierigkeiten Hand in Hand gehen. Denn so wie es einleuchtet, daß durch durch den größeren Reichthum an Mitteln die Freiheit in der Melodienbildung wie in der Harmonienführung erleichtert wird, so legt er dem Componisten auch die Pflicht auf, gleichmäßig alle Stimmen selbständig zu beschäftigen, was nicht geschehen kann ohne daß der ganze Plan des Werks darauf gerichtet ist. Eine Hauptaufgabe ist, sowohl der Klarheit und Deutlichkeit als der Charakteristik wegen, die Gruppierung der Stimmen wofür sich eine große Mannigfaltigkeit darbietet. [...] es können also diese Stimmen bald zu zweien, bald alle drei zusammengestellt werden [...] was zu mannigfaltigen Combinationen Anlaß gibt. [...] dann ist ihre Fülle unerschöpflich, wie die Mozartschen Quintetts lehren können"[9].

Bevor Jahn ausführlicher auf inhaltliche Aspekte, Ausdrucks- und Charakterebenen der Quintette eingeht, steckt er mit den oben zitierten Bemerkungen gleichsam den kompositionstechnischen Rahmen ab, innerhalb dessen sich in den verschiedenartigen Kombinationsmöglichkeiten der fünf Streicherstimmen Mozarts Differenzierungskunst manifestiert. Die Erkenntnis der Stimmenkombinatorik als wesentliches Prinzip des Quintettsatzes erweist sich schließlich als eines der entscheidenden Gattungsmerkmale, die eine systematischere Betrachtung verdienen, und zwar unter Heranziehung chronologischer wie analytischer Aspekte.

Ob Jahn in der angedeuteten Entwicklungslinie Duo-Trio-Quartett-Quintett einen evolutionstheoretischen Ansatz nur suggeriert oder gar voraussetzt, bleibe dahingestellt. Er läßt sich weder allgemein historisch rechtfertigen, noch auf Mozart bezogen konkretisieren. Die chronologischen Zusammenhänge lassen vielmehr ein Beziehungsnetz ganz anderer Art herstellen. Die Salzburger Violin/Viola-Duos KV 423 und 424 von 1783 gliedern sich zeitlich in die erste Phase der Arbeit an den „Haydn"-Quartetten ein[10], dies jedoch – schon aus Gründen der biographischen Situation – eher zufällig. Die musikalischen Verbindungen mit den Quartetten erscheinen hier marginal

---

9 ibid., S. 97–99.
10 Sie folgen auf die Quartette KV 387, 421 und 428, die zwischen Ende 1782 und Sommer 1783 entstanden. Vgl. Alan Tyson, Mozart's „Haydn" Quartets: The Contribution of Paper Studies, The String Quartets of Haydn, Mozart, and Beethoven: Studies of the Autograph Manuscripts (Isham Library Papers, III), Cambridge/Mass. 1980, S. 179–190, sowie ders., Mozart: Studies of the Autograph Scores, Cambridge/Mass. 1987, Kapitel 7.

und gar im Blick auf das Trio KV 563 und die späten Quintette im Sinne von Kausalbezügen vollends irrelevant. Mozarts späte Streicher-Kammermusik läßt hingegen ein Bild erkennen, in dem sich chronologische und musikalische Konturen sehr wohl verbinden.

Nachfolgende Tabelle[11] bietet einen schematischen Überblick über Mozarts Streicher-Kammermusik der letzten fünf Jahre. Die von der jüngeren Forschung ermöglichte Eingliederung der Fragmente[12] ergänzt das Gesamtbild in entscheidender Weise. In der relativ dichten Aufeinanderfolge der einschlägigen Werke lassen sich gewisse Gruppierungen erkennen, die darauf hinweisen, wie Mozart sich dem Terrain der Streicher-Kammermusik nähert: Den Anfang bilden offenbar 1787 die beiden Quintette KV 515 und 516 mit dem zugehörigen Komplex von Fragmenten[13]; es folgen 1788–1790 das Divertimento KV 563 sowie die sogenannten „Preußischen" Quartette, wiederum samt Fragmenten; die durch das Abreißen des Lebensfadens erzwungene Abrundung erfolgt schließlich mit den Quintetten KV 593 und 614 sowie deren unmittelbarer Fragment-Umgebung, die ein Trio mit einschließt.

JAHRE	TRIOS	QUARTETTE	QUINTETTE
1787			515: C-Dur
			516: g-Moll
			Anh. 80 (514a): B-Dur
			Anh. 86 (516a): g-Moll
			Anh. 81 (613a): Es-Dur
1787–1788			406 (516b): c-Moll
1787–1789			Anh. 83 (592b): D-Dur
1788	563: Es-Dur		
1789		575: D-Dur	
1790		589: B-Dur	
		590: F-Dur	
			593: D-Dur
1790–1791			Anh. 82 (613b): Es-Dur
	Anh. 66 (562e): G-Dur		
		Anh. 73 (589b): F-Dur	
		Anh. 75 (458a): B-Dur	
		Anh. 71 (458b): B-Dur	
		Anh. 84 (417d): e-Moll	
1791			614: Es-Dur
			Anh. 79 (515c): a-Moll
			Anh. 87 (515a): F-Dur

11 Datierungsangaben nach Tyson, Mozart: Studies of the Autograph Scores, a. a. O., Kapitel 3, 7 und 11.
12 Tyson, Mozart: Studies of the Autograph Scores, a. a. O., Kapitel 11.
13 Mozart bot im April 1788 KV 515 und 516 zusammen mit KV 406 (516b) als „drei neue Quintetten" zur Subskription an (Mozart. Die Dokumente seines Lebens. Gesammelt und erläutert von Otto Erich Deutsch, Kassel etc. 1961 [NMA X/34], S. 274).

Die chronologische Übersicht verdeutlicht, daß Mozart im Zeitraum von 1787–1791 Trios, Quartette und Quintette nicht in getrennten und logisch aufeinander folgenden Gruppierungen komponiert, sondern daß sich die Gattungen überkreuzen. Das gilt insbesondere für die allerspäteste Schicht der Streicher-Kammermusik, in der sich dem Es-Dur-Quintett KV 614 aus Mozarts letztem Lebensjahr ausgedehnte, Fragment gebliebene Partituren eines G-Dur-Trios KV Anh. 66 (100 Takte), eines e-Moll-Quartetts KV Anh. 84 (54 Takte) und eines a-Moll Quintetts KV Anh. 79 (72 Takte)[14] beigesellen.

Was für die Zeitperiode der „Haydn"-Quartette gilt, nämlich eine auf dem Gebiet der Kammermusik praktisch ausschließliche Beschäftigung mit der Gattung Streichquartett, trifft auf die 1787 einsetzende Phase nicht zu. Drei vollendeten Quartetten stehen fünf Quintette (einschließlich einer Quintettbearbeitung) gegenüber; dazu tritt als umfangreichstes Einzelwerk das sechssätzige Trio (Divertimento). Zählt man die nicht fertig ausgeführten Stücke hinzu, verschieben sich mit den Fragmenten zu insgesamt vier Quartett- und sieben Quintettsätzen sowie einem Triosatz die Relationen unwesentlich. Allein dieses Bild legt nahe, Beziehungen zwischen den Gattungen zu vermuten. Wohl bilden die „Haydn"-Quartette eine wesentliche Plattform, die den Stand des kompositionstechnisch Erreichten fixiert. Mit der Erweiterung des Gattungsspektrums durch Einbeziehung von Quintett und Trio wird jedoch auch die Erfahrungsbasis entscheidend vergrößert. Daß dabei der Schwerpunkt von Mozarts kompositorischem Engagement auf das Quintett fällt, mag zwar zufällig sein[15], scheint aber durchaus auch Mozarts Interessenlage entsprochen zu haben.

Tilman Sieber widmet in seiner Abhandlung über das klassische Streichquintett der Diskussion von Mozarts einschlägigen Werken nur einen kurzen Abschnitt[16] und beschränkt sich bei deren Würdigung auf die Benennung allgemeiner Aspekte: Weitung der Dimensionen, die Norm des viersätzigen Zyklus sprengende Satzfolgen, weiträumig angelegte Themen, Auftreten von Nebenmotiven und Codabildungen, neue Durchdringung der Sonatenform und klangliche Vielfalt. Damit bleibt letztlich offen, worauf denn eigentlich der besondere Rang dieser Werke beruht – geschweige denn, wie sie sich in den Gattungszusammenhang einordnen. Auch die von Sieber aufgrund systematischer und geographischer Gesichtspunkte entwickelten drei Kategorien des Quintetts – klassisch (Österreich), konzertant (Italien) und dialogisierend (Süd-

---

14 Diesem ist vermutlich KV Anh. 87 (F-Dur; 10 Takte) als Mittelsatz zuzuordnen. – Vgl. auch Anmerkung 20.
15 Wir wissen freilich nichts über entsprechende Kompositionsaufträge oder sonstige konkrete äußere Anlässe.
16 Sieber, a. a. O., S. 59–61.

deutschland, Österreich, Italien) – stellen eher eine artifizielle Konstruktion als eine Konstellation deutlich voneinander abgegrenzter Gattungstypen dar[17].

Gerade unter Berücksichtigung der außerordentlich differenzierten Satzweise in Mozarts Quintettpartituren bietet sich an, die beiden historischen, das heißt dem Sprachgebrauch des 18. Jahrhunderts entstammenden Termini „concertante" und „dialoguée" weniger zu Zwecken der Klassifizierung zu verwenden als in ihrer beschreibenden Funktion aufzugreifen[18]. Denn das dialogisierende Prinzip (kleinräumig disponierte motivische Korrespondenzen) und das konzertierende Prinzip (weiträumige Dominanz einzelner Stimmen) ergänzen und durchdringen sich gegenseitig, wie bereits der Eingangssatz von KV 515 verdeutlicht. Beispiel 1 (kontrastierende Motive) und Beispiel 2 (gleiche Motive) zeigen die beiden verschiedenen Arten des „dialoguée", Beispiel 3 das Element des „concertante" (siehe Notenbeispiele 1–3, S. 21 f.).

Für die satztechnische Struktur sowie die klangliche Disposition des Streichquintetts sind insbesondere die Abwechslung der Stimmenzahl, aber auch unterschiedliche Stimmgruppierungen innerhalb des vollstimmigen Satzes maßgeblich. Die Reduktion kann durchaus bis zur Einstimmigkeit erfolgen, wie Beispiel 3 erweist, doch dominieren innerhalb der fünfstimmigen Partitur zwei- bis vierstimmige Partien. Bei den Stimmgruppierungen spielt bei den Quintetten mit zwei Violen die paarweise Gegenüberstellung von Violinen und Violen eine besondere Rolle, die Mozart beispielsweise gleich zu Beginn von KV 614 vorführt (siehe Notenbeispiel 4, S. 23). Gewiß, auch im Streichtrio und -quartett gehört ein Wechsel der Stimmgruppierungen mit der Möglichkeit von punktuellen Reduktionen bis hin zur Einstimmigkeit zu einer flexiblen Satzgestaltung, spielt jedoch insgesamt eine eher untergeordnete Rolle.

Den nicht-gattungsspezifischen Satzelementen des „dialoguée" und „concertante", von denen auch Trio und Quartett geprägt sind, tritt nun im Quintett ein Merkmal zur Seite, das zu dessen Definition nicht unwesentlich beiträgt: das Prinzip des Komponierens „à 1, 2, 3, 4, et 5 parties"[19]. Die Arbeit mit un-

---

17 Sieber, a. a. O., S. 56–79. Siebers Klassifizierungsversuch des Quintett-Repertoires orientiert sich im wesentlichen an der stilkritischen Diskussion der Streichtrio-Komposition bei Hubert Unverricht, Geschichte des Streichtrios (Mainzer Studien zur Musikwissenschaft, Band 2), Tutzing 1969.

18 Unverricht, in seiner in Anmerkung 17 genannten Arbeit, S. 94 ff., 98, und 102 ff., unterscheidet zwei Typen: Zum einen das Trio mit drei obligaten „Hauptstimmen, die gegeneinander concertiren, und gleichsam ein Gespräch in Tönen unterhalten" (Sulzer 1771) und zum zweiten das dialogisierende bzw. duettierende Trio (mit zwei korrespondierenden Stimmen über einem begleitenden Baß).

19 Formuliert in Anlehnung an den Titel von Carl Joseph Toëschis „Six pièces dialoguées à 3, 4, et 5 parties pour violons, flûte, alto, basse et violoncello" (Paris 1766), RISM T 884.

terschiedlichen Stimmkombinationen, Stimmreduktionen und Satzarten ist nun keineswegs ein Novum der späten Mozartschen Quintette, sondern ein Gattungsmerkmal des Streichquintettes überhaupt und auch völlig unabhängig von der Entscheidung, ob das fünfte Instrument eine zweite Viola oder ein zweites Cello ist. Ob Boccherini oder Cambini, Krommer oder Vanhall, der variable Umgang mit den Stimmenkombinationen, darunter insbesondere die Gegenüberstellung von Stimmpaaren (je zwei Violinen, Violen oder Violoncelli), prägen den Typus des Quintettsatzes. Auch Mozarts frühes Quintett KV 174 zeigt diese Charakteristik. Sein Beginn über die ersten acht Takte hin ist der eines regulären Quartetts; der volle fünfstimmige Satz entwickelt sich erst ab Takt 23. Was bei diesem frühen Werk jedoch fehlt, ist die systematische Ausnutzung einer breiteren Differenzierungspalette. Dazu gehört insbesondere die Integration des Triosatzes, der bei KV 174 in gleichsam rudimentärer Form lediglich zu Beginn des Finalsatzes auftritt. Das zweite der späten Quintette Mozarts, das g-Moll-Quintett KV 516, bietet in dieser Hinsicht einen geradezu programmatischen Auftakt. Die ersten beiden thematischen Perioden bestehen aus dreistimmigen Abschnitten (T. 1–8: Vl. 1/2 und Va.; T. 9–17: Va. 1/2 und Vc.; siehe Notenbeispiele 5a und 5b, S. 23).

Stimmkombinationen dieser Art, wie sie sich auch etwa im Adagio KV 593 (T. 44 ff.) finden, machen zugleich deutlich, daß der Triosatz im Quintett variabel ist und den Aspekt der klanglichen Abstufung durch Registerwechsel mit einbezieht. Die Verbindung zum Streichtrio besteht darum nicht in dessen fixierter Stimmkombination (Vl./Va./Vc.), sondern in der exponierten Behandlung des obligat dreistimmigen Satzes. Es ist letztlich diese Art der systematischen Integration geringstimmiger Abschnitte in Mozarts Quintetten, die eine vordergründig oft unvermittelte Einschaltung einstimmiger Partien plausibel macht. Eine solche aber dient beispielsweise zur Vorbereitung der akzentuierten Wiederholung des zweiten Themas im ersten Satz von KV 516, womit dieses in Takt 49 (nachdem es T. 30 ff. zunächst in g-Moll erschienen war) auf die formal entscheidende B-Dur-Ebene gebracht wird (siehe Notenbeispiel 6, S. 24).

Die Gruppierung der Stimmen sowie deren mannigfaltige Kombinationen – bereits von Jahn, wie oben erwähnt, als charakteristisches Gattungsmerkmal des Quintetts identifiziert – stellt dem Komponisten ein breites Spektrum von homophonen, imitativ-polyphonen und freien Satzarten zur Verfügung, deren Vielzahl und Variationsreichtum eine detaillierte Katalogisierung verbietet. Einzelne Sätze demonstrieren verschiedentlich die Spannweite der Möglichkeiten. So arbeitet das Menuett von KV 593 einerseits mit offener Violin-Viola-Duettpraktik, andererseits mit verdeckter Triotechnik (siehe Notenbeispiele 7a und 7b, S. 24). Letztere ergibt sich aus der Überlagerung zweier Streichtrios mit gemeinsamem Baß (Vl. 1/Va. 1/Vc. und Vl. 2/Va. 2/Vc.), deren melodisch-rhythmischer Deklamationsstil bewußt abgestuft erscheint. Das Violin/Viola-Duett wird zum Zwecke eines Steigerungseffekts Takt 40 ff.

mit Oktavverdopplungen von allen fünf Instrumenten wiederholt. Im nach-folgenden Trio intensiviert sich dann die weitere Entfaltung der Stimmkombi-nationen unter Heranziehung kontrapunktischer Methoden.

Der koloristischen Hervorhebung einer einzelnen Stimme, wie sie durch die Hinzuziehung je eines Blasinstrumentes beim Horn- oder Klarinetten-quintett KV 407 (386c) bzw. KV 581 vorgegeben ist, sperrt sich der homogene Streichersatz und verlangt daher nach anderen Mitteln. Die Abstufung unter-schiedlicher Stimmlagen ermöglicht Timbre- und Registerwechsel; desglei-chen zeitigen oktavverdoppelnde Unisonoführungen wie im Trio des Menu-etts von KV 614 (T. 40 ff.) einzigartige Klangwirkungen, die weder vom Streichtrio noch -quartett erzielt werden können.

Elemente differenzierter Satzarten „à 1, 2, 3, 4, et 5 parties" sowie Quer-verbindungen zum Trio- und Quartettsatz, die sich auf die Entfaltung des Quintettsatzes auswirken, erscheinen freigelegt im Strukturgeripppe von Parti-turen, die den Kompositionsvorgang widerspiegeln. Ein Beispiel dafür bietet das Fragment des a-Moll Quintetts KV Anh. 79[20]. Im Entwurf stellt sich der gesamte Bereich des ersten Themenkomplexes so dar, daß die ein- bis vier-stimmigen Satzelemente strukturell dominieren, sich erst ab Takt 27 zum real fünfstimmigen Satz verdichten (siehe Notenbeispiele 8a–8c, S. 25 f.; vgl. auch S. 182 des vorliegenden Bandes). Die vierstimmigen Einwürfe (T. 3 und 5 ff.) kombinieren jeweils zwei Stimmen (Vl. 2/Va. 1 und Va. 2/Vc.), die die vor-gegebene paarige Gruppierung des Quintettinstrumentariums (Vl. 1/2 und Va. 1/2) aufspalten. Auf der anderen Seite wird die imitative Anlage des zweiten Abschnitts (T. 10 ff.) von der klassischen Streichtrio-Kombination (Vl. 1/ Va./ Vc.) getragen. Die zweite Hälfte dieses Abschnitts entfaltet sich sodann als kontrastierendes Duett, das von den Außenstimmen gebildet wird.

Der reine Quartett-Beginn des zweiten Themenkomplexes signalisiert ein erneutes Spiel mit den verschiedensten Stimmkombinationen und Satzarten, die dann abschnittweise realisiert werden, überdies dem konzertanten Cha-rakter des ersten Themenkomplexes einen eher dialogisierenden zweiten ge-genüberstellen (siehe Notenbeispiele 9a und 9b, S. 26 f.). Das Dialogisieren verdichtet sich in Takt 45 ff. kurzfristig im klassischen Triosatz (Vl./Va./Vc.), um sodann Takt 48 ff. von den eigentlichen Quintett-Stimmpaaren (Vl. 1/2, Va. 1/2) abgelöst zu werden und schließlich in Takt 51 f. erstmals zum homo-genen Quintettsatz zu verschmelzen.

Die unausgeführte Partitur von KV Anh. 79 verdeutlicht, wie sehr bereits für die Konzeption des fünfstimmigen Satzes die Wahl unterschiedlicher Stimmkombinationen maßgeblich ist. Die primären Stimmen des Rahmen-

---

20 Siehe die ergänzende Diskussion zu Mozarts später Streicher-Kammermusik anhand der Fragmente KV Anh. 79, 66 und 84 in dem Beitrag des Verfassers: „Vollendet und frag-mentarisch: Über Mozarts Schaffen der letzten Lebensjahre", in: Jahrbuch Alte Musik, Band 2, (Wilhelmshaven 1993), S. 61–87.

satzes (siehe Notenbeispiele 8a–c und 9a–b) definieren letztlich die Satzfunktion der sekundären Stimmen des ausgeführten Stückes und damit insgesamt die vertikale Struktur der Mozartschen Quintettpartitur.

Was die horizontale Struktur betrifft, erscheint als Norm des späten Quintettsatzes eine dichte Abfolge von permanent wechselnden Texturen, und dies in deutlicher Steigerung gegenüber der Quartett-Komposition. Die Dichte der Fünfstimmigkeit wird zugespitzt durch die gezielte Einstreuung drei- und vierstimmiger Passagen, so daß sich die aus der Erfahrung mit Streichtrio und -quartett gewonnenen satztechnischen Errungenschaften im Streichquintett willkommen ergänzen. Allerdings darf dies nicht im Sinne einer einseitigen Kausalbeziehung verstanden werden, die etwa den Quintettsatz als Synthese von Quartett- und Triosatz erklärt. Denn nicht nur das Gesamtbild der späten Streicher-Kammermusik legt selbst angesichts eines relativ groben chronologischen Netzes den Schluß nahe, daß die Beziehungsrichtung nicht einseitig verläuft, sondern daß sich die Gattungen Trio, Quartett und Quintett gegenseitig durchdringen. Auch zeigen im Unterschied zu den „Haydn"-Quartetten die „Preußischen" Quartette, aber ebenso das Trio KV 563 sowie das Triofragment KV Anh. 66, nicht von ungefähr eine Betonung konzertanter Momente und gesteigerter spieltechnischer Virtuosität. Die erhöhte kompositionstechnische Herausforderung scheint Mozart auf diese Weise wenn nicht kompensiert, so doch arrondiert zu haben.

Der allenthalben hervorgehobene besondere Stellenwert der späten Mozartschen Quintette ist kaum abzusondern von den singulären Qualitäten, die Mozarts Kompositionen zumal der Wiener Zeit insgesamt auszeichnen. Wenn man jedoch spezifische Eigenarten eben dieser Quintette benennen will, verdient die Differenzierung der Satzarten – das Prinzip des Komponierens „à 1, 2, 3, 4, et 5 parties" – unter die wesentlichen gattungsbedingten Momente gezählt zu werden, mit denen Mozart diesen Werken ein unverwechselbares Profil verleiht und damit zugleich die Gattung Streichquintett auf eine neue Basis stellt.

Notenbeispiel 1:

Mozart, KV 515, Allegro

Notenbeispiel 2:

Mozart, KV 515, Allegro

Notenbeispiel 3:

Mozart, KV 515, Allegro

Notenbeispiel 4:

Mozart, KV 614, Allegro di molto

Notenbeispiel 5a:

Mozart, KV 516, Allegro

Notenbeispiel 5b:

Mozart, KV 516, Allegro

Notenbeispiel 6:

Mozart, KV 516, Allegro

Notenbeispiel 7a:

Mozart, KV 593, Menuetto. Allegretto

Notenbeispiel 7b:

Mozart, KV 593, Menuetto. Allegretto

Notenbeispiel 8a:

Mozart, KV Anh. 79 (515c)

Notenbeispiel 8b:

Mozart, KV Anh. 79 (515c)

Notenbeispiel 8c:

Mozart, KV Anh. 79 (515c)

Notenbeispiel 9a:

Mozart, KV Anh. 79 (515c)

Notenbeispiel 9b:

Mozart, KV Anh. 79 (515c)

Wolf-Dieter Seiffert

Mozarts „Salzburger" Streichquintett

Mozarts erste Streichquintett-Komposition hat nur wenige Freunde. Vor allem von musikhistorischer Seite wird das B-Dur-Quintett KV 174 pauschal
als zu wenig kammermusikalisch, als divertimentohaft oder unausgeglichen
abqualifiziert und zumeist im vergleichenden Blick auf die in jeder Hinsicht
exzeptionellen späteren Wiener Streichquintette nahezu an den Rand des In-
teresses abgeschoben[1] . Mozart selbst nahm sein 1773 verfaßtes B-Dur-Quintett immerhin so ernst, daß er nach dessen Abschluß Trio wie Finale durch
eine Neukomposition zu verbessern trachtete. Außerdem hatte er das Quintett vier Jahre später auf der großen Reise nach München, Mannheim und Paris im Gepäck, anläßlich derer er es bekanntlich zusammen mit anderen Werken für seinen Gönner und späteren Wiener Logenbruder Freiherr Otto von
Gemmingen-Hornberg abschreiben ließ: „ich hab vor meiner abreise zu
Mannheim dem H: v: Gemmingen das Quartett [KV 80/73f] welches ich zu
Lodi abends im wirthshaus gemacht habe, und dann das Quintett [KV 174],
und die Variationen von fischer [KV 179/189a] abschreiben lassen. er schrieb
mir dann ein besonders höfliches Billet, bezeügte sein vergnügen über das an-

---

1 Hermann Abert, W. A. Mozart, Band I, Leipzig [10]1983, S. 326: „Das Gepräge des Divertimentos trägt unser Stück noch so gut wie die ihm vorangehenden von M. Haydn";
   Alfred Einstein, Mozart. Sein Charakter. Sein Werk, Stockholm 1947, S. 262 f.: „Das ganze Werk [ist ein ...] stilistisch unausgeglichener Versuch". [...] „ein seltsames Werk, das
   nicht leicht einzuordnen ist. Die Gattung des Quintetts, um 1770, [...] steht nicht so sehr
   dem Quintett, als ein wenig der Sinfonie nahe. [...] Außerdem aber steht die Gattung
   auch der konzertierenden Kammermusik nahe – einer Kammermusik also, die keine richtige Kammermusik ist. [...] Und so gewinnt das Streichquintett dieser Zeit auch ein wenig
   den Charakter des Divertimento, ja der Serenade, des 'Notturno' – man kann es sich sehr
   gut unter Sternenhimmel aufgeführt denken. Mozarts frühes Quintett ist eine Mischung
   von alledem"; Artikel „Streichquartett" (Ludwig Finscher), in: MGG 12 (1965), besonders Spalten 1594–1598, hier Spalte 1596: „kaum mehr als eine Stilübung [...], die bezeichnenderweise auch von dem handwerklichen und geistigen Niveau der Streichquartette KV 168–173 wenig profitiert hatte"; Ernst Hess, Vorwort zu NMA VIII/19, 1, S.
   VIII: „Das B-dur-Quintett [...] kann mit den anderen fünf Quintetten Mozarts nicht in
   eine Reihe gestellt werden. Neben Partien wirklicher Kammermusik weist es auch solche
   ausgesprochen divertimentoartigen Charakters auf und zeigt überdies Züge symphoni-
   scher Gestaltung".
   Vgl. außerdem Tilman Sieber, Das klassische Streichquintett. Quellenkundliche und
   gattungsgeschichtliche Studien (Neue Heidelberger Studien zur Musikwissenschaft, Band
   10), Bern/München 1983, S. 55; Charles Rosen, Der klassische Stil, Kassel etc. 1983, S.
   300; Arnold Werner-Jensen in „Reclams Kammermusikführer", Stuttgart [10]1990.

C. Eisen/W.-D. Seiffert, Hg.: Mozarts Streichquintette
© 1994 Franz Steiner Verlag Stuttgart

dencken so ich ihm hinterlasse"[2]. Viele Jahre später jedoch, als es darum ging, den beiden Streichquintetten KV 515 und 516 ein drittes zum Zwecke der Drucklegung an die Seite zu stellen, griff Mozart nicht etwa auf seinen unveröffentlichten Salzburger Erstling zurück, sondern unterzog sich der viel mühsameren Arbeit eines Arrangements seiner c-Moll-Bläserserenade KV 388 (384a) zum Streichquintett KV 406 (516b). Mozart wußte sich in seinen Wiener Jahren weit fortgeschritten – das ehemals geschätzte Werk fand nun keine Beachtung mehr!

Und genau aus dieser freilich legitimen, aber eben doch eingeengten Perspektive wird Mozarts Frühwerk im wesentlichen bis heute betrachtet, ohne liebgewonnene Vorurteile durch eigene Beschäftigung mit dem Überlieferten zu überprüfen. Dabei böte gerade die genauere Untersuchung von Mozarts „Salzburger" Streichquintett nichts Geringeres, als den erhellenden Einblick in die Summe kammermusikalischen Könnens des jugendlichen Meisters, der sich bekanntlich erst wieder gut 10 Jahre später, im Wiener Lebensjahrzehnt, den bedeutsamen Gattungen Streichquartett und Klaviertrio, dem Streichquintett gar erst im Jahre 1787 zuwandte.

Im folgenden sei deshalb zunächst der Versuch unternommen, durch gezielte Untersuchung des Kopfsatzes dem Wesen dieses herrlichen Stücks Musik nahe zu kommen (ohne sofort in den Vergleich mit den freilich schier übermächtigen Gattungsgeschwistern eintreten zu müssen). Die komplett überlieferte Erstfassung des Finales – ein seltener Fall innerhalb des Mozartschen Œuvres – wird im Anschluß daran mit der endgültigen Fassung in Beziehung gesetzt; dabei soll nach dem inneren Grund dieser hochinteressanten Umarbeitung gefragt und Mozarts Autograph philologisch genauer untersucht werden. Des weiteren lohnt eine unmittelbare Gegenüberstellung mit den beiden 1773 entstandenen Quintetten Michael Haydns, um Gemeinsamkeiten wie Trennendes festzustellen. Dem sich aufdrängenden Angebot jener 12 nahezu gleichzeitig entstandenen Streichquartette mit dem Quintett verglichen zu werden, soll zu guter Letzt nachgegeben werden, wobei die Frage nach Eigentümlichkeit und Abgrenzung des „Salzburger" Quintetts gegenüber den vermeintlich so ähnlichen und doch andersgearteten frühen Quartetten und damit die Frage nach den Gattungsgrenzen im Vordergrund steht.

---

2   Brief vom 24. März 1778, in: Bauer-Deutsch II, Nr. 439, S. 326, Zeile 16–19. Ist es Zufall, daß ausgerechnet das „Lodi"-Quartett (vom März 1770), Mozarts erstes Streichquartett, und das „Salzburger" Quintett, Mozarts erstes Streichquintett, also jeweils Erstlingswerke innerhalb ihrer Gattung, neben den Klaviervariationen KV 179 (189a) für Gemmingen abgeschrieben wurden? Und außerdem: In beiden Werken wurde das Menuett-Trio (im „Lodi"-Quartett vom Vater Leopold Mozart) neu geschrieben, das Finale des Quartetts komponierte Mozart zudem erst 1773, just etwa zur selben Zeit des Quintetts. Siehe umfassender dazu: Wolf-Dieter Seiffert, Mozarts frühe Streichquartette, München 1992 (Münchner Universitäts-Schriften. Philosophische Fakultät. Studien zur Musik, herausgegeben von Rudolf Bockholdt, Band 11), S. 5 und 17 f.

I

a) „Divertimento"

Geradezu ein Topos der Mozart-Literatur, wenn es um die Bewertung von Mozarts „Salzburger" Quintett geht[3], ist der Hinweis auf dessen vermeintlichen „Divertimento"-Charakter. Ohne je exakt zu definieren, was unter diesem pejorativ gebrauchten Begriff zu verstehen sei, wird im allgemeinen darauf verwiesen, daß der Status der 'echten Kammermusik', wie er sich beispielsweise in den reifen Streichquintetten präsentiert, hier (noch) nicht – oder weitgehend noch nicht – erreicht sei. Sollte, was zu vermuten steht, mit 'divertimentohaft' eine Musik gemeint sein, die unterhaltend, gefällig, leicht faßlich ist, so treffen ausgerechnet diese Eigenschaften auf Mozarts „Salzburger" Quintett überwiegend nicht zu. Wie zu zeigen sein wird, bemüht sich Mozart im Gegenteil erfolgreich geradezu ambitioniert um komplexe Satztechnik und anspruchsvollen musikalischen Verlauf. Auch ein vermeintlich innerer Bezug zu den original als „Divertimento" bezeichneten Werken Mozarts läßt sich schwerlich herstellen, da es sich bei Mozarts Divertimenti in der Regel um Werke in Mischbesetzung (Streicher mit Bläsern) oder um reine Bläserwerke handelt, deren Titel zudem ausschließlich von fremder Hand (meist Leopold Mozart) stammt[4].

Möglicherweise hilft in diesem Zusammenhang ein Kategorisierungsversuch James Websters, der im kammermusikalischen Frühwerk Mozarts prinzipiell zwischen „informal works" und „serious works" zu unterscheiden sucht: „informal" seien demnach Werke, die in der Regel den unscharfen, weil nicht völlig konsistenten Titel „Divertimento" trügen; diese Werke seien gewissermaßen (gehobene) Unterhaltungsmusik privaten Anlasses. „Serious works" hingegen wiesen bereits im Titel eine eindeutige Gattungsbezeichnung („Sonata", „Quartetto" o. ä.) auf und seien prononciert musikalisch-handwerklich ausgearbeitet, worin sich die Absicht oder doch zumindest die Option einer Drucklegung erkennen lasse[5]. Demzufolge wird man Mozarts „Salzburger" Quintett eindeutig als „serious" bezeichnen müssen: Nicht nur der

---

3   Vgl. die unter Anmerkung 1 zitierte Literatur sowie: Théodore de Wyzewa und George de Saint-Foix, W.-A. Mozart. Sa vie musicale et son Œuvre de l'enfance a la pleine maturité, Band II („Le jeune maitre"), Paris 1912, S. 28: „Trois traits caractéristiques nous apparaissent, constamment melés: l'imitation du quintette en ut de Michel Haydn, l'influence des souvenirs récemment rapportés d'Italie, et l'intention manifeste de produire un divertissement".

4   Vgl. ausführlicher: Seiffert, Streichquartette, a. a. O., S. 207 ff. und Ludwig Finscher, Gattungsbewußtsein und Terminologie. Anmerkungen zum Gebrauch gesellschaftsmusikalischer Termini im Umfeld der Wiener Klassik, in: Gesellschaftsgebundene instrumentale Unterhaltungsmusik des 18. Jahrhunderts, herausgegeben von Hubert Unverricht, Tutzing 1992, S. 25–31.

5   James Webster, The Scoring of Mozart's Chamber Music for Strings, in: Festschrift Barry S. Brook. Music in the Classic Period, herausgegeben von Allan Atlas, New York 1985, S. 259–296, hier besonders S. 264.

originale Titel („Quintetto"; übrigens im Gegensatz zu Michael Haydn, siehe
S. 53), sondern auch die musikalische Faktur, die alle Züge echter Kammermusik des jungen Mozart (unbesehen der späteren, gewaltigen Entwicklung
im Schaffen!) aufweist, läßt keinen anderen Schluß zu. 'Divertimento-Züge'
allgemeinsten Verständnisses, die ja durchaus auch die reifen Kammermusikwerke Mozarts tragen, stellen nicht das Wesenselement des „Salzburger"
Streichquintetts dar.

b) Umfang

Sagen quantifizierende Taktzahlenvergleiche im allgemeinen wenig aus, weil
jede Komposition ihren individuellen Voraussetzungen und dem sich daraus
Entwickelnden unterworfen ist, so fällt doch auf, daß innerhalb Mozarts früher Instrumentalmusik ausgerechnet sein Streichquintett alle anderen Werke
an Umfang überragt. Bis auf das 55taktige Adagio weisen sogar die Einzelsätze des „Salzburger" Quintetts deutlich mehr Takte auf, als irgendein früher
Streichquartett- oder Sinfoniesatz (Satz 1: 218 Takte, 2: 55, 3: 79, 4: 315). Freilich wird man zur Erklärung dieses Phänomens darauf verweisen, daß durch
die Beteiligung einer zweiten Bratsche der Rahmen für breitere Entwicklung
der musikalischen Ideen gegeben, daß hierdurch eine individuelle, zunächst
einmal besetzungstechnische Voraussetzung geschaffen ist, die beispielsweise
in den Quartetten eben nicht vorliegt[6]. Das ist sicherlich richtig und wird im
folgenden auszuführen sein. Nur geht mit wachsender Anzahl der Instrumente bei Mozart keineswegs prinzipiell eine Umfangssteigerung einher, wie ein
prüfender Blick auf die sechs- bis zehnstimmigen (Bläser-) Divertimenti oder
auch auf die Sinfonien dieser Schaffensperiode beweist. Auch fallen – mit
Ausnahme von KV 515 – die späteren Quintette gegenüber den Quartetten
gerade nicht durch bedeutenderen Umfang auf. Das „Salzburger" Streichquintett ist vielmehr deshalb das längste aller Instrumentalwerke der 1770er-
Jahre, weil es hier Mozart drängt, der aus fünf 'Individuen' bestehenden Besetzung 'umfassend' gerecht zu werden, was zunächst bedeutet, deren latente
Kombinationsmöglichkeiten voll auszuschöpfen.

c) Sonatensatzanlage

Erster, zweiter und vierter Satz von Mozarts „Salzburger" Streichquintett
erinnern in ihrer formalen Anlage zweifellos an das, was die Schulterminolo-
gie als 'Sonatenhauptsatz' zu bezeichnen pflegt (das Menuett unterliegt bekanntlich eigenen formalen Voraussetzungen). Auf einen ersten, zu wiederho-
lenden Teil (Exposition), der sich in zwei Tonartenbereiche untergliedert
(Tonika der I. und V. Stufe), folgt eine rückmodulierende Durchführung, die
in eine Reprise des ersten Teils mündet, wobei dessen zwei im Spannungsfeld
zweier Tonarten stehenden Abschnitte nun versöhnt werden. So weit, so gut.

---

6   Vgl. beispielsweise Rosen, a. a. O., S. 301.

Ein entscheidendes Merkmal dieser an Sonatensätzen Beethovens orientierten Sonatensatz-Form fehlt jedoch allen drei Sätzen unseres Quintetts (und der frühen Instrumentalmusik Mozarts generell): die dialektische Spannung zweier markanter Themen, deren Konflikt spätestens in der Durchführung zum Ausbruch kommt und in der Formenlehre auch erst die Polarität der beiden Tonartenbereiche der Exposition begründet. Streng genommen findet sich im B-Dur-Quintett überhaupt kein 'Thema', sondern mehr oder minder kurzatmige musikalische 'Motive' – diese dafür in einer unglaublichen, rasch aufeinanderfolgenden Anzahl. In der sogenannten Durchführung kann deshalb auch kein 'antithetischer' Themenkonflikt ausgetragen, also aufgespalten, umgeformt, zergliedert oder mit Fremdem verschmolzen werden.

Mozarts Sonatensatz ist demnach nicht durch thematische, materialbezogene Arbeit, sondern vielmehr durch die Reihung häufig untergründig verwandter, oftmals geradezu floskelhafter Motive oder Motivpartikel gekennzeichnet.

Als ordnende Basis dient in allen drei Sätzen besagte klar gliedernde Tonartenstruktur der Hauptteile. Und hierbei fällt ein weiteres Merkmal des Mozartschen Sonatensatzes auf, der nun näher betrachtet sein soll: Der dritte Teil (Reprise) wiederholt, abgesehen von der abweichenden Tonartengestaltung, beinahe wortwörtlich den ersten Teil. Dies kann man bereits an den nahezu deckungsgleichen Taktverhältnissen ablesen, wobei zu fragen ist wird, warum diese Deckung in keinem Satz vollständig aufgeht:

1. Satz   I. Teil (= T. 1–86) : III. Teil (= T. 121–212) <=> 86 : 92 Takte
2. Satz   I. Teil (= T. 1–23) : III. Teil (= T. 31–51)   <=> 23 : 21 Takte
4. Satz   I. Teil (= T. 1–94) : III. Teil (= T. 163–278) <=> 94 : 116 Takte

Diese Disposition mag man unter rein formalem Aspekt als 'mechanisch' bezeichnen[7]; sobald der analysierende Blick jedoch auf die Musik selbst fällt, also hinein in das äußerlich recht schmucklose Form-Gefäß, erweist sich Mozarts „Salzburger" Quintett (und keineswegs nur dieses) als außerordentlich facettenreich, ja geradezu als spannend. In ihrer Lösung des stets auftauchenden kompositorischen Problems an der entscheidenden Nahtstelle zwischen erstem (Tonika der I. Stufe) und zweitem Abschnitt (Tonika der V. Stufe) in Exposition und Reprise gleicht nämlich kein Satz dem anderen. Entscheidend sind diese Stellen jeweils deshalb, weil in der Reprise die Tonika der V. Stufe

---

7   Ludwig Finscher, Aspects of Mozart's Compositional Process in the Quartet Autographs: I. The early Quartets, II. The Genesis of K. 387, in: The String Quartets of Haydn, Mozart, and Beethoven. Studies of the Autograph Manuscripts, herausgegeben von Christoph Wolff, Cambridge/Mass. 1980, S. 121–153, hier besonders S. 123. Vgl. auch ders., Mozart's Indebtedness to Haydn: Some Remarks on KV 168–173, in: Haydn Studies. Proceedings of the International Haydn Conference, Washington D. C. 1975, herausgegeben von Jens Peter Larsen, Howard Serwer und James Webster, New York 1981, S. 407–410, hier besonders S. 409.

im zweiten Teil bekanntlich zur I. Stufe rückverwandelt werden muß. Es bereitet intellektuelles Vergnügen, die so sehr voneinander abweichenden Strategien zu betrachten.

Kopf- und Finalsatz markieren ganz deutlich den Anfang wie das Ende der beiden Abschnitte. Diese Marken verraten sich durch eine klare Zäsur (Pause) sowie die Dominantspannung eines Halbschlusses. Wir können unschwer erkennen, daß der jeweils deutlich gesetzte Halbschluß, obgleich ihm in beiden Sätzen dieselbe Funktion bei identischer Grundtonart zukommt, auf unterschiedlicher Stufe steht.

Den kompositionstechnisch einfacheren Weg geht dabei das Finale, dessen Halbschluß der ursprünglichen Tonika B-Dur (F) im ersten Teil (T. 26) ohne viel Aufhebens nach der Zäsur zur neuen Tonika umgedeutet wird (T. 27 ff.: F-Dur). An derselben Stelle nach wörtlicher Wiederholung in der Reprise angekommen (T. 188) wird der Halbschluß in seiner kadentiellen Funktion wirklich ernst genommen, die Fortsetzung erfolgt ohne Tonartwechsel im beibehaltenen B-Dur. Wie ein Scharnier öffnet diese Halbschlußzäsur das harmonische Tor äußerst ökonomisch im ersten Teil zur neuen, im dritten Teil zurück zur angestammten Tonart[8]. Die oben konstatierte Ungleichheit der Taktzahlen zwischen beiden Hauptteilen resultiert deshalb nicht etwa aus hinzu- oder weggenommenen Takten im Zusammenhang besagter Nahtstelle, sondern hat völlig andere (weiter unten zu besprechende, siehe S. 46) Ursachen.

Im Gegensatz dazu erzwingt im Kopfsatz der Halbschluß der Doppeldominante C (anstelle der 'einfachen' Dominante im Finale) weitreichende kompositorische Eingriffe, denn er führt im ersten Teil (T. 35) zwar harmonisch-modulatorisch bestens vorbereitet zur neuen Tonika (F-Dur), im dritten, korrespondierenden Teil ist er fehl am Platz, denn dieselbe Doppeldominante würde diesmal in falsches Fahrwasser leiten. Es ist klar: Die Doppeldominante muß im dritten Teil zur einfachen Dominante umgedeutet werden, weshalb Mozart bereits im Vorfeld der angezielten Zäsur entsprechend eingreifen muß. Solange im ersten Abschnitt des ersten Teils keine harmonische Hinwendung zu dieser Doppeldominante erkennbar wird, kann im korrespondierenden dritten Teil alles wörtlich übernommen werden (T. 121–143 <=> T. 1–23). Doch in Takt 24 erfolgt die Modulationsbewegung zum C des Taktes 35. Und in der Tat biegt Mozart exakt in diesem Moment[9] der Vorbe-

---

8   Zum Begriff 'Scharnier' und seinen formalen Implikationen in Mozarts Kammermusik vgl. Seiffert, Streichquartette, a. a. O., S. 55 ff. Zum durchaus nicht auf Mozart allein bezogenen Phänomen des zäsurierenden Halbschlusses siehe auch: Robert S. Winter, The Bifocal Close and the Evolution of the Viennese Classical Style, in: Journal of the American Musicological Society 42 (1989), S. 275–337 und Rudolf Bockholdt, Zu Mozarts Tonalitätsvorstellung, in: MJb 1991, S. 787–792.

9   Wie im Adagio (im selben funktionellen Zusammenhang) handelt es sich auch hier um die Septime im Baß (vgl. 2. Satz, T. 36).

reitungsphase (T. 144) die harmonische Bewegung ab, um nach insgesamt 18 Takten (gegenüber nur 12 Takten im ersten Teil) jenen entsprechenden Halbschluß zu erreichen, der den zweiten Abschnitt nicht nach F-Dur gleiten, sondern in B-Dur verharren läßt: die natürliche Dominante F.

Nur der sehr aufmerksame Hörer wird bemerken, wie raffiniert diese 'Streckung' von sechs Takten mit ihrer gleichzeitigen harmonischen Umorientierung der Materialebene gehandhabt ist. Von den drei motivisch deutlich differenzierbaren Partikeln wird die in Virtuosengeste der 1. Violine aufstrebende Trillerfigur um vier Takte gestreckt (T. 23–28, jetzt: T. 143–152). Die zur sinfonisch anmutenden, zäsursetzenden Abschlußfigur hinführenden Takte werden um weitere zwei Takte gedehnt (T. 32–33, jetzt: T. 156–159). Nur die dazwischen liegenden Verbindungstakte (T. 29–32, jetzt: T. 153–156) bleiben von dieser Dehnung unberührt – markieren doch gerade sie die jeweils angesteuerte, nun erreichte harmonische Fläche (wie ein Signal wirkt hierbei die plötzliche Oktavierung der führenden Vl. 1 durch die Va. 1). Alles was nun folgt, befestigt nur noch die Dominante. Nachdem in der Reprise an dieser entscheidenden Schnittstelle die Situation 'gerettet' ist, kann der übrige Satzverlauf des ersten Teils, freilich um eine Quinte versetzt, im wesentlichen wörtlich, jedenfalls ohne weitere Erweiterungen zu Ende gebracht werden. Vergleichen wir wiederum die Taktzahlenverhältnisse des ersten und dritten Teils (86:92 Takte), so wird deutlich, daß lediglich jene zusätzlich benötigten sechs Takte im überleitenden Abschnitt zu Takt 160 den 'Überhang' verursachen. Nur im Kopfsatz begründet also die formale Disposition ein das Taktzahlenverhältnis zwischen den Hauptteilen veränderndes Eingreifen seitens des Komponisten.

Wieder ganz anders der zweite Satz: Im Adagio moduliert Mozart geradezu unmerklich im ersten Teil von der Ausgangstonart Es-Dur zur sich allmählich einstellenden neuen Tonika der V. Stufe (spätestens in Takt 11, 3. Viertel). Ihm genügt dazu ein kurzes Signal der 2. Violine in Takt 7, das mit seinem a'' zunächst nur den Leitton zum folgenden b'' zu setzen scheint, in Wirklichkeit jedoch mit diesem Ton a'' im nächsten Takt die Unterstimmen (Va. 2 und Vc.) zur Doppeldominante anregt; das Resultat: Bereits im Folgetakt (T. 9) erklingt B-Dur, die neue Tonika, die dann nur noch durch Septakkord-Folgen gekräftigt wird. Die Reprise, die die beiden Unisono-Initiumstakte des ersten Teils (T. 1–2) nicht wiederholt – und daraus resultiert auch die oben bereits bemerkte Differenz zweier Takte! – wiederholt wörtlich den ersten Teil (T. 3–7, 2. Viertel <=> T. 31–35, 2. Viertel); an der fast unbemerkbaren Nahtstelle im 35. Takt verzichtet die 2. Violine auf ihr Signal und verbleibt durch den Quintsprung es''-b'' in der angestammten Tonart; sofort reagieren die beiden Unterstimmen, indem sie die Septime von Es-Dur einführen, ohne damit wirklich aus der Tonart herausführen zu wollen. Es folgt die bekannte, jetzt quintversetzte Septakkord-Kette. Spätestens in Takt 39, 3. Viertel (entspricht Takt 11, 3. Viertel), ist die ursprüngliche Tonart wieder-

hergestellt, ohne sie zuvor überhaupt verlassen zu haben. Der Tonartenüber-
gang im ersten Teil und sein nicht modulierendes Pendant im dritten Teil
vollzieht sich also im zweiten Satz nahezu unbemerkt und außerordentlich
ökonomisch.

d) Periodik, Gliederung

Zwei divergente Ordnungsprinzipien in der Taktgliederung, -gruppierung
und -zusammensetzung fallen in Mozarts „Salzburger" Streichquintett auf:
ein unsymmetrisches, demonstrativ kompliziertes auf der einen Seite und ein
periodisch oder auch mittels unmittelbarer Wiederholung angelegtes auf der
anderen. Das erste zielt in seiner Verweigerungshaltung gegenüber einfacher
Strukturierung auf das eher künstliche, künstlerische Element 'gearbeiteten'
Komponierens – es will eben gerade nicht 'Divertimento' signalisieren! Dem
zweiten kommt die kombinationsreiche Quintettbesetzung in besonderem
Maße entgegen, denn der wie von selbst sich anbietende Registerwechsel etwa
zweier 'Trios' legt unmittelbare Wiederholungen von Zwei- oder Viertaktern
nahe, ja diese spezielle Besetzung fügt der an sich simplen Wiederholungsstruktur eine besondere Qualitätsstufe hinzu. Wir wollen den ersten Teil des
Kopfsatzes unter diesen beiden Aspekten ein wenig näher betrachten.

Mozart ist ganz offenkundig bestrebt, zu Beginn des Kopfsatzes eine glatte,
symmetrische Binnengliederung der Takte und Taktgruppen zu unterbinden.
Es wäre ein leichtes, die durch *fp*- und Baß-Akzente halbtaktig dahinpendeln-
de, gleichzeitig melodisch kaum ausgeprägte, eher flächig sich ausbreitende
Akkordprogression in einen 'runden', in die Tonika zurückkehrenden Achttakter auslaufen zu lassen (siehe Notenbeispiel 1, nächste Seite), dem sich, zunächst etwa auf der Dominante, ein weiterer Achttakter anschließen könnte.
Erst durch das 'gefälschte', glatte Notenbeispiel 1 wird vollkommen deutlich,
wie abrupt, ja verstörend unerwartet der beschwingte Anfang schon nach sieben Takten fast gewaltsam abgebrochen wird. Das halbtaktige Pendeln wird
durch eine unwirsche, jetzt jedes Viertel akzentuierende Unisono-Figur abgelöst, die im Folgetakt dominantisch offen abbricht. Der friedlichen Naivität
des Anfangs wird schon nach sechs Takten Einhalt geboten, wobei zudem die
ausgeklügelte Instrumentation auffällt: Die erste Violine, zunächst Anführer
eines konventionellen Quartett(!)-Satzes (siehe Abschnitt IV, S. 62 ff.) und
gleichzeitig mit einer floskelhaften Dreiklangsbrechung betraut, zieht in Takt
7 zwar noch für einen Moment ihre benachbarte und damit 'natürliche' Part-
nerin, die zweite Violine, zu wohlklingender Terzenparallele an sich, doch
unmittelbar darauf muß sie ob der niederfahrenden Unisonophrase verstum-
men; hier tritt für einen kurzen, aber um so folgenreicheren Moment die erste
Viola auf, welche bislang schweigen mußte. Wie 'aus dem Takt geraten' versucht nun das Anfangsquartett wieder Tritt zu fassen, was schließlich im ka-

Notenbeispiel 1[10]:

Mozart, KV 174, Allegro moderato (Montage)

denzierenden elften Takt gelingt. Just in diesem Augenblick übernimmt die erste Viola die Führung über ein neu zusammengesetztes Quartett.

Diese ersten 12 Takte (etwa in 6+2 + 4 Takte) untergliedern zu wollen, hieße die drei trotz aller Gegensätze dramaturgisch aufeinander bezogenen Einzelereignisse (fröhlicher Anfang, massive Störung, Beschwichtigung) künstlich voneinander zu trennen. Zwar ergibt sich zwischen achtem und neuntem Takt eine deutliche Zäsur, doch empfinden wir, wie bereits beschrieben, Takt 8 nicht als legitimen Periodenschluß, ja nicht einmal als Zwischenstation, vielmehr als Schlußfigur eines fast brutalen Periodenabbruchs, der sich bereits einen Takt zuvor ereignet hatte. Außerdem drängt Takt 8 in seiner dominantischen Öffnung energisch zur Fortsetzung, wobei man sich diese unmittelbar

---

10 Die im Autograph eindeutige Trennung von *f:* und *p:* (also von *forte* und *piano*) – korrelierend mit der abweichenden Artikulation – ist in NMA unrichtig als *fp* wiedergegeben; vgl. Cliff Eisen, The Old and New Mozart Editions, in: Early Music 19 (1991), S. 532, Anmerkung 27.

in Takt 11 vorstellen, also Takt 9–10 als eingeschobenes Intermezzo interpretieren könnte (die Dominante F^7 wird ja zunächst unter geschickter Umdeutung der melodischen Bewegung *a-c-es* in Takt 8 zur II. Stufe, c-Moll, vermieden und hinausgezögert). Zudem müßte man beachten, daß auf Schlag '1' im zwölften Takt zwei Ereignisse gleichzeitig stattfinden, deren Aufeinandertreffen man mit Thrasybulos Georgiades als 'Gerüstbau'-Weise bezeichnen könnte: Denn einerseits schließen hier die vorausgehend beteiligten vier Streicher ihre harmonisch-melodische Bewegung ab (Kadenz und Schlußton); im zwölften Takt setzt jedoch auch die neue, zuvor schweigende Führungsstimme (Va. 1) ihren ersten Takt, so daß man für den ersten Abschnitt nur die Gliederung: Takt 1–11 gelten lassen möchte. Besonders deutlich wird dieser Widerspruch, oder besser gesagt, diese geschickte Satzverwebung, wenn man den Anfang in Taktpaare gliedert, wobei der erste als schwer, der zweite als leicht zu gelten hat: Dann ist – vom ersten Takt her kommend – Takt 12 ein 'leichter', also ausschwingender Takt, wohingegen für die erste Viola Takt 12 einen 'schweren' Takt bildet. Diese Gleichzeitigkeit der Ereignisse erfaßt man an dieser Stelle (und an den parallelen Stellen T. 23, 132, 143) nur deshalb recht rasch, weil durch die Zerrissenheit der Entwicklung im Vorfeld eine gewisse Verwirrung beim Hörer eingetreten ist – die Wiederaufnahme von Takt 1 (beziehungsweise T. 121) durch die dunklere Lage der ersten Viola empfindet man als erfreuliche Klärung und Beruhigung des Vorausgegangenen.

Die Takte 12–22 wiederholen mit vertauschten Rollen diesen zerrissenen Beginn, um erst in Takt 23 zu vollständiger Fünfstimmigkeit überzugehen: Die erste Viola übernimmt dabei die Führungsrolle der jetzt verstummenden ersten Violine, während die übrigen drei 'Begleitstimmen' im wesentlichen ihre Rolle (und damit die Notenfolge der Takte 1–11) beibehalten. Und in dieser Wiederholung eines ganzen Abschnitts manifestiert sich ein außerordentlich wichtiges, generelles Merkmal des Mozartschen Streichquintetts. Dieselbe Musik, so komplex sie auch sein mag, erklingt unmittelbar noch einmal, jetzt klanglich anders schattiert, aber eben nahezu unverändert. Diese Technik, der wir im originären Streichquartettsatz so gut wie niemals begegnen, ermöglicht – oder besser: fordert – nur der Quintettsatz. In erster Linie wollen nämlich die reicheren klanglichen Möglichkeiten ausgeschöpft sein; die Verdichtung des satztechnischen Geschehens spielt dagegen eine vergleichsweise untergeordnete Rolle. Diese Bereicherung des Klanglichen ergibt sich nicht allein durch Wiederholungsstrukturen eines an sich drei- oder vierstimmig bleibenden Satzes, sondern vor allem durch die selbstbewußte Rolle, die Emanzipation, der im Quartettsatz eher untergeordneten ersten Viola. Das Streichquintett erschließt Mozart mehrere völlig neue Register, die er sofort zu nutzen weiß.

Nicht nur der Wiederholungsabschnitt der Takte 12–22 des Kopfsatzes legt ein Zeugnis dieser 'Befreiung' der ersten Viola ab, die neue, im Quartett weitgehend ungenutzte Stimmkombinationen auslöst. Auch wenn es sich im weiteren Satzverlauf und in den übrigen drei Sätzen zumeist nicht um unmittelbare Wiederholung handelt, so hängt das die erste Viola ins Zentrum rückende Prinzip in der Regel mit 'Wiederholung', sei es in der Reprise, sei es als Echo zusammen. So beweisen die Schlußtakte der jeweiligen Hauptteile des Kopfsatzes die prinzipielle Austauschbarkeit der beiden Leitinstrumente (T. 83 ff.: Vl. 1; T. 209 ff.: Va. 1). Charakteristisch ist auch der Achttakter 35–42, der sich an die markante, bereits besprochene Halbschlußzäsur anschließt: Im ersten Teil wird er bis auf die Schlußwendung wortwörtlich, allerdings im *forte*, anstatt im *piano*, wiederholt, wobei die Stimmenkombinationen (vor allem die auffällige Oktavkoppelung der Violinen) erhalten bleibt. Im dritten Teil (Reprise) übernimmt die erste Viola im ersten Achttakter die Funktion, die ursprünglich der zweiten Violine zukam (T. 161–168), in der *forte*-Wiederholung übergibt sie diese Rolle wieder der zweiten Violine. Auch im zweiten Satz wird die das Klangspektrum ungemein erweiternde Partnerschaft durch dialogisierendes Wechselspiel ab Takt 11 (mit vertauschten Rollen in Takt 40 ff.) besonders deutlich. Gleiches gilt für das Menuett (T. 13 ff.) und natürlich auch für das ganze Trio. Überaus bezeichnend ist zudem, daß im Finale die erste Viola, und nicht etwa die erste Violine, die im *forte* unverhofft einsetzende, rasche 16tel-Figur einführt (das gilt bereits für die erste, verworfene Fassung, in der der Satz sogar mit dieser Figur anhebt!).

Zweierlei zeigt sich in dieser Beschreibung: Bereits der Beginn des „Salzburger" Quintetts ist sowohl hinsichtlich seiner Periodik als auch seines Satz- und damit Klanggefüges äußerst lebendig, ja geradezu unruhig gestaltet. Der Hörer muß ständig mit Veränderungen rechnen. Zum zweiten beansprucht die erste Viola neben der ersten Violine eine Führungsrolle, was im vorliegenden Quintett neben dem klanglichen Aspekt vor allem folgende Konsequenz hat: Die ohnehin stark auf Wiederholungen kleiner und kleinster Einheiten basierende Reihungstechnik Mozarts bewirkt in Kombination mit der flexiblen 'Besetzungsvariierung' bei Wiederholung ebenderselben Musik eine stärkere satztechnische Fundierung dieser entweder unmittelbaren oder im parallelen Satzteil sich ereignenden Wiederholung, als sie im Quartettsatz Mozarts jemals möglich ist. Als untrüglicher äußerlicher Indikator dieser Behauptung mag die außerordentliche Länge des Quintetts genommen werden.

Dies alles deckt sich kaum mit der naiven Vorstellung eines allgefälligen Divertimentos. Denn wenn auch der spätere, reife Quintettsatz Mozarts solche das Klangspektrum ungemein bereichernden Mittel diffiziler einsetzt, so muß doch festgehalten werden, daß im „Salzburger" Quintett die wesentlichen Wurzeln liegen, und daß überdies jene offenkundig absichtsvolle Lebendigkeit und Brüche bewußt einbeziehende Spontaneität den Willen zu komplexer Kammermusik beweist.

e) Motivvielfalt, Motivverwandtschaft

Wir rücken nun noch näher an den Kopfsatz von Mozarts „Salzburger"
Streichquintett heran. Wenn es zutrifft, daß Mozart keinen 'schulgemäßen'
Sonatensatz schreibt, daß seine Formkonzeption vorwiegend im Aneinanderreihen verschiedener, zumeist sogleich (in abgewandelter 'Besetzung') wiederholter Motive besteht, dann muß die Frage lauten: Warum zerfällt dann
dieser Kopfsatz (gleiches gilt für die übrigen Sonatensätze) nicht in lauter unzusammenhängende Einzelteile, die beliebig zu kürzen oder zu verlängern
wären? Woraus resultiert das untrügliche Gefühl, daß sich alles bestens anein-
anderfügt, der ganze Satz, trotz seiner vielgestaltigen, kurzgliederigen Motive
wunderbar homogen gestaltet ist?

Die Antwort auf diese berechtigte Frage gibt die nähere Untersuchung der
melodisch-artikulatorischen Gestaltung der Einzelmotive frei. So zahlreich
auch die verschiedenen Motive oder Motivpartikel sein mögen, so sehr man
auch eine konzentriertere Ausführung dieser Motivgestalten vermissen mag:
Sie alle lassen sich auf wenige 'Urformen' zurückführen. Sie hängen alle miteinander untergründig zusammen.

Nehmen wir nur einmal die viertönige Begleitfloskel der zweiten Violine
und Viola zu Beginn des Satzes: ♩♩♩♩ ♩♩♩♩. Sie bestimmt in ihrer artiku-
latorischen Prägnanz zweier gebundener Achtelnoten, auf die zwei staccatier-
te Achtelnoten folgen, im wesentlichen den Satzanfang, der bekanntlich in
Takt 12 ff. (von denselben beiden Instrumenten) erneut aufgegriffen wird.
Mag man zunächst noch die im Rhythmischen identische, von der Tonfolge
her jedoch abweichende Floskel, wie sie kurz vor dem deutlichen Zäsurein-
schnitt in Takt 32 und 33 (Violinen) auftaucht, noch als Zufall werten und auf
die differierende Funktion (hier Schlußwendung, dort Begleitung) verweisen,
so wird doch bei näherer Betrachtung des Seitensatz-Themas klar, daß sich
diese ursprüngliche Begleitfloskel andeutungsweise bereits in Takt 32–33 melodisch konturiert, um jetzt (Takt 36–38, 43–45) markanter Träger innerhalb
eines neuen Motivkomplexes zu werden. Und nicht wenig staunen wir, wenn
diese an sich vor allem artikulatorisch profilierte Viertonfolge auch noch zum
Schluß des Satzes, jetzt wieder in leicht abgewandelter Form, als Schlußgesang
fungiert (T. 81 ff.), der zum Satzanfang überleitet (dort erklingt sie erneut als
Begleitung) oder in der Fortsetzung den Anfang der Durchführung bestimmt
(T. 88 ff.).

Die Abwandlungen des Motivkerns, um ihn einmal so zu benennen, sind
nur sehr geringfügig und doch erkennt man die Verwandtschaft nicht auf den
ersten Blick. Einmal wird der Motivkern geradezu mechanisch ununterbrochen wiederholt (a: T. 1 ff.), das nächste Mal eine Auftaktnote hinzugefügt
und ein markantes Motivglied angehängt (b: T. 32, 33), dann wieder bildet es
das Binnenglied eines großräumigeren Themas (c: T. 35 ff.) und schließlich
wird es wieder deutlicher, jedoch fragmentiert vernehmbar (d: T. 81 ff.).

Ein anderes, ähnlich kurzes Motivglied, das in wechselnder Gestalt unmerklich immer wieder im Satzverlauf erscheint, und ihm damit eine untergründige Geschlossenheit verleiht, ist folgendes, erstmals in Takt 9 ff. erklingendes

Motiv: ♩. Wir hatten es weiter oben als 'besänftigendes' Motivelement bezeichnet, das den zuvor abrupt abgebrochenen Verlauf wieder in Gang zu setzen versucht; denn entweder leitet es zurück zur Wiederholung des Satzanfangs (T. 12) oder über in den erregteren Fortsetzungsteil (T. 23 ff.). Es ist in seiner auftaktigen Dreitonfolge durch Absprung und darauffolgende Leittonauflösung charakterisiert. In Takt 40 (und T. 47) scheint auch sie fragmentiert wieder auf: Die Auftaktnote ist abgeschnitten, es bleibt die Aufeinanderfolge zahlreicher Leittonrückungen übrig, die sich nach oben schrauben. Damit können wir das Seitensatzthema (T. 35–37, in der Folge dann häufiger wiederholt, siehe oben) sehr genau bestimmen: Sein Anfangsimpuls besteht im Setzen eines quer im Takt stehenden Anfangstones auf den ein durch Vorschlagsnoten prägnant angezielter Aufschwung zum Hochton *a"* folgt; jetzt schließt sich der vertraute Motivkern des Satzanfangs und der Abschwung an. Es erfolgt die Wiederholung des Ganzen (T. 37–38) und ein erneuter schwungvoller Ansatz zur selben Hochnote, jedoch mit verlängertem Abschwung und Einmünden in die verlängernde Phrase des Leitton-Kernmotivs. Und nicht nur die Gestaltung des oktaviert erklingenden Themenvordergrundes setzt sich aus Altbekanntem, Abgewandeltem und Neuem zusammen; auch der fundierende Baßuntergrund ist in seinem halbtaktig wechselnden Pendeln doch irgendwoher bekannt? Ein Blick an den Satzanfang (T. 1 ff., T. 12 ff.) klärt die Zusammenhänge auf!

Markant halbtönige Leittonmotivik (nicht bloße, konventionelle Leittonauflösung) erklingt übrigens noch an zwei weiteren Stellen des Kopfsatzes: In Takt 54 bestimmt diese Figur die ins *piano* zurückgenommene, dunkle Ganzton- Halbtonphrase, und in Takt 68 ff. spielen sich Violine 2 und Viola 1 (beziehungsweise die beiden Violinen) das leittönig aufsteigende Kernmotiv (wieder auftaktig) ineinander verzahnt echoartig zu.

Der dritte, mehrfach in changierender Gestalt aufscheinende Motivkern ist in der eintönigen Repetitionsfigur Takt 62 (64) zu sehen. Hier erklingt sie in triolischem Gewande mit staccatiertem Auftakt (in Takt 78 ff. sowie in der ganzen Durchführung, T. 94 ff., wird just dieser Triolenrhythmus erneut aufgegriffen!), kurz später bestimmt die Tonrepetition (mit Auftakt) das sich anschließende nächste Motiv, nämlich die Takte 72–77.

Am Beispiel der drei markantesten Motive, die im wesentlichen den Kopfsatz bestimmen, sollte gezeigt sein, wie und woraus sich Mozarts Quintettsatz konstituiert. Bewußt wurde nicht von 'Themen' gesprochen: Es handelt sich um Motive, ja um floskelhaft kurze Wendungen, die erst in ihrer Kombinatorik mit weiteren Kurzfloskeln eine Einheit bilden, eine Einheit welche zumeist einmal oder sogar mehrfach wiederholt wird. Mozart breitet keine genuin melodischen 'Themen' vor uns aus (man halte sich für einen Moment das Hauptthema des g-Moll-Quintetts KV 516/I oder das c-Moll-Thema des Quintetts KV 406/516b vor Augen, um den Unterschied zu verstehen). Ganz im Gegenteil: Seine innere Konsistenz erhält der Satz aus baukastenartiger Motivaneinanderreihung und deren unscheinbarer Verwandtschaften, welche satzverwebend in ständig wechselndem Kontext den gesamten Quintettsatz ungemein zusammenbindet.

II

a) Mozarts Autograph

Innerhalb des Mozartschen Œuvres stoßen wir relativ selten auf zwei vollständig ausgeführte, voneinander abweichende Fassungen ein und desselben Satzes. Auffällig gehäuft begegnen wir diesem Phänomen jedoch im frühen Kammermusikschaffen. Denken wir nur an die Erstfassungen des Trios aus dem „Lodi"-Quartett KV 80 (73f), des langsamen Satzes aus dem G-Dur-Streichquartett KV 156 (134b)[11], des Fugenfinales aus dem d-Moll-Streichquartett KV 173, und nicht zuletzt an das Finale aus dem „Salzburger" Streichquintett KV 174, mit dem wir uns sogleich näher beschäftigen wollen[12].

Doch zuvor muß gefragt sein, wann denn Mozarts endgültige Fassung entstand: unmittelbar nach der ersten, verworfenen Version oder in zeitlichem Abstand? Diese Frage ist bekanntlich von Théodore de Wyzewa und Georges de Saint-Foix[13] in ihrer einflußreichen, leider in weiten Teilen doch sehr spekulativen Mozart-Biographie beantwortet worden. Sie erkannten erstmals, daß auffällige musikalische Bezüge zwischen Mozarts „Salzburger" Streichquintett und den beiden Streichquintetten Michael Haydns von 1773 bestehen (siehe dazu S. 53 ff.). Diese Auffälligkeiten verleiteten sie zu zwei bis heute oft

---

11   Vgl. Martin Just, Die beiden Fassungen des langsamen Satzes zum Streichquartett G-Dur KV 156, in: Mozart Studien, Band I (herausgegeben von Manfred Hermann Schmid), Tutzing 1992, S. 19–41 sowie Seiffert, Streichquartette, a. a. O., S. 81–84.

12   Weitere vollständige Erstfassungen (oder völlig abweichende beziehungsweise im Druck abweichende) Fassungen liegen vor für: Sinfonie G-Dur, KV Anh. 221 (45a), 1.–3. Satz; Sinfonie A-Dur, KV 114, Menuett; Streichquintett B-Dur, KV 174, Trio; Divertimento B-Dur, KV 186 (159b), Trio; „Pariser" Sinfonie D-Dur, KV 297 (300a), 1. und 2. Satz; Klavier-Rondo F-Dur, KV 494; Klavierkonzert Es-Dur, KV 495, 1. Satz. Daneben wäre noch an die zahlreichen Orchesterfassungen der Klavier-Tänze zu denken.

13   Wyzewa und St. Foix, a. a. O., Band II, S. 26 ff. und 113 ff.

wiederholten[14], jedoch auf unsicherem Fundament gründenden Datierungen: Zum einen sei die erste Fassung von Mozarts B-Dur-Streichquintett unter dem Eindruck des C-Dur-Streichquintetts von Michael Haydn (MH[15] 187, komponiert: 17. Februar 1773) zwischen der Rückkehr von der dritten Italienreise und vor der Abreise nach Wien (also zwischen dem 13. März und dem 14. Juli 1773) in Salzburg entstanden. Zum anderen sei die Umarbeitung des Trios und des Finales erst nach der Rückkehr aus Wien (26. September 1773) erfolgt, wobei Haydns zwischenzeitlich entstandenes G-Dur-Quintett (MH 189, komponiert: 1. Dezember 1773) den entscheidenden Ausschlag gegeben habe. Diese Hypothesen bestechen im ersten Moment – kennt man doch Mozarts wachen Geist und spontane Aufnahmebereitschaft, Fremdes für das eigene Schaffen fruchtbar werden zu lassen. Doch auf die entscheidende Quelle, Mozarts Autograph, können sich Wyzewa und St. Foix nicht stützen, so daß hier fragwürdige 'Stilkritik' die methodische Grundlage für eine zweifelhafte Datierung bildet[16]; gleichzeitig müssen wir konzidieren, daß es auch kein triftiges philologisches Argument gegen die hypothetische Datierung von Wyzewa und St. Foix gibt.

Das Autograph von Mozarts „Salzburger" Streichquintett ist auf der ersten Seite auf Dezember 1773 datiert[17]: „del Sgr: Cavaliere Amadeo Wolfgango | Mozart à Salisbg: | nel Decembre | 1773.". Diese Aufschrift, wie auch der Titel „Quintetto", stammt von Leopold Mozart[18]. Daraus kann man freilich weder schließen, die ursprüngliche Fassung des Quintetts sei bereits im Sommer 1773 fertiggestellt gewesen, noch kann man eine zeitliche Distanz etwa eines halben Jahres zwischen Erst- und Zweitfassung des Trios und Finales postulieren. Auch zu welchem Zeitpunkt, das heißt in welchem Stadium der Niederschrift diese Datierung erfolgte, läßt sich nicht angeben. Gemeinhin möchte man annehmen, diese Aufschrift sei unmittelbar nach Abschluß der Komposition im Dezember 1773 angebracht worden – und den Abschluß bildete doch zweifellos die ursprüngliche Fassung des Finales. Selbst wenn das Autograph jedoch erst nach Abschluß der neu geschriebenen Teile datiert wurde, wüßten wir längst nicht, wann Mozart die ursprüngliche Fassung komponierte und niederschrieb. Jedenfalls trägt die erste Partiturseite keine zusätzliche

---

14 Abert, a. a. O., Band I, S. 325 f.; Einstein, a. a. O., S. 261; Hess, a. a. O., S. VIII f.; KV[6], S. 195 f.; Sieber, a. a. O., S. 54.

15 Zur Sigle „MH" siehe Anmerkung 35.

16 Im übrigen wissen wir auch nicht, ob sich Mozarts „Salzburger" Quintett einem Auftrag verdankt; vgl. Jean und Brigitte Massin, Wolfgang A. Mozart, Paris 1970, S. 713, die dies apodiktisch behaupten.

17 Der Biblioteka Jagiellońska Kraków sei für die Überlassung einer Kopie der Quelle gedankt. Eine photographische Abbildung der ersten Seite findet sich in: NMA VIII/19, 1, S. XIII sowie in: Musikhandschriften von Palestrina bis Beethoven (eingeleitet und kommentiert von Walter Gerstenberg), Zürich 1960, Nr. 104.

18 Ich verdanke diese Zuschreibung der freundlichen Information durch Wolfgang Plath.

ausgestrichene oder korrigierend überschriebene Datierung, die auf jene behauptete zeitliche Differenzierung hindeuten könnte. Die Datierung könnte – muß aber nicht – auch in deutlichem Abstand zur eigentlichen Niederschrift des Quintetts erfolgt sein.

Auch die übrigen Merkmale des Autographs bieten keinerlei Hinweise auf einen zeitlichen Abstand zwischen Erst- und Zweitfassung[19]. Die komplette Niederschrift, einschließlich der beiden Zweitversionen läßt keine auch nur irgendwie geartete Entwicklung hinsichtlich ihres Duktus erkennen – die Handschrift ist alles in allem für die zweite Hälfte des Jahres 1773 charakteristisch[20]. Bei sämtlichen 30 Blättern, auf denen das Quintett einschließlich seiner Zweitfassung notiert wurde, handelt es sich um dieselbe Papiersorte (WZ 31)[21]. Auch die 'reguläre', unmittelbare Aufeinanderfolge der vier ursprünglichen und dann der beiden nachkomponierten Sätze lassen keine Unregelmäßigkeit erkennen:

Blatt 1r bis Blatt 10r, 1. Akkolade: Erster Satz
Blatt 10r, 2. Akkolade, bis Blatt 13v, 1. Akkolade: Zweiter Satz
Blatt 13v, 2. Akkolade, bis Blatt 14v, 1. Akkolade: Menuett
Blatt 14v, 2. Akkolade, bis Blatt 15r, 2. Akkolade: Trio, 1. Fassung
Blatt 15v bis Blatt 21v, 2. Akkolade: Vierter Satz, 1. Fassung
Blatt 22r bis Blatt 22v, 2. Akkolade: Trio, 2. Fassung
Blatt 23r bis Blatt 30r, 2. Akkolade: Vierter Satz, 2. Fassung

Eine Besonderheit verdient noch Erwähnung: Auf Blatt 14v, unmittelbar nach dem Schlußstrich des Menuetts, lesen wir eine schriftliche Anweisung Leopold Mozarts, die sich offenkundig an einen Kopisten wendet: „Hier wird nicht das folgende | Trio und Allegro, sond[ern] | das hint[en] pag.[ina] 22 stehende | Trio und pag:[ina] 23 das Allegro | geschrieb[en]."[22]. Ob Leopold Mozart den Ausschlag zur Umarbeitung gegeben hatte, wissen wir natürlich nicht – jedenfalls kannte er den Vorgang der Neukomposition und er konnte

---

19 Wenngleich Wyzewa und St. Foix nicht so eindeutig, wie im Falle des langsamen Satzes aus KV 156 (143b), aufgrund des Quellenbefundes widersprochen werden kann. Auch in diesem Falle hatten sie eine zeitliche Differenz der beiden Fassungen postuliert, wogegen Just, a. a. O., S. 19, zurecht opponiert. Vgl. auch Anmerkung 23.

20 Dankenswerte Mitteilung von Wolfgang Plath. Ob verschiedene Tinten Verwendung fanden, konnte anhand der zur Verfügung stehenden Xerokopien nicht überprüft werden – hier bleibt der KB zu NMA VIII/19, 1, abzuwarten –, wobei verschiedene Tintenfarben ohnehin kein seriöses Argument für eine dezidierte Festlegung der Chronologie abgeben würden.

21 NMA X/33, 2: Wasserzeichenkatalog, vorgelegt von Alan Tyson, 2 Bände, Kassel usw. 1992, Textband S. 13, Abbildungen S. 62 f.

22 In der unter Anmerkung 25 genannten, wichtigen Partiturabschrift liest der Schreiber irrtümlich „seite" anstatt „hinten" und verbessert zudem die ursprünglich korrekt übertragenen Seitenzahlen „22" beziehungsweise „23", die ja eigentlich der Blattzählung entsprechen, zu echten (wenn auch in ihrer konkreten Ziffer nicht ganz nachvollziehbaren) Seitenzahlen „24" beziehungsweise „26".

diese Kopistenanweisung auch erst nach Abschluß der Neufassung der beiden
Sätze eingetragen haben[23] . Sie zielt zweifelsohne darauf ab, daß nicht etwa die
alte, im Autograph undurchstrichene Version des Trios und Finales abgeschrieben werden sollte. Im gesamten Autograph, also auch in der verworfenen Erstfassung des vierten Satzes, finden sich dennoch zahlreiche typische
Kopistenzeichen[24] ; ein Vergleich ergab, daß sie nicht etwa zeitgenössisch sind
und auch nicht mit der postumen Erstausgabe von Traeg (Wien, 1798) in Zusammenhang stehen, sondern vielmehr von einem Kopisten des 19. Jahrhunderts, vom sogenannten „Jahn-Kopisten A" stammen[25] . Ob also zu Mozarts
Zeit jemals die Erstfassung erklang, ist ungewiß. Wyzewa und St. Foix's reiz-
volle Hypothese ist jedenfalls durch die autographen Merkmale weder zu be-
kräftigen noch zu widerlegen.

b) Das Finale im Vergleich beider Fassungen

Die Chance, Mozarts Komponieren möglichst unmittelbar studieren zu können, ist durch den Vergleich einer endgültigen Version mit ihrer Erstfassung
ungleich größer, als sie jede Gegenüberstellung des vollendeten Werks mit
Skizze, Fragment oder Entwurf böte. In manchen Fällen, in denen solch eine
Erstfassung überliefert ist (siehe Anmerkung 12), wird deutlich, daß Mozart
gelegentlich einen vollständigen ersten Anlauf benötigte, um die möglichen
Schwächen wie Stärken seiner Konzeption und deren Ausführung überblik-
ken zu können. Er bricht nicht nach mehr oder weniger Takten seine Niederschrift ab, sondern führt den Satz in extenso aus, unbeeindruckt der möglicherweise bereits im Schreibprozeß erkennbar werdenden Defizite. Insofern
sind Erstfassungen Mozarts als in hohem Maße erkenntniseröffnende Zwi-
schenstationen auf dem Weg zur jeweiligen Ideallösung zu bewerten, sind im

---

23 Man denke an parallele Fälle wie etwa an das Menuett/Trio im „Lodi"-Quartett KV 80
    (73f), wo Leopold Mozart im Menuett teilweise selbst zur Feder griff und die Zweitfas-
    sung des Trios gar vollständig eigenhändig niederschrieb, oder an den langsamen Satz des
    Streichquartetts KV 156 (134b), der sich möglicherweise ebenfalls einer 'Intervention' des
    Vaters verdankt.
24 Folgende eindeutige (gelegentlich vermutliche) Kopistenmarken (ohne Anspruch auf
    Vollständigkeit) sind auf den zur Verfügung stehenden Xerokopien zu erkennen: 1. Satz:
    T. 44/45 (Vc.), 116/117 (Va. 1), 117/118 (Vl. 1), 160/161 (Vl. 1), 161/162 (Va. 2), 165/166
    (Vc.), 200/201 (Vc.); 2. Satz: T. 31/32 (Vc.), 43/44 (Va. 1); 3. Satz (Menuett): T. 13/14 (Vl.
    1); Trio, 1. Fassung: –; 4. Satz, 1. Fassung: T. 32/33 (Vc.), 86/87 (Vl. 1), 145/146 (Vl. 1),
    178/179 (Vl. 1), 196/197 (Vl. 1), 248/249 (Vl. 1); 3. Satz, Trio, 2. Fassung: T. 11/12 (Vl. 1);
    4. Satz, 2. Fassung: T. 147/148 (Vl. 1), 169/170 (Vl. 1), 224/225 (Va. 1), 232/233? (Va. 2),
    269/270? (Vl. 1), 290/291 (Vc.), 307/308 (Vl. 1).
25 Berlin, Staatsbibliothek zu Berlin, Preußischer Kulturbesitz, Musiksammlung, Signatur:
    Mus. Ms. 15 421; vgl. Hans-Günter Klein (Bearbeiter), Wolfgang Amadeus Mozart. Au-
    tographe und Abschriften, Berlin 1982 (= Staatsbibliothek Preußischer Kulturbesitz, Ka-
    taloge der Musikabteilung, Erste Reihe: Handschriften, 6), S. 327. Diese Quelle diente im
    übrigen auch dem Herausgeber des Bandes NMA VIII/19, 1, als Primärquelle; vgl. An-
    merkung 27.

Vergleich Schwächen wie Stärken der später verworfenen Fassung im Blick auf die bekannte Version herauszuarbeiten. Einzig Otto Jahn hat sich bislang intensiver mit dem Vergleich beider Finale-Fassungen beschäftigt[26]; an dessen subtile Beobachtungen soll im folgenden angeknüpft werden[27].

Um verstehen zu können, worin der „erkennbare Fortschritt" der „genia-le[n]" Umarbeitung „des Finales aufgrund des vorhandenen Materials"[28] ge-genüber der älteren Version besteht, müssen wir verschiedene Aspekte im Au-ge behalten. Zunächst ist es hilfreich, sich den Schluß beider Sätze zu verge-genwärtigen. Die erste Version schließt (ab T. 227) mit einer von Mozart nicht als solcher bezeichneten Coda ab, einer Art angehängter 'Stretta', der zu-nächst durch Tremolo und unison-kompakte Streicherführung Orchesterge-stus zukommt. Erst im beschließenden Achttakter dieser Coda führt die erste Violine auf der Grundlage einer Schlußkadenz ein bis dato ungehörtes Auf-taktmotiv ein (T. 248–251), das ein weiteres Mal, jetzt bekräftigt durch in Ter-zen geführte B-Dur-Tonleiter-Skalen der beiden Violen, von der zweiten Vio-

---

26 Jahn, a. a. O., S. 594–599 (siehe auch S. 13–16 vorliegenden Bandes); Abert, a. a. O., Band I, S. 326, befaßt sich nur noch flüchtig mit dieser interessanten Frage. Ich danke Herrn Thomas Schmidt für die Überlassung seiner gediegenen Seminararbeit am Heidelberger Institut (Wintersemester 1990/1991), die einen weiteren Anlauf in diese Richtung unter-nimmt.

27 Den (nicht fehlerfreien, siehe nachfolgend) Text der Erstfassung gibt der Anhang im einschlägigen Band der Neuen Mozart-Ausgabe wieder: NMA VIII/19, 1, S. 176–183. Seit neuestem liegt auch eine instruktive Einspielung der Erstfassung des Trios und des Finales aus KV 174 vor (Academy of St. Martin in the Fields' Chamber Ensemble): Complete Mozart Edition, Philips Classics, Vol. 10, Nr. 426 884–2.

Da der Kritische Bericht zu Mozarts Quintetten innerhalb der Neuen Mozart-Ausgabe noch nicht erschienen ist, die Edition des „Salzburger" Quintetts jedoch auf der Basis ei-ner (zwar recht zuverlässigen, aber eben doch fehlerhaften) Sekundärquelle erfolgte, wird es der Musiker begrüßen, die wichtigsten Abweichungen (nicht jedoch die zahlreichen Kleinigkeiten) gegenüber dem maßgeblichen Autograph mitgeteilt zu erhalten:

Erstfassung des Finales: Keine Tempoangabe. Keine Anfangsdynamik (*forte*). Der Bo-gen zur 16tel-Figur ist, soweit er von Mozart notiert wurde, in der Regel nur zu den er-sten vier (nicht fünf) Noten gesetzt; in T. 109 und 113 (Va. 2) zu 1.–5. Note. In T. 23–24 (143–144) nicht das unmozartsche „pf" (mit „poco forte" in der Fußnote erläutert), son-dern jeweils in Achteln wechselnd *p – f– p – f* – usw., also synkopisches Hervorheben der schwachen Zählzeit. T. 33 keine Ganzepause, sondern Viertelnote *d* auf '1' im Vc. (die genannte „Jahn-Kopie" hat das an sich richtige *d* einen Takt zu spät, anstelle des *c*!); T. 35, Vl. 1: Doppelgriff *d''/f ''*. T. 60, Va. 2, *b*-Vorzeichen zu 2. Note, nicht Auflösungszei-chen (so auch „Jahn-Kopist", den NMA VIII/19, 1 glaubte verbessern zu müssen). T. 63 (183) Ganztaktbogen, erst im Folgetakt beginnt Bogen zum chromatischen Gang.

Endgültige Fassung des Finales: T. 4, Vl. 1: 8tel-Vorschlagsnote (vielleicht verschrieben?, denn in T. 128 etc., wie in Vl. 2, 16tel); T. 131, Vl. 2, möglicherweise Doppelgriff *d'/f '*. T. 145 ff., Vl. 1: stets *fp* zur '1', nicht bereits Auftakt mit *forte*; T. 251/252, Vc.: Haltebogen.

28 Abert, a. a. O., Band I, S. 326. Vgl. auch Rosen, a. a. O., S. 301: „Das Finale ist auf viele Jahre hinaus Mozarts differenziertestes kontrapunktisches Werk und ist bei weitem kom-plizierter als die fugierten Sätze der frühen Streichquartette".

line aufgegriffen und zum Abschluß gebracht wird. Diese recht unspezifischen Tonleiterskalen kennen wir bereits aus der Schlußgruppe (T. 87 ff., beziehungsweise 203 ff.), sie dienen also erneut, und jetzt endgültig, als Schlußpunkt des Satzes.

Was folgte im Hauptteil der ersten Finale-Version auf diese Schlußgruppen-Skalen? Nun, im ersten Teil (Exposition) schließt sich an sie überleitend eine viertaktige Triolenfigur der ersten Viola an (T. 95–98), die durch die Umdeutung der neuen Tonika (F-Dur) zur Dominante der alten Tonika (F^7 – B-Dur) zwar in idealer Weise die Wiederholung des ersten Teils harmonisch einleitet, jedoch auch gleichzeitig den Beginn des zweiten Teils in der Grundtonart B-Dur erzwingt. Mißlich wirkt sich diese, die Tonart zur Dominante uminterpretierende Überleitungsphrase der Viola jedoch am Schluß der Reprise aus, die ja eine vollständige Wiederholung des ersten Teils ist (siehe oben). Um wieder harmonisch schlüssig am B-Dur des Durchführungsbeginns anknüpfen zu können, ist eine immerhin 12taktige Erweiterung der Triolenpartie nötig (T. 211–226), die über die Stationen B^7 – G^7 – C^7 – F^7 zurück zu Takt 99 führt. Und enden kann der Satz natürlich auch nicht mit diesem Septakkord über F in Takt 226 – die Schlußstretta wird aus Gründen einer ungeschickten tonartlichen Disposition zur Schlußbekräftigung der Haupttonart notwendig.

In der endgültigen Version bleiben die soeben beschriebenen tonartlichen Verhältnisse im wesentlichen erhalten. Sie werden jedoch motivisch ungleich geschickter aufgefangen. So leitet nicht eine unmotiviert auftretende Triolenfigur am Schluß des ersten Teils zum Anfang zurück beziehungsweise zum Durchführungsteil über, sondern es erklingt das vertraute, repetierende Eingangsmotiv (das die Erstfassung ja gar nicht kennt, siehe unten), gewissermaßen als 'Vorimitation' auf F^7; dadurch wirkt nicht nur die Rückleitung homogen, auch das in B-Dur einsetzende 16tel-Thema zu Beginn der Durchführung erinnert in seiner Kontrastierung gegenüber dem Repetitionsthema an sein erstes Auftreten zu Satzbeginn (T. 10/11). Dennoch: Am eigentlichen Schluß der Reprise wird wie im ersten Versuch ein umfänglicher Modulationsabschnitt nötig. Und dieser ist auch verantwortlich dafür, daß die Taktzahlenproportionen zwischen Exposition und Reprise so stark auseinanderklaffen (siehe S. 34). Mozart gestaltet ihn (T. 255–278) durch die Beteiligung aller fünf Stimmen und durch rasches Erreichen des dominantischen F schlüssiger (in diesem Moment tritt übrigens ein beständig zwischen erster Viola und erster Violine weitergereichtes Triolenmotiv auf, das in ein kräftiges, F^7 deutlich manifestierendes Unisono mündet).

Eine entscheidende Differenz beider Satzschlüsse besteht jedoch in der dramaturgisch völlig unterschiedlich konzipierten Coda[29]. Folgte im ersten

---

29 Eine schlüssige Beschreibung der Coda-Teile des „Salzburger" Quintetts bietet, allerdings ohne vergleichenden Diskurs der Erstfassung des Finales: Ludwig Finscher, Zur

Versuch eine mehr oder minder künstliche, bloß der Festigung der Grundtonika dienende Stretta – keine eigentliche Coda –, so konfrontiert Mozart im endgültigen Finale die beiden Hauptmotive (die quirlende, abtaktige 16tel-Phrase und das auftaktige Repetitionsmotiv) in spannungsvoll wechselndem Zweitaktabstand und bezeichnet diesen eigenständigen, geradezu als Höhepunkt und Summe des Vorausgehenden zu interpretierenden Schlußteil als „Coda". Den im Oktavabstand beziehungsweise Unisonoverband im *forte* geführten drei Unterstimmen wird die zarte, im Sextenabstand und *piano* gesetzte Violinphrase gegenübergestellt, um daraufhin nochmals der lebhaften 16tel-Wendung in allen fünf Stimmen (von unten nach oben aufsteigend) nacheinander das Wort zu erteilen (T. 291 ff.). Dies mündet in die wohlbekannte 16tel-Tonleiterschlußfigur (T. 301–307), und dann erst folgen die acht aus der Erstfassung vertrauten endgültigen Schlußtakte.

Würden wir die Erstfassung nicht kennen, könnten wir Mozarts Ringen um die beste Form der Coda, aber auch den besten Einstieg ins Finale nicht entsprechend würdigen. So aber wissen wir: Diese ersten 10 Takte werden der ruhelosen 16tel-Figur[30] bewußt (und jedesmal, wenn sie auftritt) als Kontrapost entgegengesetzt, wodurch sie dramaturgisch fruchtbar werden kann, und auch die Fortsetzung des Seitensatzes in seiner etwas ruhigeren Gangart keinen Spannungsabfall erleidet. Zudem ist das 16tel-Motiv jetzt in Form eines Pseudokanons in einen kontrapunktisch gewebten Prozeß eingebunden (Soloinstrument, alle fünf Stimmen hintereinander). In der Urform findet die stark vorwärtsdrängende Anfangsenergie dieser Figur keinen rechten Widerhall, zumal sie sofort nach ihrem Auftreten in derselben Stimme wiederholt, dann sequenzierend (kein Kanon) fortgeführt wird (T. 5–8), um nach 16 Takten, spätestens jedoch mit Takt 30 ff., letztlich ins Leere zu laufen.

Doch nicht nur der Schluß des ersten Teils, der Satzbeginn und die Coda zeigen in der endgültigen Fassung einen unter dramaturgischen Gesichtspunkten disponierenden Mozart. Kein geringeres Interesse beansprucht die Durchführung, die man in diesem Falle nun tatsächlich als solche bezeichnen kann. Ihre ersten acht Takte (T. 95–102) sind gegenüber der Frühfassung eingeschoben[31]. Erst allmählich soll sich die Energie des 16tel-Themas aufbauen und

---

Coda bei Mozart, in: Florilegium Musicologicum. Hellmut Federhofer zum 75. Geburtstag, herausgegeben von Christoph-Hellmut Mahling, Tutzing 1988, S. 79–94, besonders S. 90–93. Zum dazu postulierten, wahrscheinlichen Einfluß auf Mozarts Coda-Bildung durch Michael Haydns Streichquintette, siehe S. 62 vorliegenden Bandes.

30 Man bemerke auch die leichte Modifikation in der kreisenden Anlaufbewegung: In der Erstfassung handelt es sich letztlich um eine ausnotierte Doppelschlagfigur, in der späteren Version durchmessen die ersten fünf Noten zuerst einen melodisch gezeugten Terzdurchlauf, bevor der Oktavsprung erfolgt.

31 Mozarts Autograph zeigt bei den jeweiligen Einsätzen des 16tel-Motivs interessante Korrekturen, die nahelegen, daß die konflikthafte Konfrontation beider Hauptmotive, wie sie

stauen, wie aus der Überleitungsphrase vor dem Doppelstrich entwachsend[32] . Auch knüpft dieser auf die Soloeinsätze reduzierte Durchführungsbeginn (Vl. 1 – Va. 2 – Vc. – Vl. 2) an das das B-Dur stabilisierende erste Auftreten des Motivs (T. 11 ff.) an. Von Takt 103 an sind erste und zweite Fassung nahezu deckungsgleich (z. B. bleibt die Anfangswendung des 16tel-Motivs natürlich unterschiedlich). Wie in der Urfassung mündet das 22 Takte lang währende, auf der Basis einer konventionellen Quintschrittsequenz beruhende, Hin- und Hertreiben des 16tel-Motivs in die Reprise ein. Nur setzte ja die Erstfassung das ruhelose Motiv gleichsam atemlos fort (T. 121 ff.), während sich in der Zweitfassung nun das ruhige 8tel-Hauptmotiv anschließt (T. 125 ff.). Wir meinen, uns in der Reprise zu befinden. Doch das auftaktige Hauptmotiv verlangt und drängt nach ebensolcher Durchführung, wie sie zuvor dem zweiten Hauptmotiv zuteil geworden war. Mag auch die Art und Weise dieses zweiten Durchführungsteils nicht besonders originell und geglückt sein („zum Teil

---

dann in der Coda zum Ausdruck kommt, hier ihre Wurzel haben könnte. Denn Mozart notierte beim Einsatz der zweiten Viola (T. 96), des Violoncello (T. 98) und der zweiten Violine (T. 100) ursprünglich jene Auftaktnote, die er für die erste Violine in Takt 94 – als zum ersten Hauptmotiv rückleitendes Achtel – geschrieben hatte. Das heißt, in der ursprünglichen Version wurde damit das strikt abtaktige 16tel-Motiv auftaktig. Dann jedoch strich Mozart sämtliche Auftakt-Achtel durch, das 16tel-Motiv erhielt wieder seine alte Gestalt.

Wir wissen auch, zu welchem Zeitpunkt Mozart zur alten Form zurückkehrte, und vielleicht erkannte er in diesem Moment des Korrigierens tatsächlich auch die Konfrontationsmöglichkeit des auf- mit dem abtaktigen Motivs: Beim Einsatz der ersten Viola notierte er nämlich zwar (in T. 102) das Auftakt-f', doch wischte er es sofort wieder aus, im Gegensatz zu den vorausgehenden Auftaktnoten, die er sorgfältig durchstrich. Die Anfangstakte der Durchführung im Autograph lauten (Kanzellierungen sind autograph):

Notenbeispiel 2:

Mozart, KV 174, Allegro (2. Fassung):

---

32 Insofern trifft Aberts Aussage nicht ganz zu, „die erste Hälfte [der Durchführung] deckt sich mit der alten Fassung"; Abert, a. a. O., S. 326.

recht verzweifelte Anstregungen", attestiert Abert)[33] , so ist doch die Tatsache als solche, nämlich Mozarts entschlossener Wille, beiden hauptmotivischen Kräften den ihnen gebührenden Raum zu verschaffen und dabei (eine Seltenheit bei ihm) eine Scheinreprise, wie sie Joseph Haydn so liebt, in Kauf zu nehmen, nicht zuletzt im Blick auf die konzeptionell erstaunliche Coda, sehr bemerkenswert.

Materialgleich (und doch so verschieden gearbeitet) sind beide Fassungen nicht nur hinsichtlich ihrer acht Schlußtakte und des bewegten 16tel-Motivs, welches ja auch in der Schlußgruppe abgewandelt in beiden Fassungen auftaucht (T. 87 ff. beziehungsweise Zweitfassung: T. 77 ff.); materialgleich, also in der ersten Fassung bereits formuliert, ist schließlich noch folgendes, eher lyrische Motiv, das in der Erstfassung den Seitensatz einleitet, in der endgültigen Version nur noch als achttaktiger Einschub auftritt:

Notenbeispiel 3:

Mozart, KV 174, Allegro (1. Fassung)

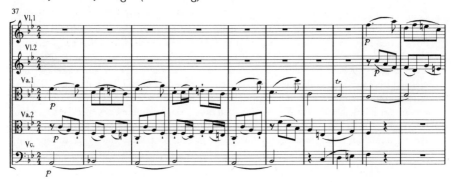

Auch hier kann die Gegenüberstellung (siehe Notenbeispiel 3 und 4) der jeweiligen Ausarbeitung dieses schlichten F-Dur-Gedankens trefflich erhellen, warum die endgültige Version so viel stringenter, ja besser ist. Was ist identisch? Zunächst einmal Tonart und dreistimmiger Satz, wobei das Motiv zuerst im tiefen, dann wiederholt im hohen Register erklingt. Die Linie der Außenstimmen (zuerst Va. 1 und Vc.) sind ebenfalls nahezu gleich, wobei die höhere Lage des Cello in der zweiten Fassung bereits aufhorchen läßt. Denn in der Erstversion schiebt sich zwischen 'Melodie' und 'Begleitung' eine weitere Stimme (Va. 2), die nicht nur eigenständig agiert, sondern diesem Abschnitt auch einen bestimmenden Bewegungsimpuls (auf 8tel-Ebene) beigibt. Diese Mittelstimme führt also in gewisser Weise die drängende Ungeduld der Anfangstakte fort, der schöne melodische Einfall der 'Oberstimme' kann sich nicht

---

33   ibid.

Notenbeispiel 4:

Mozart, KV 174, Allegro (2. Fassung)

recht entfalten. Nichts davon in der endgültigen Fassung. Hier wurde vor Eintritt der fraglichen Musik bereits der Bewegungsimpuls (sehr vergleichbar den Takten 33–36 der Erstfassung) abgebremst (T. 42–48), worauf Viola 1 und Violoncello (ganz nahe an die Violalage herangerückt) in Zweistimmigkeit schwelgen können. Von der Unruhe stiftenden Mittelstimme (Va. 2) bleibt eine kurze Trillerfigur übrig[34], die nurmehr als Kolorit (höchste der drei Stimmen) hinzutritt. Und schließlich hat Mozart diese Stelle auch noch, nicht zu ihrem Schaden, gekürzt, ja halbiert: Aus dem langatmigen, mit voller Kadenz jeweils abschließenden Achttakter, zuerst in den drei Unter-, dann in den drei Oberstimmen (T. 37–44, 45–52), ist jetzt ein strafferer, ineinandergreifender Viertakter geworden, wobei zwar der Registerwechsel erhalten (Vl. 1 und 2 statt Va. 1 und 2), das Violoncello jedoch Basis des zweiten Viertakters bleibt. Ganz konsequent mündet dann diese konzentriertere Fassung bereits in die Schlußgruppe ein, die nach einem kompakt fünfstimmigen Sextakkordgeschiebe (T. 57–60, dreistimmig fortgesetzt in T. 61 ff.) bereits wieder Material des Satzanfangs anklingen läßt (T. 65 ff.). Das ist homogen und zielstrebig.

Wenig homogen und schon gar nicht zielstrebig ist der Eindruck, den die gesamte Erstfassung vermittelt, obwohl sie mit ihren 98 Takten im ersten Teil nur unwesentlich länger als die endgültige Version (94 Takte) ist. Diesen Eindruck kann man im Blick auf die zu unterscheidenden musikalischen Motive beider Fassungen begründen. War uns bereits bei der Untersuchung des Kopfsatzes klar geworden, daß Mozart in seinem Frühwerk bausteinartig teils verwandtes, teils gegensätzliches Material aneinandersetzt, das sehr facettenreich und vor allem in der Verteilung auf die fünf Instrumente außerordentlich vielseitig (lebhaft) ist, so faßt man es kaum, wieviele solcher unterscheid-

---

34   In der Ausgabe des Bandes NMA VIII/19, 1, fehlt das nachdrücklich-wichtige *p* zur Trillerfigur in Va. 2, T. 49, das eben nur scheinbar redundant (vgl. bereits T. 46) ist.

barer 'Motivbausteine' in der Erstfassung des Finales Verwendung finden. Nur wenige der insgesamt 12 (!) musikalischen Einfälle erklingen länger als acht Takte („GP." = Generalpause):

SIGLE:	A	A	B	C	D	E	F	F	G	G	H	GP. I	J	K	L
Takt:	1	9	16	21	26	33	37	45	53	57	61	74 75	79	87	95

Selbst wenn man einige dieser Teile zu einem größeren Ganzen zusammenfügen könnte (etwa die Gruppen 'I' und 'J'), bleibt immer noch die Kritik, Mozart habe hier ohne rechte Stringenz Idee an Idee aneinandergereiht, geradezu Verschwendung betrieben (ein Vorwurf, dem man ja immer wieder begegnet, und der nicht immer so berechtigt scheint, wie hier).

Wenn überhaupt, dann sollte man im Blick auf diese Motivreihung den Willen erkennen, möglichst affekthaft stärkste Kontraste aufeinanderprallen zu lassen. Gerade die unbeherrschte 'Sturm-und-Drang'-Geste vieler Einzelmotive (etwa der ungestüme, ohne Vorwarnung hereinplatzende Beginn oder die auf jene Generalpause [!] in T. 74 geradezu aggressive Unisonophrase der Violen), verstärkt noch durch die bei Mozart so selten anzutreffenden dynamischen Extreme *ff* (T. 75 ff.), *pp* (unmittelbar darauf), *fp* (T. 18, 20, 21, 22) oder *f* als Verstärkung synkopischer Effekte (T. 23, 24; siehe Anmerkung 27 zur falschen Fußnote in NMA VIII/19, 1, S. 176), verleihen dem Ganzen einerseits hochgespannte Nervosität, auf der anderen Seite auch zügellose Beliebigkeit (um es streng zu formulieren).

Um wieviel homogener wirkt da die revidierte Fassung! Nicht nur entschlackt sie den Verlauf durch Reduzierung des verwendeten Materials (man zählt fünf anstelle von 12 Motivbausteinen):

SIGLE:	A1	B1	B2	C1	D	E	C2	B3	A2
TAKT:	1	11	21	27	49	57	65	77	87

nicht nur entledigt sie sich der vielen dynamischen Extreme und ihres kontrastiven Aufeinanderprallens, nicht nur läßt sie den 'Bausteinen' durch Wiederholung und Verwandlung mehr Entfaltungsraum, vor allem wird der Satz durch ein wirkliches Hauptmotiv (a) gestützt und getragen. Dieses leitet den Satz nun elegant ein (das wilde 16tel-Thema folgt ja noch, doch jetzt ist das ursprünglich Ungestüme genommen), setzt sich in enger Themenverwandtschaft im Satzverlauf fest (b: T. 27 ff.; c: 65 ff.)

und schließt den Hauptteil auch wieder, elegant zur Fortsetzung überleitend (siehe oben), ab. Damit ist plötzlich eine Qualität in den Materialbezügen der

Einzelabschnitte erreicht, die uns vom Kopfsatz (zu diesem sogar in motivisch-rhythmischer Analogie, siehe S. 40 f.) und langsamen Satz her bekannt
und vertraut ist.

Mozart hat in der Zweitversion seines Quintett-Finales wieder zu sich gefunden: Ihm, dem die verschwenderische Erfindung musikalischer 'Bausteine'
überhaupt keine Mühe bereitet, gelingt es auf eindrucksvolle Weise, unter
Beibehaltung der beiden markantesten Ideen der Erstfassung (abgesehen von
den acht Schlußtakten) – und das sind nur zwei von insgesamt 12 'Bausteinen'! – einen völlig neuen, in seiner Abfolge ungemein stringenteren Satz zu
komponieren. In der Reduzierung des ursprünglichen Materials, in der breiteren Entfaltung und untergründigen Verwandschaft, im Erkennen und Ausspielen der dramaturgischen Kräfte (Durchführung, Coda) dieses Materials,
liegt zweifellos die Stärke des endgültigen Finales. Kennten wir die ein wenig
wirre, 'genialische' Frühfassung nicht, wir könnten nicht derart staunend vor
diesem Satz stehen.

III

Das jüngst erschienene chronologisch-thematische Verzeichnis der Werke
Michael Haydns[35] nennt neben über 10 Streichquartetten immerhin fünf authentische Quintette für Streichinstrumente. Sie alle entstanden in Salzburg
zwischen 1773 und ca. 1786, wobei sie durchaus nicht immer unter dem Titel
„Quintetto" und in der Regel in Handschriftenkopien überliefert sind[36]:

p[37]	MH	TITEL/TONART	DATIERUNG
108	187	Notturno C-Dur	17. Februar 1773
109	189	Notturno G-Dur	1. Dezember 1773
110	367	Quintetto F-Dur	27. Mai 1784
112	411	Divertimento F-Dur	ca. 1786
105	412	Divertimento B-Dur	ca. 1786

Die noch bei Perger unter den Nummern 113 und 114 geführten Streichquintette entfallen, da sie laut Werkverzeichnis nicht echt sind. Auch sämtliche im
Hoboken-Verzeichnis[38] unter den fragwürdigen Zuschreibungen aufgeführt

---

35 Charles H. Sherman and T. Donley Thomas, Johann Michael Haydn. A Chronological
Thematic Catalogue of His Works, Stuyvesant 1993 [im folgenden „MH" abgekürzt].

36 Vgl. auch die Übersicht bei Marius Flothuis, Quintette für Streichinstrumente von Michael Haydn, in: MJb 1987/88, S. 49–57, hier S. 57, der zudem noch die Satzfolge angibt.

37 „P" steht als Sigle für: Lothar Herbert Perger, Thematisches Verzeichnis der Instrumentalwerke von Michael Haydn, in: Denkmäler der Tonkunst in Österreich XIV, Band 2,
Wien 1907.

38 Joseph Haydn, Thematisch-bibliographisches Werkverzeichnis, zusammengestellt von
Anthony van Hoboken, Band I, Mainz 1957, S. 297 ff., „Gruppe II". Das einzige authentische Streichquintett Joseph Haydns – ein recht unscheinbares Jugendwerk – ist jüngst

ten Streichquintette, haben offensichtlich mit dem jüngeren Bruder Joseph Haydns nichts gemein. Mit einer (bekannten) Ausnahme: Michael Haydns C-Dur-Quintett MH 187 firmierte aufgrund früher Druckausgaben bei Sieber („op. 73") und André („op. 88") als Werk Joseph Haydns (Hob. II: C9) und es wurde als solches zumindest in einem der „Salomon-Konzerte" in London 1794 auch aufgeführt[39].

Es wurde bereits darauf verwiesen, daß wir es den Autoren Wyzewa und St. Foix verdanken, wenn Mozarts frühestes Streichquintett stets in einem Atemzug mit den beiden ersten Quintetten Michael Haydns genannt wird. Und dies, bei aller Skepsis gegenüber deren Datierungen, mit einigem Recht. Ein genauerer Vergleich zwischen den Streichquintetten Mozarts und Michael Haydns[40] ist deswegen so außerordentlich aufschlußreich, weil man hierbei in seltener Plastizität erkennen kann, wovon sich Mozart konkret inspirieren ließ, inwieweit er die 'Vorgabe' in das eigene Schaffen einband, und vor allem auch, wovon er unbeeinflußt blieb, also was mit 17 Jahren bereits sein 'Eigenes' war (ein Aspekt, den Wyzewa und St. Foix sowie die von ihnen abhängige Literatur geflissentlich übersehen[41]).

Viel stärker als das G-Dur-Quintett MH 189 hat das frühere C-Dur-Quintett MH 187 seine Spuren in Mozarts „Salzburger" Quintett hinterlassen[42]. Diese Spuren wird man weniger in der nahezu gleichen (relativ konventionellen) Viersatzfolge und den ebenso gewöhnlichen Tempoangaben erkennen wollen, auch wenn diese – nicht zuletzt hinsichtlich des jeweiligen Umfangs der Sätze – große Ähnlichkeit aufweisen[43]. Viel prägnanter scheinen die gestischen Übereinstimmungen sowie einige verwandte Satztechniken zu

---

im Rahmen der Joseph-Haydn-Gesamtausgabe erschienen: „Divertimenti zu fünf und mehr Stimmen für Streich- und Blasinstrumente", Reihe VIII, Band 1, herausgegeben von Sonja Gerlach, München 1994.

39 Alexander Hyatt King, Mozart's String Quintets, in: The Monthly Musical Review 75 (1945), Nr. 867, S. 100–105, hier S. 101 f.; vgl. auch Hoboken-Verzeichnis, a. a. O., S. 337.

40 Die beiden in Frage stehenden Werke wurden 1950 von Hans Albrecht in der Reihe „Organum" als Nr. III/38 und III/40 (Lippstadt: Kistner & Siegel) veröffentlicht und sind heute vergriffen. Dem C-Dur-Quintett liegt hierbei willkürlich als Quelle eine (in MH nicht genannte) Lübecker Abschrift zugrunde, zur Quellenbasis des G-Dur-Quintetts gibt Albrecht keine Auskunft. Auf eine CD-Einspielung beider Haydn-Quintette hat mich dankenswerterweise Herr Andreas Knöpfel verwiesen: Concilium Musicum, Koch International GmbH, Wien 1991, Nr. 310084.

41 Soweit ich sehe, hat bislang einzig Rosen, a. a. O., S. 301, einen nennenswerten Einfluß Michael Haydns auf das „Salzburger" Quintett negiert.

42 Merkwürdigerweise kommt Flothuis, a. a. O., in seinem sehr knapp gehaltenen Aufsatz in diesem Zusammenhang gar nicht auf das C-Dur-Quintett zu sprechen.

43 *KV 174*   *MH 187*

Allegro moderato, 4/4   Allegro spiritoso, 3/8
Adagio, 4/4   Adagio cantabile, 4/4
Menuetto mà Allegretto, 3/4   Menuetto. Allegretto, 3/4
Allegro, 2/4   Allegro molto, 2/4

sein. Betrachten wir also Bezüge und charakteristische Unterschiede dieser beiden Werke.

Notenbeispiel 5:

Michael Haydn, MH 187, Allegro

Haydns Kopfsatz hebt mit einer in den beiden Violinen in Sexten beziehungsweise Terzen geführten, konventionellen Melodiefloskel in achttaktiger Vordersatz- Nachsatzstruktur an, wobei der Nachsatz sogleich (und überraschend) wiederholt wird; ein in kräftigem Unisono-Lauf (Tonleiter aufwärts) endender Achttakter schließt mit deutlicher Zäsur diese ersten 20 Takte ab. Unmittelbar darauf wird nun dieser Vorgang wiederholt, wobei die beiden Violen die Violinen als Melodieträger ablösen und die erste Violine zunächst solistische Fioretten darüber setzt; der angehängte Achttakter (T. 33–40) wird dabei geschickt in Richtung Halbschluß (T. 40) abgewandelt, indem sich alle fünf Instrumente taktweise eine abfallende 16tel-Phrase zuspielen. Überhaupt sind stets alle fünf Instrumente beteiligt.

Die Parallelen zu Mozart liegen auf der Hand: In beiden Werken erfolgt die nahezu identische Wiederholung des Satzanfangs in tieferer Lage; beidemale fungieren in der Wiederholung eine beziehungsweise beide Violen als Führungsstimmen. Beide Satzanfänge münden recht bald in eine auffällige

Unisonophrase. Doch auch die Differenzen werden sofort klar: Mozart mei-
det zu Beginn seines B-Dur-Quintetts den symmetrisch glatten Ablauf; er
bevorzugt im Gegenteil demonstrativ komplexe, ineinander verkeilte, ungerade Motivglieder, während Haydn die anfängliche Vordersatz- Nachsatzanlage
lediglich durch Abspalten eines geraden Viertakters, also letztlich durch konventionelle Reihungstechnik erweitert. Auch kommt Mozarts plötzlich her-
einbrechendem, wesentlich facettenreicher gestaltetem Unisono nicht die vertraute Funktion eines zäsurierenden Abschlusses zu. Sein Unisono stört unerwartet den flotten Anfang, worauf sich die Musik erst einmal wieder 'fangen'
muß, bevor sie in die Wiederholung des Vorgeführten einstimmt (siehe oben
unter I, S. 36). Und schließlich deckt gerade die äußerlich so vergleichbare
Wiederholung des jeweiligen Satzbeginns den Wesensunterschied beider Komponisten deutlich auf. Haydns Satz ist von Beginn an fünfstimmig. In Takt 21
setzt zwar unüberhörbar die Wiederholung des Anfangs ein, jedoch vertauscht er die 'Besetzung', ändert die Begleitfiguren, fügt eine verspielte 'Solo-
violine' hinzu und wandelt sogar nach den ersten 12 Takten (T. 21–32) die
Wiederholungsstruktur in Richtung Dominanthalbschluß ab. Haydns erneut
fünfstimmige 'Wiederholung' ist also strukturell wesentlich verändert und
führt den Satz motivisch fort. Mozarts anfänglicher Quartettsatz exponiert
zunächst die erste Violine, um dann in der musikalisch nahezu identischen
Wiederholung die bis dato kaum in Erscheinung getretene erste Viola (auf
Kosten der nun verstummenden Violine) hervorzuheben. Die Begleitstruktu-
ren wie auch das Ziel der Wiederholung stimmen mit dem Anfang überein;
das viel spätere Erreichen des Halbschlusses wird bei Mozart mit eigenständigem Material aufgebaut. Mozarts 'Wiederholung' ist primär durch den Klang-
kontrast zweier unterschiedlicher 'Soloinstrumente' profiliert und basiert anfangs auf dem Quartettsatz.

Auch die Fortführung der Eröffnungstakte beider Kopfsätze ist charakteristisch verschieden. Haydn errreicht in Takt 40 einen kräftig zäsurierenden
Halbschluß der Satztonika (G[7]), ein Halbschluß, den Mozart als Sprungbrett,
als 'Scharnier' in den unmittelbaren Übergang zum Seitensatz nutzen würde.
Nicht so Haydn: Er verharrt zwar auf dem G als scheinbarer neuer Tonika,
doch wirklich bestätigt wird diese nicht. Im Gegenteil: Nach 30 Takten (T. 70)
wird klar, daß dieser ganze Abschnitt das Ziel verfolgt, G-Dur recht eigentlich erst zu etablieren (A[7], D[7]). Die neue Tonart muß also erst, im Gegensatz
zu Mozart, begründet werden. Ein weiterer fundamentaler Unterschied zu
Mozart besteht in Haydns Wiederaufnahme des Anfangsthemas zu Beginn
der gerade beschriebenen 'Überleitungstakte' 41–70. Wie bei seinem Bruder
häufig zu beobachten, konzentriert sich Michael Haydn auf sein Motivmate-
rial und belebt den Satz durch motivisch-thematische Arbeit, die in Takt 41 ff.
vorwiegend darin besteht, daß zunächst der ersten Violine das Sextenpaar
Violine 2/Viola 1 entgegengesetzt wird (T. 41–52), dann der Themenkopf in
das Cello wandert, während sich zwei Stimmpaare (Vl. 1/2, Va. 1/2) echoartig

taktweise zurufen (T. 52–58), um schließlich zunächst das Cello als dritten Partner zu den beiden Violen zu gesellen und dann in kompakt fünfstimmigem Satz die 'Überleitung' zu einem Ende zu bringen. Erst jetzt (T. 71 ff.) hebt der eigentliche Seitensatz an.

In der Reprise (T. 198 ff.) knüpft Haydn wörtlich an den Satzbeginn an, Mozart darin völlig gleich. Doch bereits die Unisono-Abschlußfigur wird dazu verwendet, den Satz tonartlich in eine andere Richtung zu zwingen: Die ursprüngliche Halbschlußzäsur wird einfach überspielt und zum Verbleiben im Bereich des C gezwungen. Dadurch entfällt natürlich an dieser Stelle die ursprüngliche, 20taktige Wiederholung mit der schönen Umspielungsgeste der ersten Violine. Doch wir müssen auf sie nicht verzichten: Als wollte Haydn aus Proportionsgründen diesen Teil noch nachliefern, setzt er an den eigentlichen Satzschluß (T. 299) eine dominantisch sich öffnende Überleitung, und holt in einer kleinen Coda in auftrumpfender Gestik den in der Reprise 'unterschlagenen' Abschnitt noch nach.

Haydns Konzentration auf das (recht schlichte) Ausgangsmaterial setzt sich übrigens auch nach dem Doppelstrich fort, wo das Hauptmotiv tatsächlicher und dramatischer Durchführung ausgesetzt wird; schließlich mündet es erschöpft in einem, den ersten wirklichen Ruhepunkt setzenden, verminderten Dominantseptakkord mit nachfolgender Generalpause (T. 158). Eingeleitet wird diese Zäsur durch das Wiederaufgreifen der Echofigur des Überleitungsteiles (T. 58 ff., jetzt 152 ff.), eine Figur, die uns entfernt an Mozarts Schlußphrase des Kopfsatzes (T. 83 ff., 209 ff.) erinnern mag, welche ja zu Beginn der Durchführung eine große Rolle spielt:

Notenbeispiel 6:

Michael Haydn, MH 187, Allegro

Die sich anschließende Überleitung zur Reprisen-Rückkehr hätte auch Joseph Haydn nicht überzeugender komponieren können: Denn das sich unverhofft noch einmal kleinlaut zu Wort meldende Hauptmotiv (jetzt in der Begleitstimme der zweiten Viola 'versteckt', T. 162, 165) weicht plötzlich einer groß aufgebauten harmonischen Dominantspannung, an der alle fünf Streicher lebhaft beteiligt sind.

Die Verwandtschaft beider Adagio-Sätze ist vorderhand noch augenfälliger als im Kopfsatz. Zuerst ist hier an die gemeinsame Vorschrift des „sempre piano" und des zu sordinierenden Klanges zu denken, wobei Haydn zusätzlich noch zweite Violine und Viola „pizzicato" spielen läßt. Außerdem ist auch die serenadenhafte Anlage einer sangbar geführten 'Solostimme' mit Begleitensemble sehr ähnlich, zumal sich in beiden Sätzen zwischen erster Violine und Viola ein 'Gespräch' entspinnt, das in der Reprise mit umgekehrten Vorzeichen wiederholt wird.

Nun sollte man diese Äußerlichkeiten nicht zu hoch bewerten. Mozart verwendet auch in seinen frühen „Wiener" Quartetten in den langsamen Sätzen bevorzugt die Vorschriften „con sordino" oder „sempre piano". Dem Serenadensatz begegnen wir in immerhin drei der sechs „Wiener" Quartetten. Tiefgreifende Differenzen zwischen Haydns und Mozarts Satz erkennt man erst dann, wenn man die musikalische Ausführung und den hinter ihr stehenden Sinn erkundet.

Notenbeispiel 7:

Michael Haydn, MH 187, Adagio cantabile

So beginnt Haydn sofort im ersten Takt mit dem begleiteten 'Sologesang' der ersten Viola, die erste Violine antwortet auf jedem letzten Viertel mit wörtlichem (oktavversetztem) Echo der Viola-Schlußphrase. Echo – nicht Dialog – das ist die primäre Idee Haydns, und diese führt er sehr konsequent weiter, bis hin zu einer kanonartig verschränkten Engführung, die immerhin bis kurz vor den Wiederholungsstrich aufrechterhalten wird. Und auch im achttaktigen, überleitenden Mittelteil kommt es zu keinem Dialog der beiden Führungsinstrumente – alles bleibt in geordneten Bahnen ohne Überraschung.

Ganz anders Mozart. Zum einen entwickelt sich bei ihm ein echter Dialog zwischen den erst allmählich sich exponierenden 'Solostimmen'. Anfangs übernimmt zunächst die erste Violine (T. 2–6), dann die zweite Viola (T. 6–7, Überleitungsphrase), schließlich die zweite Violine (T. 7–10) den Führungsanspruch, ohne daß es zu einem Austausch zwischen den 'Hauptpersonen' gekommen wäre. Bestenfalls könnte man in der melodischen Wendung der zweiten Violine eine Variierung des Anfangsgedankens der ersten (T. 3) sehen. An dieser Stelle, wo die zweite Violine einsetzt, erkennt man übrigens auch, daß der merkwürdig ambivalente Satz teils halbtaktig, teils ganztaktig angelegt ist, denn durch die wiederholte Überleitungsphrase in Takt 6/7 (Va. 1/2) hat sich hier das Metrum um zwei Viertelschläge verschoben (diese Art Verschiebung ergibt sich durch die nun folgende dialogische Struktur im Satzverlauf immer wieder).

Dann jedoch geschieht Aufregendes: Die erste Violine imitiert (wie bei Haydn) den emphatischen Sextabschwung der zweiten Violine und übernimmt im selben Moment wieder das Ruder (T. 11). Ihr neues Motiv (auf '3' einsetzend) wird zunächst wie ein Echo von der ersten Viola zwei Viertelschläge später aufgegriffen, so daß Schluß- (Vl. 1) und Anfangswendung (Va. 1) wunderbar synchron laufen. Dieser Vorgang wiederholt sich noch einmal (T. 12/13). Wäre Haydn der Komponist, setzte sich vermutlich der Gang der Dinge erwartungsgemäß fort. Doch Mozart überträgt nun völlig unerwartet die Fortsetzung der Solobratsche; die erste Violine reagiert mit einem verkürzten Echo und im nächsten Takt mit einer abschließenden, kadenzierenden Wendung. Jetzt, wir befinden uns bereits im 'Seitensatz' auf B-Dur, scheint Ordnung in die Abfolge von echoartiger Wiederholung gekommen zu sein: In Takt 15 gibt die erste Viola eine ganztaktige Phrase vor, einen Takt später wiederholt die erste Violine. Doch wieder wird der zu erwartende Gang der Dinge abgebrochen: In kantiger, durch *fp* auf ungerader Taktzeit betonter Bewegung fließen allmählich alle fünf Stimmen zu einer vollständigen B-Dur-Kadenz zusammen, um ein letztes Mal dem Dialog – und es handelt ich trotz der Echoeffekte um einen Dialog – zwischen Viola und Violine das Feld zu überlassen.

Die stets unerwartete Fortentwicklung des Satzes vor dem Hintergrund echoartiger Struktur ist die eine Seite des Mozartschen Adagios. Die andere, ebenfalls nicht auf Haydn zurückverweisende Ebene ist die der Begleitstimmen. Mozarts 'Serenade' steht nämlich unter einer Art Motto. Ganz zu Anfang wird es unisono von allen fünf Instrumenten vorgestellt[44]. Es erklingt

---

44 Wyzewa und St. Foix, a. a. O., Band II, S. 29, sprechen von einer „Intrada", ohne deren tieferer, nämlich satzkonstituierender Bedeutung nachzugehen. Rosen, a. a. O., S. 301, erkennt in diesem Satzbeginn den „Augenblick größter Originalität", weil hier „eine Be-

erneut unisono zu Beginn der Durchführung, die nichts weiter als eine sieben-
taktige Überleitung darstellt, dominantisch geschärft vor dem Eintritt der Reprise (T. 31) und schließlich nochmals in der die Bewegungsenergie dieses
Mottos und damit des ganzen Satzes behutsam abbremsenden Coda. Den gesamten Satz bestimmt dieses schlichte Dreiklangsmotto nicht zuletzt dadurch,
daß es stets solange als Untergrund, als Begleitfigur, fungiert, solange erste
Viola und Violine noch nicht zueinander gefunden haben (just dann setzt jene
rhythmisch bewegtere Sechzehntel-Triolenfigur ein). Da Mozart dieses Motto
äußerst schlicht, ja geradezu karg instrumentiert, müssen weite Teile des Adagios, wiederum ganz im Gegensatz zu Michael Haydn, als drei-, teilweise sogar als schlicht zweistimmig angesehen werden. Den fünfstimmigen Satz be-
nötigt Mozart hier nicht: Er spielt vielmehr die raffinierten Klanggegensätze
zwischen archaischer Einstimmigkeit, sich allmählich belebender Zweistimmigkeit (T. 3 ff. wirkt durch die Oktavenführung der Mittelstimmen trotz der
dritten Stimme im Baß sehr karg) und plötzlich aufblühendem, drei-, vier-
und fünfstimmigem Dialoggeflecht virtuos, dramaturgisch effektvoll aus.

Haydns Menuett und Trio stehen, wie auch in allen seinen übrigen Quintetten in derselben Tonart. Diese Tonartengleichheit vermeidet Mozart in seiner
Kammermusik (und in seiner sinfonischen Musik, im Gegensatz zu den reinen Tanzmenuetten) prinzipiell[45]. So auch im B-Dur-Quintett, dessen Menuett sowohl formal als auch motivisch-melodisch schlicht und klar gebaut
ist, geradezu als ob Mozart einen deutlichen Kontrast zu den beiden vorausgehenden komplexeren Sätzen plazieren wollte. Der erste Teil ist in quadratischen Vorder- und Nachsatz gegossen, wobei die prinzipiell führende erste
Violine im Nachsatz klanglich durch die oktavierende erste Viola verstärkt
wird. In der Fortsetzung kehrt nun das wohlbekannte Bild zurück: Vier Takte
lang Streich*quartett* unter Auslassung der ersten Viola, dann die Wiederholung derselben vier Takte oktav- und klangversetzt (Vc.!) durch das von der
ersten Viola angeführte Streich*quartett*.
     Haydns Menuett ist trotz (oder gerade wegen?) der Tonartengleichheit
mit dem dazugehörigen Trio formal wie motivisch 'anspruchsvoller', 'kompo-
nierter'. Nicht nur vermeidet er die konventionelle Quadratur und verharrt
verstörend lange, wie auf der Stelle tretend, auf der Quinte G, um erst am
Schluß erlösend in die Ausgangstonika zu gelangen. Er streckt auch mittels
gewagter harmonischer Abschweifung den Mittelteil zu enormer Länge, denn
erst in Takt 37 kehrt er, und diese sofort abwandelnd und wiederum strek-
kend, in die Reprise zurück.

_____

     gleitfigur unisono con sordino rein um ihrer expressiven, melodischen Qualität willen
     erklingt".
45   Vgl. Seiffert, Streichquartette, a. a. O., S. 116 und 195.

Waren in den beiden ersten Sätzen des „Salzburger" Quintetts eher strukturelle Parallelen zu Haydns C-Dur-Quintett zu beobachten, so fällt im Trio
(endgültige Version) Takt 21–27 eine Unisono-Wendung auf, die bereits
Haydn in seinem auf den 1. Dezember datierten G-Dur-Quintett ganz ähnlich verwendet hatte. Wyzewa und St. Foix übersehen merkwürdigerweise
ausgerechnet diese Motivverwandtschaft und heben die freilich auffälligere
Echostruktur des Mozartschen Trios hervor[46], die zwar nicht in Haydns Trios auftaucht, aber eben im langsamen F-Dur-Satz des C-Dur-Quintetts ähnlich plakativ ausgekostet wird. Hier Haydns Unisono-Motiv:

Notenbeispiel 8:

Michael Haydn, MH 189, Trio

Bei Haydn erscheint diese Figur allein zu Beginn des B-Teils (T. 73–74, 77–
78) und zudem in der Funktion einer abrupten, gestisch und dynamisch stark
kontrastiven Modulation. Mozart hingegen bereitet diese tonleiterartige Unisono-Wendung geschickt vor, indem er bereits vor dem Doppelstrich, also
noch im A-Teil, eine sehr verwandte Figur (*pianissimo*, staccato) in beiden
Violinen (Echo) anklingen läßt (T. 16 ff.). Auch wird sie nicht einem Modula-
tionsprozeß unterworfen, kreist vielmehr bis zuletzt (T. 28) auf dem dominantischen C^7. Deshalb wirkt auch seine Figur bei aller Ähnlichkeit mit
Haydns Wendung, die Mozart hier möglicherweise augenzwinkernd 'zitiert',
nicht wie ein kraftvoller Kontrast, sondern ist vielmehr, auch durch den weiteren Fortgang, eingebettet in fließendes Satzgeschehen.

Man wird Mozarts Finale weder in seiner ersten noch in der zweiten Version
(siehe S. 45 ff.) gerecht, wenn man nach etwaigen beeinflussenden Parallelen in
Haydns Quintett(en) sucht. Nach Motivzitaten hält man vergeblich Aus-
schau. Sowohl die eruptive Kraft als auch die verstörend ungelenke Motiv-
Aneinanderreihung des ersten Versuchs finden sich bei Haydn nicht einmal

---

46   Wyzewa und St. Foix, a. a. O., Band II, S. 114.

andeutungsweise. Und den energischen Anfangsgestus in Haydns C-Dur-Finale mit seiner sehr raschen 16tel-Bewegung der ersten Violine wird man kaum ernsthaft als beeinflussend namhaft machen wollen.

Auf formaler Ebene fallen schon eher Bezüge auf. Mozarts gründliche Finale-Umarbeitung besticht ja nicht zuletzt durch ihre Konzentration auf wenige Motive, wobei die zwei Hauptmotive einerseits in der vergleichsweise sehr langen Durchführung ihren gebührenden Raum zur Entfaltung erhalten, andererseits eine Coda geradezu erzwungen wird, die beide als 'Kontrahenten' unmittelbar gegenüberstellt. Ohne die Bedeutung von Haydns Finale des G-Dur-Quintetts überbewerten zu wollen, könnte man in dessen fast monothematischer Anlage, die auch in der Durchführung trotz überraschender, gekonnt harmonischer Stimmungswechsel (etwa T. 94 ff.) nicht wesentlich aufgegeben wird, eine Beeinflussung in Hinblick auf Reduktion der Mittel erblicken. Auffällig ähnlich mag auch die chromatisch abfallende Entwicklung innerhalb der „Durchführungen" sein, die harmonisch jedoch auf anderen Grundlagen steht (Haydn: T. 80 ff., Mozart: T. 145 ff.).

Haydns Vorliebe für Sonatensätze mit Coda ist in der Literatur bereits mehrfach erörtert worden[47]. Freilich kann es kaum dem Zufall zugeschrieben werden, daß auch Mozart gerade in jenen 1770er-Jahren erstmals (und gehäuft) Codae verfaßt. Im „Salzburger" Quintett weisen alle drei Sonatensätze solche Formteile auf, wobei ihnen je unterschiedliche Funktion zukommt: Im Kopfsatz schließt ein sechstaktiger 'Rausschmeißer' den Satz (kräftig kadenzierend) ab. Im langsamen Satz wird das dominierende Motto ein letztes Mal, hier den Bewegungsimpuls retardierend, zitiert. Und auch im Finale kommt diesen Schlußtakten dramaturgische, weil durch den vorausgehenden Verlauf begründete wie notwendige Bedeutung zu. Gerade im Vergleich der beiden Fassungen wird dieser wichtige Schritt der musikalischen Begründung der Coda deutlich, wo aus einer bloßen Stretta ein vollgültiger Satzteil, ja vielleicht sogar der Satzhöhepunkt erwächst (siehe S. 48). Wenig von solcher Qualität ist in Haydns zahlreichen Codae zu erblicken. Einzig die Coda des C-Dur-Kopfsatzes (siehe S. 57) läßt in ihrem feinen Gespür für Proportionen solch eine Vertiefung erahnen.

IV

Wenden wir uns abschließend der Frage zu, worin das Besondere, also womöglich das Gattungsrepräsentative von Mozarts „Salzburger" Quintett bestehen könnte. Weil dieses Werk im Kontext seiner Entstehungszeit in seiner Besetzung isoliert dasteht, bietet sich zur Beantwortung der Frage an, die zeitgleich komponierten Streichquartette als kammermusikalischen Widerpart vergleichend zu betrachten. Und hier werden wir vorwiegend auf die sechs

---

47 Siehe Anmerkung 29.

„Wiener" Streichquartette KV 168–173 verwiesen: Sie sind höchstwahrschein-
lich wenige Monate vor dem Quintett entstanden (zur Datierung von KV 174,
siehe S. 42–45) in jedem Fall dem Quintett chronologisch näherstehend, als
die in Italien komponierten Quartette KV 155–160 (KV 134a–159a). Außerdem sind erst die „Wiener" Quartette, wie das Quintett, viersätzig.

Wenn man den wesentlichen Unterschied der „italienischen" von den „Wiener" Quartetten ungebührlich verkürzend auf einen Nenner bringen wollte,
so wird man feststellen müssen, daß den „Wiener" Quartetten ein Zug zur
satztechnischen wie klanglichen Strenge eignet, daß wesentliche Merkmale der
„italienischen" Quartette – wie zum Beispiel symmetrische Periodik unter
Vermeidung imitatorischer Techniken, bausteinartiges, unmittelbar repetie-
rendes Aneinanderreihen kurzgliederiger Taktgruppen, 'weiche' Stimmfüh-
rung in Terz-Oktav-Koppel, liegende, den Satz verklammernde Achsentöne
der Viola oder das paarweise Abwechseln in Terzen gebundener Zweitakter –
in den „Wiener" Quartetten zu Gunsten eines komplexeren Satzgeschehens
(ungerade Periodik, Imitationen, Fugen) sowie eines herberen Klanges (nackte
Oktavierung statt Terzen) cum grano salis aufgegeben oder zumindest charakteristisch verwandelt werden[48]. Und genau diese Tendenz ist auch im
„Salzburger" Quintett KV 174 zu beobachten, das unter eigenen Vorzeichen
vorwiegend die Wesensmerkmale der „Wiener" Quartette satztechnisch-klanglich präferiert und nicht auf den 'weicheren', 'sinfonischeren', auch technisch
weniger anspruchsvollen Satz der „italienischen" Quartette zurückgreift. Insofern setzt das „Salzburger" Quintett den während der Jahre 1772/1773
greifbar zur Verdichtung und Konzentration neigenden Kompositionsprozeß
innerhalb der Kammermusik fort, um endgültig an eine gewisse Grenze zu
stoßen, die erst ein Jahrzehnt später (unter gänzlich neuen Voraussetzungen)
überschritten wird[49].

Die engen verwandtschaftlichen Bezüge des „Wiener" Quartettzyklus
zum Quintett bestätigt bereits ein flüchtiger Blick auf die Partituren. Unter
Zusammenfassung der Ergebnisse der Detailuntersuchungen zu Beginn dieses
Beitrags (siehe oben, S. 32 ff.), sei auf die wichtigsten Gemeinsamkeiten hingewiesen, die in ihrer Parallelität verblüffen:
– Die großformale Anlage der Sonatensätze, ja auch die Detaillösungen innerhalb dieses Satztypus sind nahezu deckungsgleich; die Coda allerdings begegnet uns im Quintett überproportional gehäuft[50].
– In seiner Tendenz, zu Beginn des Kopfsatzes demonstrativ auf gerade Periodik der Satzglieder zu verzichten, um dann in den glatteren Ablauf unmittel-

---

48 Vgl. Seiffert, Streichquartette, a. a. O., S. 154 ff. passim.
49 Vgl. dazu meine einführenden Überlegungen in: Wolf-Dieter Seiffert, Vom Streichquar-
    tett zum Streichquintett. Satztechnische Bezüge zwischen kammermusikalischem Früh-
    und Spätwerk bei Mozart, in: MJb 1991, S. 671–677. Siehe auch den Beitrag vorliegenden
    Sammelbandes von Hartmut Schick, S. 69 ff. und Ludwig Finscher, S. 153 ff.
50 Seiffert, Streichquartette, a. a. O., S. 55 ff.

bar wiederholter Zwei- oder Viertakter mit zahllosem motivischem Material zu fallen, ähnelt das Quintett sehr den Quartett-Anfängen KV 168, 169, 172, 173[51].

– Der Kopfsatz des Quintetts hebt mit einem musikalischen Motiv an (fallender, mit Zwischennoten verbundener Dreiklang), das in den Quartetten in ganz ähnlicher Weise mehrfach aufscheint[52].

– Das Adagio trägt unverkennbare Züge eines Serenadensatzes, eines Satztypus, der in den „Wiener" Quartetten erarbeitet und perfektioniert wird[53].

– Das Menuett mit Trio ist Wiener Herkunft; es hat mit dem italienischen „Tempo di Minuetto" wenig gemein[54].

– Das Finale – in seiner ersten Fassung – hebt mit einem furiosen, solistisch-unbegleiteten Fugen- oder Fugato-Thema an, das demjenigen KV 168/IV in wenig nachsteht[55].

Welche Bedingungen müßte nun unser Quintett erfüllen, wollten wir es unter vergleichendem Blick auf besagte zeitgleiche Quartette als Repräsentanten einer eigenständigen Gattung bewerten? Vor allen Dingen müßte es wohl einen musikalischen Satz aufweisen, der das Potential der hinzutretenden fünften Stimme ausschöpft; das Quintett müßte musikalisch etwas realisieren, was dem Quartett nicht möglich ist. Neben der engen Verwandtschaft beider Besetzungen müssen auch benennbare Differenzen offenkundig werden. Und hier zeigt sich, daß Mozarts „Salzburger" Quintett in der Tat das unmittelbar zuvor im Quartett Erreichte einerseits ganz eigentümlich auf den Quintettsatz überträgt, andererseits jedoch die erweiterten Möglichkeiten voll ausschöpft, ja diese steigert und geradezu kulminieren läßt. Unter Zuhilfenahme der vorausgehenden Detailbeschreibungen darf dazu folgendes festgehalten werden: Nicht wie wir es erwarten würden und wie es beispielsweise auch Michael Haydn demonstriert (siehe Notenbeispiel 5, S. 55), setzt Mozart in seinem Quintett die fünf zur Verfügung stehenden Stimmen ein; denn er nutzt keineswegs den fünfstimmigen Satz im Sinne ständiger Beschäftigung aller Stimmen, sondern geht ungemein subtiler vor. Nur selten erklingen alle fünf Stimmen gemeinsam. Die Regel bildet ein ständiger, überraschender, absolut flexibler, klangorientierter Stimmenwechsel von der Einstimmigkeit bis zur kompakten Fünfstimmigkeit.

Betrachten wir nur einmal die Satzanfänge; keiner gleicht dem anderen. Mozart begnügt sich jedesmal auf die zur Formulierung des Materials unabdingbar nötige Stimmenzahl. Alle fünf Instrumente sind lediglich im Menuett beteiligt: Wie zu Beginn des Kopfsatzes führt die erste Violine das Wort, Baß

---

51   ibid., S. 64 ff.
52   ibid., S. 156 ff.
53   ibid., S. 94 ff.
54   ibid., S. 115 ff.
55   ibid., S. 145 ff.

und Violine 2 mit Viola 2 begleiten (in verwandter Diktion). Völlig frei, ohne satztechnische Notwendigkeit, tritt als fünfte Stimme die erste Viola hinzu: in den ersten vier Takten als liegender, die Akkordprogression B-Dur/F-Dur verklammernder Achsenton f, in den zweiten vier Takten als Unteroktave zur ersten Violine. In der Fortsetzung (T. 9 ff.) reduziert Mozart das (motivisch gleiche!) Geschehen auf die Vierstimmigkeit, denn jetzt soll auf die ersten vier Takte 'Solo' der ersten Violine die erste Viola antworten; sie antwortet und setzt neckisch zwei eigene Takte hinzu, die wiederum von der ersten Violine beantwortet werden – ein so einfaches und doch zutiefst von Leben durchdrungenes Satzgeschehen, das stets sparsam und gezielt mit seinen Mitteln umzugehen weiß!

Vierstimmigkeit dominiert den Beginn des Kopfsatzes. Es wäre ein Leichtes, dieser autonomen Vierstimmigkeit eine fünfte Stimme hinzuzufügen (etwa, wie zu Beginn des Menuetts, einen liegenden Achsenton f, besser f'); warum verzichtet Mozart darauf? Ihm kommt es wesentlich auf die sich zwölf Takte später ereignende Wiederholung des Anfangsabschnittes in gewandeltem Klangbild an. Satztechnisch-klanglich soll nämlich die erste Viola als Stimmführer unmißverständlich zur Geltung kommen. Als würde Mozart auf seine Quartette blicken und zeigen wollen: Der fünfstimmige Streichersatz befreit mit einem Schlag die Bratsche aus ihrer Abhängkeit (wie sie in allen frühen Mozart-Quartetten zu beobachten ist[56]). Die zutage tretende kompositorische Idee entzündet sich demnach geradezu demonstrativ am 'etablierten' Quartettsatz, um ihn (und das keineswegs nur in T. 12 ff. des Kopfsatzes) durch die hinzugewonnene fünfte Stimme zu überhöhen. Diese Art Fünfstimmigkeit dient also nicht zur (streng genommen überflüssigen) Klangverstärkung eines an sich vierstimmigen Satzgeschehens; vielmehr setzt sie durch ihre latente Vielseitigkeit Stimmkombinationen frei, die der Quartettsatz nicht bereitstellt. Insofern ist bereits der Beginn des „Salzburger" Streichquintetts fünf-, nicht vierstimmig konzipiert.

Dieses ungemein bewußte Umgehen mit Stimmkombinationen, ihrer klanglich motivierten Ablösung durch andere Verknüpfungen, läßt sich besonders gut verfolgen, wenn Mozart noch einen Schritt weitergeht und die fünf prinzipiell verfügbaren Stimmen auf drei-, zwei- oder gar einstimmigen Satz reduziert. So ist natürlich die Behauptung, das Trio (zweite Fassung) begänne dreistimmig, nicht falsch, denn zweite Violine und Bratsche bleiben in Takt 1–2 ausgespart. Doch ist der Satz des Trios ab ovo fünfstimmig angelegt! Fünfstimmig jedoch nicht in dem Sinn, daß alle fünf Streicher ununterbrochen beteiligt sind, sondern ganz im Gegenteil: fünfstimmig durch das im Echo aufgehobene Strukturelement der abwechselnden Kombination 3 + 2. (Insofern sind zu Triobeginn die Pausen der zweiten Violine und der zweiten Viola sehr wohl Bestandteil des Satzgeschehens!) Oder betrachten wir den Beginn des

---

56   ibid., S. 164 ff.

Finales. Im Gegensatz zur ursprünglichen Fassung, die bereits mit dem
'Fugato'-Thema in dreistimmiger Bewegung anhebt, um dann sogleich in die
klanglich dicke Fünfstimmigkeit (ab T. 9) zu verfallen, beschränkt die endgültige Version zunächst den Eingangsgedanken geschickt auf die Dreistimmig-
keit, um dann die latente Fünfstimmigkeit in fünf Schritten (Doppeltakten)
gleichsam vor den Ohren des Hörers, und damit transparent, zu entfalten (M
= Fugato-Motiv in 16teln; F = Fortsetzung in gemessenen Halbenoten):

	Vl. 1	Vl. 2	Va. 1	Va. 2	Vc.
Takt 11–12:	—	—	M	—	—
Takt 13–14:	M	—	F	—	—
Takt 15–16:	F	—	F	M	—
Takt 17–18:	F	M	F	F	—
Takt 19–20:	F	F	F	F	M

Die sich anschließende Fünfstimmigkeit (T. 21 ff.) resultiert übrigens wieder
aus einer verdeckten Binnenkombination geringstimmiger Klanggruppen, be-
stehend diesmal aus einer Imitationsbewegung der ersten Violine mit den beiden Violen, unterstützt durch die Impulse setzende Violine 2 und Baß (also 1
+ 2 + 2) – eine im „Salzburger" Quintet nicht allzu häufig anzutreffende
Kombination, die sich gewissermaßen in 'geordneteren' Bahnen sofort im Seitensatz (T. 27 ff.) fortsetzt und in ihrer Terzenkopplung an die frühen Quartette gemahnt.

Ganz besonders aufschlußreich ist in diesem Zusammenhang die Untersuchung des Adagios (siehe S. 59 f.). Den Beginn tragen alle fünf Stimmen vor,
aber dieser Beginn ist eben archaisch 'einstimmig'. Erst der weitere Verlauf
beweist, daß die Fünfstimmigkeit Voraussetzung für die weitere, das Motto
stets einbeziehende Entwicklung ist. Zunächst erklingt es in der Mittellage
(oktaviert, und damit besonders hervorgehoben) als Melodie und Baß zu-
sammenhaltendes Bindeglied (T. 3–4); doch schnell gewinnt es durch Ablegen
des starren Dreiklanggewandes melodischen Reiz (T. 5–6), ohne die Mittler-
rolle aufzugeben. Nach einem überraschenden Intermezzo der Bratschen (T.
6–7) tritt das Motto erneut auf, wieder oktaviert, diesmal jedoch als fahles
Baßfundament. Zu keinem Moment dieses höchst kunstvollen Satzanfangs
greift Mozart also auf den satten Klang des fünfstimmigen Streicherapparates
zurück. Erst in Takt 12 blüht der Satz dann endlich in vollstimmiger Pracht
(und nur für einen kurzen Augenblick) auf – gewährleistet durch den nun
einsetzenden Dialog der beiden Hauptstimmen Violine 1 und Viola 1 (siehe
oben).

Aus all dem können wir entnehmen, daß Mozarts „Salzburger" Quintett ohne
die Erfahrungen mit den vorausgehenden Quartetten nicht möglich gewesen
wäre, jedenfalls kaum derart souverän in der Disposition der Stimm- und damit der Klangkombinationen hätte gestaltet werden können. Die eingangs

bemerkte über die Maßen großräumige Anlage dieses Kammermusikwerks ist ursächlich durch seine Fünfstimmigkeit bedingt, eine Fünfstimmigkeit, die eben keineswegs durch bloße Potenzierung des Klanges besticht, sondern sich eigene Bedingungen schafft, die im Quartettsatz nicht realisierbar waren. Mögen neben der im Motivischen gelegentlich etwas pauschalen Stilistik (die freilich für Mozarts gesamtes Frühwerk charakteristisch ist) vereinzelte Schwächen zu beobachten sein, so wird man doch bei genauerem Hinsehen konstatieren dürfen, daß bereits das Jünglingswerk all jene elementaren, nur für das Quintett charakteristischen Strukturen aufweist, die dann in den überaus bedeutsamen späteren Streichquintetten reife Früchte tragen (in diesem Zusammenhang sei auf die übrigen Beiträge vorliegenden Sammelbandes verwiesen).

Insofern ist vor allem zweierlei am „Salzburger" Streichquintett bewunderungswürdig: Zum einen das von Beginn an instinktiv sichere Erfassen der „grundlegenden Verschiedenheit von Quintett und Quartett"[57] und der aus den unmittelbaren Erfahrungen des Quartettsatzes gezogenen Anverwandlungen; nicht zuletzt läßt auch die Revision des Finales solche Souveränität im kritischen Umgang mit der Gattung erkennen. Zum anderen der großartige Ideenreichtum, eingebettet in und entfaltet durch einen so ausdifferenzierten Klangkörper, daß man kaum umhin kommt, das „Salzburger" Streichquintett als das erste wirkliche kammermusikalische Meisterwerk Mozarts zu bezeichnen.

---

57 Rosen, a. a. O., S. 302.

Hartmut Schick

Ein Quintett im Diskurs mit dem Streichquartett.
Mozarts Streichquintett C-Dur KV 515

Hätte Mozart wie Joseph Haydn in der Abgeschiedenheit von Eisenstadt und Schloß Eszterháza komponieren können, jahrzehntelang mehr oder weniger aus eigenem Antrieb die Möglichkeiten musikalischer Gattungen systematisch erprobend? Sicherlich nicht – Mozart wäre künstlerisch wohl schnell verkümmert, denn allem Anschein nach war für seine Kreativität eines unverzichtbar: die spontane künstlerische Auseinandersetzung mit Komponistenkollegen, die beständige Herausforderung durch das Erlebnis von Werken Anderer, die ihn dazu reizen mußten, es anders und besser zu machen. Das Moment des spielerischen Wettstreits, das schon dem komponierenden Wunderkind Spaß bereitete, kennzeichnet noch das Schaffen der 1780er-Jahre. So hat offensichtlich der Erfolg von Paisiellos „Barbiere di Siviglia" in Wien Mozart zur Komposition des Figaro-Stoffes angeregt, und die Paisiello-Spuren in „Le nozze di Figaro"[1] zeugen davon, daß Mozart das Werk des Rivalen studiert hatte, nur um es zu übertreffen. Die sechs Haydn gewidmeten Streichquartette von 1781–1785 sind natürlich eine Antwort auf die enorme Herausforderung, die Haydns opus 33 darstellte, und die späten „Preußischen" Quartette lassen sich noch direkter auf einen musikalischen Wettstreit mit Haydns Quartettschaffen ein: Das Finale von KV 589 bezieht sich deutlich, das Larghetto zumindest ansatzweise auf Haydns Es-Dur-Quartett op. 33, und das Finale von KV 590 spielt unverholen auf das Finale von Haydns „Lerchenquartett" op. 64 Nr. 5 an.

Beim Streichquintett ist das Bild zunächst ähnlich. Mit seinem ersten Werk in dieser Besetzung, dem B-Dur-Quintett KV 174, reagierte Mozart 1773 zweifellos auf das von Michael Haydn in Salzburg vier Wochen früher geschriebene G-Dur-Quintett[2]. Was aber konnte Mozart vierzehn Jahre später dazu herausfordern, erneut Streichquintette zu komponieren? Joseph Haydn interessierte die Gattung offenbar nicht, und Boccherinis Quintette waren einerseits nur zum Teil bekannt, stellten andererseits durch ihre andere Besetzung (mit zwei Celli) auch nicht die Gattungstradition dar, mit der sich Mo-

---

1 Vgl. Daniel Heartz, Mozart's Operas, edited by Thomas Bauman, Berkeley/Los Angeles/Oxford 1990, S. 140 ff.
2 Vgl. Ernst Hess in NMA VIII/19, 1, S. VIII. Musikalisch ist das Werk Michael Haydn kaum verpflichtet (siehe dazu den Beitrag von Wolf-Dieter Seiffert im vorliegenden Sammelband, S. 29 ff.).

C. Eisen/W.-D. Seiffert, Hg.: Mozarts Streichquintette
© 1994 Franz Steiner Verlag Stuttgart

zart auseinandersetzen konnte. Und eine äußere Anregung zur Komposition, sei es auch nur eine Widmungsabsicht, scheint es für die Quintette von 1787 ebenfalls nicht gegeben zu haben.

Vielleicht bedurfte es aber hier gar keines äußeren Anstoßes. Manches spricht nämlich dafür, daß Mozart sein Komponieren zumindest am C-Dur-Quintett KV 515 zunächst als eine Konsequenz dessen verstand, was ihn in den Jahren davor so sehr in Anspruch genommen hatte, nämlich der Komposition von Streichquartetten. (Für das unmittelbar folgende g-Moll-Quintett gilt dies dann offenbar schon nicht mehr.) Wolf-Dieter Seiffert hat jüngst darauf hingewiesen, daß Mozart in seinen reifen Streichquintetten Typen der Stimmendisposition wiederaufgreift, die gerade seinen frühen Streichquartetten eigen sind[3]. Hier soll nun vor allem gezeigt werden, wie sich Mozart im C-Dur-Quintett erneut, gleichsam auf einer höheren Stufe, mit dem Streichquartett der 1780er Jahre auseinandersetzt: mit Haydns op. 33, aber auch mit dem eigenen jüngsten Quartettschaffen. Neben dem Moment des Übertrumpfens eines Kollegen und der Art und Weise, wie Mozart gegenüber dem eigenen Streichquartett den Anspruch an Ökonomie und Komplexität des Satzes nochmals erhöht, fasziniert dabei besonders der selbstkritische Umgang mit Früherem, den man in Mozarts C-Dur-Quintett immer wieder meint beobachten zu können – Mozart im musikalischen Diskurs mit dem einzigen ebenbürtigen Kollegen und schließlich mit sich selbst.

I

Das frappierendste äußerliche Merkmal von Mozarts Streichquintett C-Dur ist zweifellos seine enorme Länge. Sie läßt sich nur in Superlativen beschreiben: Laut A. Hyatt King ist das Quintett das längste aller Mozartschen Werke in vier Sätzen, sein Finale der längste Einzelsatz in Mozarts Instrumentalmusik[4], und im Kopfsatz sieht Charles Rosen den ausgedehntesten Sonatenhauptsatz vor Beethoven, mit einer Exposition, deren Umfang selbst bei Beethoven erst die Neunte Symphonie wieder erreiche[5].

So beispiellos die Dimensionen insbesondere der Ecksätze auch erscheinen – ganz unvorbereitet treten sie nicht auf. Betrachtet man zunächst Haydns Streichquartette op. 33 – das 'Maß aller Dinge' am Beginn der Wiener Klassik –, so fällt auf, daß sich die Kopfsätze in ihrem Umfang ziemlich genau

---

3   Wolf-Dieter Seiffert, Vom Streichquartett zum Streichquintett. Satztechnische Bezüge zwischen kammermusikalischem Früh- und Spätwerk bei Mozart, in: MJb 1991, S. 671–677. Seiffert nennt im einzelnen die Verklammerung dreier Stimmen in Terz-Oktav-Parallelen, die Bildung einer „Klangachse" durch die Viola sowie den Dialog von Stimmgruppen.

4   Alec Hyatt King, Mozart's String Quintets, in: The Monthly Musical Record 75 (1945), S. 127 f.

5   Charles Rosen, The Classical Style: Haydn, Mozart, Beethoven, revised edition, London 1976, S. 268 f.

entsprechen (extrem in Nr. 1, 2 und 4 mit einmal 91 und zweimal 90 Takten, Allegro moderato, 4/4). Einzig das C-Dur-Quartett (Nr. 3) fällt heraus, indem es diese Dimensionen beinahe verdoppelt. Mozart schreibt nun die Kopfsätze der ersten fünf seiner sechs „Haydn-Quartette" ebenfalls so, daß die Spieldauer immer ziemlich gleich ist, gegenüber dem 'Normalmaß' von Haydns opus 33 etwa um ein Drittel bis die Hälfte länger. Nur das zuletzt komponierte „Dissonanzenquartett" KV 465 – wie bei Haydn ist es das C-Dur-Werk des Zyklus – erweitert dieses Maß, und zwar mit einem deutlich längeren Anfangs-Allegro von 244 Takten, dem überdies eine 22-taktige langsame Einleitung vorangestellt ist.

In Mozarts nächstem Streichquartett KV 499, dem sogenannten „Hoffmeister"-Quartett, wiederholt der erste Satz die ausgeweiteten Dimensionen des „Dissonanzenquartetts" und erweitert sie zugleich seinerseits: Mit 266 Takten hat er exakt gleich viele Takte wie Einleitung und Allegro in KV 465 zusammen, so daß hier gleichsam noch das in die Sonatensatzform mit hineingenommen ist, was in KV 465 dem Allegro als Adagio vorgeschaltet war. Mit diesen außerordentlich expandierten – gegenüber Haydns Normalmaß von opus 33 verdreifachten! – Proportionen ist Mozart innerhalb seines Quartettschaffens an der Obergrenze angelangt, und die Wahl der Quintettbesetzung für sein nächstes Streicher-Kammermusikwerk, KV 515, kann vor diesem Hintergrund auch als ein Versuch verstanden werden, das fortzusetzen, was mit vier Instrumenten nicht mehr musikalisch befriedigend möglich erschien: die nochmalige (beträchtliche) Ausweitung des Satzumfangs. Daß Mozart hierfür erneut zur Tonart C-Dur greift, ist dann nur konsequent. (Bei den Finalsätzen ist das Bild übrigens ähnlich.)

Das auf das C-Dur-Quintett folgende g-Moll-Quintett KV 516 ist dann zwar verkappt fünfsätzig, doch die Umfänge der einzelnen Sätze gehen hier wieder hinter die des „Dissonanzenquartetts" zurück, und auch für die drei „Preußischen" Quartette und die zwei letzten Streichquintette gilt im wesentlichen wieder das 'klassische Maß' der Quartette von KV 387 bis KV 464. Allerdings beginnt Mozart im g-Moll-Quintett damit, die Einzelsätze durch ein Geflecht thematischer Bezüge miteinander zu verknüpfen, was – in unterschiedlichem Ausmaß – dann auch die letzten Quartette und Quintette kennzeichnet. Insofern ließe sich immerhin behaupten, daß zwar die Ausweitung des Einzelsatzes als Prinzip im C-Dur-Quintett kulminiert und dann abbricht, der Gedanke einer Ausweitung der Form bei Mozart jedoch auf einer höheren Stufe weiterwirkt: Der Zyklus aus thematisch aufeinander bezogenen Einzelsätzen konstituiert nun in einem ganz neuen Sinne die 'große Form'.

Das C-Dur-Quintett KV 515 steht nun allerdings nicht nur allgemein in der Kontinuität der genannten C-Dur-Quartette von Haydn und Mozart, indem es wie diese die äußeren Dimensionen des Kopfsatzes sprunghaft erweitert, sondern es bezieht sich gleich in mehrfacher Hinsicht auch spezifisch auf diese beiden Werke. Die Ähnlichkeit zwischen dem Beginn von Mozarts C-Dur-Quintett und Haydns C-Dur-Quartett op. 33 Nr. 3 (dem sogenannten „Vogelquartett"), auf die schon Charles Rosen hinweist[6], ist unübersehbar:

Notenbeispiel 1:

Haydn, op. 33 Nr. 3, Allegro moderato

Mozart, KV 515, Allegro

Hier wie dort durchschreitet das Cello gravitätisch zwei Oktaven mit dem C-Dur-Dreiklang, bilden die Mittelstimmen ein Begleitband aus repetierten Achteln, über dem die erste Violine *piano* mit dem g" einsetzt, mit einer Doppelschlagwendung jeweils in Takt 4. Die in sich geschlossenen Sechs- beziehungsweise Fünftakter setzen zweimal, jeweils auf eine andere Stufe versetzt, neu an, und dieser erste Satzabschnitt mündet bei Haydn in Takt 17 in eine Kadenzwendung, die Mozart an der entsprechenden Stelle (T. 18) notengetreu 'zitiert'.

Beide Hauptthemen sind 'unquadratisch' angelegt, was bei Mozart um so mehr auffällt, als hier in den sieben vorausgehenden Streichquartetten die

---

6   ibid., S. 267.

Hauptthemen der Ecksätze sämtlich eine Viertaktstruktur ausprägen. So sehr aber Mozart hier syntaktisch und materialiter an Haydn anknüpft, macht er doch daraus in seinem Satz gerade das Gegenteil. Haydns Sechstakter beginnt offen, wie von ungefähr, hat seinen dynamischen Höhepunkt und den größten Ambitus genau in der Mitte, um sich dann – zweimal kadenzierend – gleichsam in sich zusammenzuziehen: Die Außenstimmen bewegen sich symmetrisch aufeinander zu, und wenn sie sich auf dem *c'* getroffen haben, tritt fast zwangsläufig ein Stillstand ein. Daß dieses Thema eigentlich Schlußcharakter hat, demonstriert Haydn selbst am besten, wenn er in den letzten fünf Takten genau mit diesem Thema den Satzschluß herbeiführt. Mozarts Thema dagegen verkörpert die eröffnende Geste schlechthin. Der große Ambitus – der eine ganz eigene Raumwirkung erzeugt – wird durch das Treppenmotiv des Cellos überhaupt erst erschlossen (statt zusammengeschnürt) und von der Violine gegenüber Haydn noch weiter ausgedehnt auf drei Oktaven, die Wendung zur fünften Stufe im fünften Takt ist mehr harmonische Öffnung als 'Halbschluß', der Puls des Mittelstimmenbandes geht bruchlos durch.

Daß ein solches Thema ungleich größere Satzproportionen zu tragen vermag, liegt auf der Hand. Hinzu kommt, daß Haydn die syntaktisch asymmetrische Themenstruktur dazu benutzt, keinen durchgehenden Puls zuzulassen (in dramatischem Gegensatz zu dem, was das bloße Pulsieren des ersten Taktes eigentlich verspricht). Mozart dagegen komponiert die ersten 30 Takte seines Quintetts in lauter Fünftaktgruppen, um noch weit mehr als nur den üblichen quadratischen Rhythmus im Großen zu erzeugen. Der großrhythmische Puls besteht nicht aus Viertaktgruppen, die sich aus Zweitaktgruppen zusammensetzen, sondern aus unreduzierbaren Fünftaktgruppen als kleinster wiederkehrender Einheit (und der eigenartige, wie 'eingeschoben' wirkende Generalpausentakt 20 dient als leerer fünfter Takt nur dazu, diesen Puls aufrechtzuerhalten). Im Grunde liegt hier deshalb auch keine wirklich asymmetrische Syntax vor, sondern eine homogene, *additive* Syntax aus den größtmöglichen Bausteinen – Voraussetzung für eine epische Breite, die Haydns Musik fremd ist. Wenn man so will: Mozarts Musik löst die grenzenlose Weite ein, die Haydns erste drei Takte scheinheilig versprechen.

So sehr die Satzproportionen einander anfänglich noch entsprechen – beide Sätze erreichen mit der erwähnten gleichen Kadenzwendung in Takt 18 beziehungsweise 19 wieder die C-Dur-Tonika –, so ist doch Mozarts Quintettsatz insgesamt deutlich mehr als doppelt so lang wie der erste Satz von Haydns „Vogelquartett". Freilich komponiert Mozart seinen Kopfsatz nicht einfach nur sehr viel länger, sondern offenbar so, daß die Haydnschen Satzproportionen der ständige Bezugspunkt bleiben. Dies deutet sich zunächst schon dadurch an, daß bei Haydn das Seitenthema in Takt 43, bei Mozart nach genau doppelt so vielen Takten, in Takt 86 eintritt. Allerdings sind bei Haydn tonaler und thematischer Seitensatzbeginn auseinandergelegt: die Dominanttonart herrscht (mit zunehmender Stabilität) schon ab Takt 27. Richtet man sich nach der Thematik, so ist in dieser Exposition der Hauptsatz mit 42 Takten größer als der Seitensatz (17 Takte), geht man nach der tonalen Anlage, so ist der Seitensatz mit 33 Takten länger als der Hauptsatz (26 Takte).

Wenn nun in Mozarts C-Dur-Quintett der Hauptsatz mit 85 Takten doppelt so lang ist wie Haydns *thematischer* Hauptsatz, so ist sein Seitensatz (samt Schlußgruppe) mit 66 Takten genau doppelt so lang wie Haydns *tonaler* Seitensatz. Mozart nimmt also – wenn wir hier Absicht einmal unterstellen – innerhalb der beiden Möglichkeiten, Haydns Exposition zweizuteilen, jeweils das größere Maß für Haupt- und Seitensatz und verdoppelt diese Taktzahl für seinen Quintettsatz, wodurch seine Exposition insgesamt nun eben noch weit mehr als nur den doppelten Umfang von Haydns Quartett-Exposition erreicht: 151 gegenüber 59 Takten. Und der Rest des Satzes – Durchführung, Reprise und Coda – ist zusammen in Mozarts Quintett erneut fast auf den Takt genau doppelt so lang wie im Haydn-Quartett: 217 Takte gegenüber 108 Takten.

Aber auch innerhalb von Mozarts eigenem Schaffen machen die Proportionen dieses ersten Quintettsatzes 'Sinn', im Vergleich nämlich mit den Kopfsätzen der beiden letzten davor komponierten Streichquartette. Der Umfang der Exposition des „Dissonanzenquartetts" KV 465 (84 Takte) wird im C-Dur-Quintett zum Maß allein für den Hauptsatz der Exposition (85 Takte). Gegenüber dem ersten Satz von Mozarts „Hoffmeister"-Quartett KV 499 aber, der ja die Gesamttaktzahl des Kopfsatzes von KV 465 wiederholt, erweitert sich der Umfang der Exposition im Quintett auf das Anderthalbfache: von 100 auf 151 Takte. Damit erscheinen die Proportionen dieses ersten Satzes des C-Dur-Quintetts gleich doppelt 'determiniert' – in beiden Satzhälften als Verdopplung der Maximalproportionen innerhalb von Haydns opus 33, wie sie das „Vogelquartett" ausprägt, in der Exposition als Ausweitung von Mozarts eigenen maximalen Quartettproportionen – die KV 499 zeigt – auf das Anderthalbfache. Und dies alles mit einer Toleranz von nur einem Takt.

Es fällt schwer, hier nicht an kompositorische Absicht zu glauben, zumal sich die Proportionen des Quintettfinales in ganz ähnlicher Weise auf das „Dissonanzenquartett" beziehen. Ob allerdings Mozart nun meinte, die exzeptionellen Dimensionen des Quintettsatzes solcherart gleich mehrfach 'legitimieren' zu müssen, oder ob er sich einfach aus einem spielerisch-sportlichen Impuls heraus ein exaktes (und extrem großes) Proportionengerüst für sein Komponieren vorgab, kann dahingestellt bleiben. Entscheidend ist, daß Mozart sein Komponieren in der neuen Gattung des Streichquintetts fest in der Gattung des Streichquartetts verankert, indem er mit einem Grundriß arbeitet, der eine maßstäbliche Vergrößerung schon erprobter, extremer Quartettproportionen darstellt.

II

Das Menuett des C-Dur-Quintetts steht im Erstdruck von Artaria (1789) an zweiter Stelle im Werk, wurde von Ernst Fritz Schmid jedoch, der Paginierung auf dem Autograph folgend, in der Neuen Mozart-Ausgabe als dritter Satz eingeordnet. Ernst Hess[7] und Isabelle Emerson[8] haben allerdings zu Recht darauf hingewiesen, daß die Paginierung der Mittelsätze – die im Autograph jeweils mit einem neuen Bogen beginnen und insofern austauschbar sind – nicht von Mozarts Hand stammt und deshalb weniger Glaubwürdigkeit verdient als der Erstdruck, zumal ja auch im Schwesterwerk KV 516 das Menuett an zweiter Stelle steht. Die plausiblen Zusatzargumente Isabelle Emersons für die Einordnung als zweiten Satz lassen sich ergänzen durch die Beobachtung, daß sich Mozart im Menuett des C-Dur-Quintetts erneut mit Joseph Haydns C-Dur-Quartett op. 33 Nr. 3 auseinandersetzt, und dort steht der als Scherzo bezeichnete Menuettsatz ebenfalls vor dem langsamen Satz. Beide Sätze tragen die Tempobezeichnung „Allegretto" und beginnen mit einem zehntaktigen ersten Teil, der aus einem viertaktigen Vordersatz und einem zur Sechstaktigkeit gedehnten Nachsatz besteht (siehe Notenbeispiel 2, nächste Seite).

Auffällig ist in beiden Fällen die extrem tiefe Führung aller Instrumente. (Daß Mozart die erste Violine bis zu einer Terz höher führt als Haydn, hängt mit der Erweiterung des Satzes um eine Mittelstimme zusammen.) Haydn macht daraus ein Satzprinzip: Der ganze Scherzo-Hauptteil spielt sich in den untersten Klangregionen und *sotto voce* ab, während das Trio in scharfem Gegensatz dazu dem hohen Klangregister, nämlich allein den beiden Violinen, vorbehalten ist. Dem korrespondiert der Gegensatz zwischen durchgehendem Legato ohne jede Pause im Scherzo und spiccato-Artikulation mit Trillern und vielen Pausen im Trio, zwischen weitgespannter, fast nur stufenweiser Melodik im Scherzo und kleingliedriger Sprungmotivik im Trio.

Auf diese extreme, fast übertrieben rationale Scheidung und architektonische Gegenüberstellung der Elemente, die den Namen „Scherzo" – als artifiziell gebrochenes Menuett – legitimiert, verzichtet Mozart. Dennoch arbeitet er mit den Haydnschen Materialgegensätzen, freilich so, daß daraus eine dynamische, prozessuale (statt primär architektonische) Form wird. Die unterdrückte Lautstärke von Haydns Scherzo-Hauptteil spiegelt sich bei Mozart, der jeden Formteil *piano* beginnen und enden läßt, vor allem im plötzlichen 'Abwürgen' von nicht weniger als sechs *crescendo*-Ansätzen. Wie bei Haydn sind die Takte 7 und 8 parallel gebaut und dynamischer Höhepunkt, die Kadenzen in Takt 9 f. ähneln einander. Die wellenförmige, für ein Menuett viel zu wenig rhythmisch profilierte Melodik in planer Viertelbewegung wird bei Haydn nur in Takt 1 und 5 rhythmisch aufgelockert – durch ein Motiv,

---

7   Siehe NMA VIII/19, 1, S. IX f.
8   Isabelle Emerson, A Question of Order: Andante, Minuet, Or Minuet, Andante – Mozart's String Quintet in C Major, K. 515, in: MJb 1989/90, S. 89–98.

das Mozart (anders notiert) in Takt 3 übernimmt, wobei das plötzliche *piano* auf den Zitatcharakter hinzuweisen scheint. Dort wo Mozart ebenfalls nur wellenförmige Viertelbewegung schreibt, spitzt er das Moment des ungegliederten Strömens durch den angebundenen Auftakt und den langen Bogen noch zu, läßt sogar in fast allen Takten den die Takt-Eins markierenden Baß ausfallen und entreißt somit den Satz noch ein Stück mehr als Haydn der Tanzsphäre eines regulären Menuetts. (Schon das Haydn-Scherzo charakterisiert Wolfram Steinbeck als einen „Satz, der mit einem Menuett nur noch den 3/4-Takt gemeinsam zu haben scheint"[9]. Zu ergänzen wäre: abgesehen von der ganz konventionellen Schlußwendung.)

Notenbeispiel 2:

Haydn, op. 33 Nr. 3, Scherzo

Mozart, KV 515, Menuett

---

9   Wolfram Steinbeck, Mozarts „Scherzi". Zur Beziehung zwischen Haydns Streichquartetten op. 33 und Mozarts Haydn-Quartetten, in: Archiv für Musikwissenschaft 41 (1984), S. 218.

Freilich hat auch Haydns Scherzo-Menuett keinen 'richtigen' Baß. In den Takten 1 und 2, 5 und 6 begleitet das Cello die erste Violine in Sextparallelen, als spiele es tiefoktaviert eine Mittelstimme, und bis auf ganz wenige Stellen markiert der Baß in den ersten zehn Takten auch immer die Terz des Akkordes, so daß fast nur labile Sextakkorde erklingen – bis auf die beiden Kadenzpunkte fehlt so dem musikalischen Satz gleichsam die Basis. (Auch den zweiten Teil beginnt der Baß in Parallelführung zur Oberstimme, diesmal in der zweifach tiefoktavierten Unterterz). Mozart nun greift in seinem Menuett dieses Prinzip des 'baßlosen' Satzes aus mehr oder weniger parallel geführten Außenstimmen auf und spitzt es ebenfalls zu: Die Mittelstimmen fallen aus, und die Textur wird reduziert auf zwei nun ganz streng in Terzparallelen geführte Violinen. Nicht nur als Reduktion der vierstimmigen 'baßlosen' Textur von Haydns Menuett aber läßt sich Mozarts Violinenpaar begreifen, sondern auch als Anspielung auf das reine Violinduo, das bei Haydn den Trioteil bildet.

Was aber macht Mozart mit den dadurch frei werdenden drei Unterstimmen? In doppelter Hinsicht nachschlagend – erst im dritten Takt und ohne 'Eins' – markieren sie die Kadenzpunkte, gestisch dem Trio von Haydns Scherzo verwandt, aber kaum mehr als ein rhythmisches Pochen, das insistierend die fremdartigen Oberstimmen an den Menuettcharakter des Satzes erinnern will. Die dialektische Spannung, die Haydn in seinem Quartett architektonisch zwischen Scherzo und Trio aufbaut – zwischen einer übertrieben dunkel-kantablen und einer übertrieben spitz-perkussiven Textur –, entsteht in diesem Mozartschen Quintettmenuett schon in den ersten Takten, als Resultat der Gegenüberstellung zweier Satzschichten, und aus dieser Dialektik heraus entwickelt sich dann auch das Satzgeschehen. In Takt 14 werden die drei pochenden Viertel mit einer kantablen weiblichen Endung versehen, kurz darauf wird diese Endungsfigur abgespalten zur Seufzerfigur, der Kantabilität des Hauptthemas schon ganz nahe, und in Takt 37 wird eben diese Seufzerfigur vollends in den die Ausgangsthematik vierstimmig – in simultaner Spiegelung – vortragenden Stimmenverband integriert. Der Konflikt ist entschärft, und das Menuett klingt aus mit einer hemmungslos kantablen Coda, die den Eindruck vermittelt, erst jetzt sei die richtige Themenformulierung gefunden (siehe Notenbeispiel 3, nächste Seite).

Wenn sich hier die Kantabilität in allen Stimmen gegen den Tanzcharakter durchgesetzt hat, so ist hier auch die Textur gegenüber dem Anfang noch viel näher bei Haydn (der als Schluß die Anfangsperiode genau wiederholt): ebenfalls vollstimmig, ebenfalls durchweg *piano* und ebenfalls ohne eine einzige den Stimmenstrom unterbrechende Pause. (Sogar die in Beispiel 2 mit einer Klammer markierte 'Zitatfloskel' erscheint nun wie bei Haydn zweimal, auf *d* und *c*.) Doch so wie die Syntax zur tanzmäßigen Symmetrie zweier gleichartiger Viertaktgruppen zurechtgerückt ist, ist nun gleich in doppeltem Sinne ein Baß vorhanden: als Stimmlage wie als harmonisch den Satz richtig fundierende Basis. Insofern geht Mozart zwar von Haydn aus – von Anomalien der Satzstruktur wie des Materials, die Mozart anfangs als Problem zuspitzt und konflikthaft gegeneinandersetzt – und kehrt am Satzende auch wieder zu

Haydn zurück, doch nicht in einer Kreisbewegung, sondern als Zielpunkt einer geradlinigen Entwicklung, die Menuettfremdes wie die bei Haydn vorgeprägte zäsurlose Kantabilität entwickelnd legitimiert und schließlich (durch den Baß und durch stabile Periodik) absichert.

Notenbeispiel 3:

Mozart, KV 515, Menuett

Ganz einfach und doch genial sind übrigens die letzten vier Takte dieses Menuetts gebildet (T. 45–48): als einen Ton tiefer gelegte Wiederholung des Themenvordersatzes, aber so variiert, daß nun die mittleren sechs Töne der Melodie die letzten vier Takte der eröffnenden Themenperiode kontrahieren – und dadurch nebenbei auch die menuettartige Floskelhaftigkeit des originalen Nachsatzkadenz beseitigen[10].

Wenn das in Vierteln pochende Unterstimmenmotiv von Takt 3 im Satzverlauf 'entschärft' wurde, so entwickelt Mozart aus ihm (und seiner Variante von T. 13 f.) dafür den Beginn des Trios (siehe Notenbeispiel 4, nächste Seite) und über die daraus abgeleitete Seufzerwendung – auch dessen Mittelteil. Ebenso gehen die nachschlagenden zwei Viertel im Baß von Takt 9 ff. und 51 ff. des Trios darauf zurück, womit sich vollends das Trio als der Ort erweist, an dem dieses Motiv erst seine Wirkung entfalten und damit den Tanzgestus doch noch herbeiführen kann. (Daß dabei Haydns Quartettsatz nicht ganz vergessen ist, zeigt das zweite Thema von Mozarts Trio in Takt 17, das – auch im Begleitsatz – auf den zweiten Teil von Haydns Trio in opus 33 Nr. 3 anzuspielen scheint.)

Darüber hinaus zitiert das Trio in Takt 16 die Kadenzwendung, mit der das Menuett schloß. Nicht nur thematisch aber ist die Verbindung des Trios

---

10 Womöglich ist auch dies eine Reaktion Mozarts auf Haydns Scherzo von op. 33 Nr. 3, eine Art Umkehrung des von Wolfram Steinbeck (a. a. O.) beschriebenen Phänomens, daß dort (siehe Notenbeispiel 2) die so stereotype Kadenzfloskel von Takt 9/10 schon (metrisch verschoben) im Themenkopf enthalten ist.

zum Menuett-Hauptteil enger als in jedem Mozartschen Menuett davor: So eng nämlich, daß das Trio gar nicht mehr für sich stehen kann. Es beginnt

Notenbeispiel 4:

modulierend mit acht Takten Dominantseptakkord und im Gestus einer Überleitung (auf die dann freilich kein richtiger 'Anfang' mehr folgt). Gleichzeitig jedoch prägt das Trio – wie bei Mozart sonst gerne der Menuett-Hauptteil (was hier der Haydn-Bezug verhindert) – eine eigene Sonatenform aus und ist mit 66 Takten noch viel länger als der Menuett-Teil. Insgesamt erreichen Menuett und Trio damit zwar noch nicht den Gesamtumfang des riesenhaften Menuettsatzes von Mozarts G-Dur-Quartett KV 387. Dennoch aber zeigt dieser Quintettsatz – wie schon der Kopfsatz – eine ganz neue Ausweitung der Form, indem hier nun eben das Trio kein zweites kleines Menuett für sich mehr darstellt, sondern harmonisch wie motivisch den Entwicklungsgang des Menuett-Teils nahtlos weiterführt. Die rondomäßige ABA-Form Menuett-Trio-Menuett – in der Mozart ja schon die Tanzform des A-Teils häufig sonatenmäßig überformt – wird hier also *insgesamt* durchdrungen vom Entwicklungsgedanken des Sonatenprinzips. Und so ist es auch nur konsequent, daß Mozart in seinem nächsten Menuett, dem des g-Moll-Quintetts KV 516, das Trio mit einem Thema beginnen läßt, das einfach den Schluß des Menuett-Teils aufgreift, lediglich nach Dur gewendet und auch noch so, daß das Trio dem Menuett 'ins Wort fällt', nämlich schon auf der zweiten Zählzeit von dessen Schlußtakt beginnt. Enger kann man zwei Teile nicht mehr verzahnen (siehe Notenbeispiel 5, nächste Seite).

Nun wäre in Mozarts C-Dur-Quintett der erste Teil des Menuetts mit seinen an Haydn orientierten zehn Takten eigentlich – nach Menuettkategorien – viel zu knapp, um einen Gesamtsatz von solchen Dimensionen auszubalancieren. Doch als Hauptthema eines substantiell dem Sonatendenken verpflichteten Satzes reichen sie vollkommen aus, zumal nach ihrer Reprise in Takt 31–40 ja noch die erwähnte achttaktige „Coda" den Satz ausschwingen läßt. Das eigentümliche Ringen um ein Zustandekommen des Tanzgestus bekommt vor diesem Hintergrund – angesichts der gleich doppelten sonaten-

mäßigen Durchdringung der Tanzform in diesem Satz – und durchaus unabhängig von Haydn eine neuen, tieferen Sinn.

Notenbeispiel 5:

III

Trotz der geschilderten Bezüge zu Haydns C-Dur-Quartett aus op. 33 er-
weckt das C-Dur-Quintett KV 515 insgesamt deutlich den Eindruck, als er-
probe hier Mozart systematisch die Möglichkeiten einer für ihn – trotz KV
174 – immer noch neuen Gattung. Jeder der vier Sätze nämlich hat seine eigene, charakteristische Textur, zeigt exemplarisch, welche satztechnischen
Möglichkeiten das erweiterte Ensemble von fünf Stimmen bietet. Den ersten
Satz kennzeichnet das Dialogisieren der beiden Außenstimmen, getragen von
einem kompakten Mittelstimmensatz. Im Menuett dominiert die Paarigkeit
von in verschiedenen Zweierkombinationen parallel geführten Stimmen bis
hin zum doppelten Triosatz aus zwei Stimmpaaren und Baß. Das Finale pen-
delt vor allem zwischen homophonem Oberstimmensatz und einer Kontra-
punktik aus fünf gleichberechtigten Stimmen. Der langsame Satz schließlich
ist ein einziges großes Duett von erster Violine und erster Bratsche, durchaus
vergleichbar dem langsamen Satz der „Sinfonia concertante" KV 364 oder
auch einer Opernszene.

Die Idee, gerade den langsamen Satz in dieser Duettstruktur zu schreiben, mag zurückgehen auf ein anderes Kammermusikwerk in wiederum derselben Tonart, Michael Haydns Streichquintett („Notturno") in C-Dur[11] von 1773. Im Adagio cantabile dieses Quintetts dialogisieren die erste Violine und die erste Viola vom ersten bis zum letzten Takt miteinander, getragen von einem allerdings recht einfallslosen, fast durchweg gleichbleibenden Begleitsatz. Während am Satzbeginn die Bratsche führt, werden am Reprisenbeginn die Rollen vertauscht – der führenden Violine folgt das Echo in der Bratsche:

Notenbeispiel 6:

Hierauf scheint Mozart am Beginn seiner Duettpassage anzuspielen, mit einem ähnlichen Vorhalt *fis-g* in der echohaft wiederholten Schlußwendung (siehe Notenbeispiel 8b, S. 85, T. 13), doch läßt er die Solisten ihre Rollen schon acht Takte später tauschen und nicht erst in der Reprise.

Den eigentlichen Bezugspunkt für das Andante von Mozarts C-Dur-Quintett bildet allerdings allem Anschein nach wieder ein Streichquartettsatz, diesmal jedoch ein eigener: das F-Dur-Andante von Mozarts C-Dur-Quartett KV 465, dem „Dissonanzenquartett". Daß die Kopfsätze beider Werke in ihren Proportionen eine gewisse Beziehung vermuten lassen, wurde schon dargestellt. Auffallend ähnlich gestaltet sind darüber hinaus die Schlüsse der beiden Eröffnungssätze, die jeweils über einem ostinat wiederholten *C* im Baß allmählich auslaufen, bis zu *pianissimo* diminuierend – darüber eine Oberstimme, die in den letzten sechs Takten stufenweise von *c''* zu *c'''* emporgleitet.

Ein Vergleich der Hauptthemen der langsamen Sätze von KV 465 und KV 515 zeigt – jenseits des durchaus verschiedenen Ausgangsmaterials – er-

---

11 Lothar Herbert Perger, Thematisches Verzeichnis der Instrumentalwerke von Michael Haydn, in: Denkmäler der Tonkunst in Österreich XIV, Band 2, Wien 1907, Nr. 108; Charles H. Sherman und T. Donley Thomas, Johann Michael Haydn. A Chronological Thematic Catalogue of His Works, Stuyvesant 1993, Nr. 187.

staunliche Übereinstimmungen, über die Identität von Tempo, Tonart, Metrum und Umfang sowie die Entsprechungen in Dynamik und Kadenzstellen hinaus (siehe Notenbeispiel 7a und, gegenüberliegend, 7b).

Notenbeispiel 7a:

Mozart, KV 465, Andante cantabile

In beiden Themen ist der erste Takt in 1+2 Viertel aufgeteilt, die zweite Zählzeit – im Dreiertakt eigentlich die schwächste – dadurch beinahe synkopisch hervorgehoben. Das Kopfmotiv mündet jeweils in eine Vorhaltswendung mit einem verminderten Dreiklang in den Oberstimmen, der im Quintett wegen der Wendung zur Subdominante um eine Quinte versetzt ist. Aus dem kompakten Stimmenverband, in dem nur der Baß den Grundrhythmus nicht mitträgt, lösen sich in der Mitte des zweiten Taktes jeweils zwei Stimmen, um mit einer Skalenfigur die Brücke zur nächsten Eins zu schlagen. Die dritten Takte unterscheiden sich rhythmisch, führen aber beide melodisch aufwärts zu einem vierten Takt, der nun im Quintett beinahe notengetreu aus dem Quartettsatz übernommen ist. Die 'leere' zweite Takthälfte überbrückt dann jeweils eine der beiden Außenstimme mit einer Dreiachtelfigur. Auf das Quartett-Thema verweist im Quintett dann wieder die ähnliche Motivik der ersten Violine in Takt 7. In Takt 8 macht die weibliche Endungsfigur der Oberstimmen erneut erforderlich, daß eine Stimme – im Quintett eine Bratsche statt des Cellos – die zweite Takthälfte überbrückt. Die drei kurzen melodischen Floskeln der ersten Violine in Takt 9–11 des Quintettsatzes sind wiederum fast notengetreu den Takten 9–11 des Quartettsatzes entnommen, wie zitathafte Relikte der weitergespannten Quartettmelodik. Beide Themen erreichen so den dynamischen Höhepunkt in Takt 10, und auch harmonisch entsprechen die Themen einander in den Takten 9 und 11/12.

Notenbeispiel 7b:

Mozart, KV 515, Andante

Interessant ist nun, wie Mozart innerhalb seines Quintett-Themas den Schritt vom Quartettsatz zum echten Quintettsatz gleichsam auskomponiert. Das Quintett-Andante beginnt zwar mit allen fünf Instrumenten, doch der erste Takt ist real nur vierstimmig, ebenso der dritte, und im vierten bringt die zweite Bratsche auch nur die Oktave zum Baßton. Satztechnisch ist die zweite Bratsche in diesen ersten vier Takten überflüssig. Anders in den folgenden acht Takten: Hier bildet sie zusammen mit dem Cello und den beiden Violinen einen nicht reduzierbaren vierstimmigen Satz – einen echten Quartettsatz. Zu diesem tritt nun in Takt 5 und 6 als 'Solist' die erste Bratsche hinzu: Als höchste Stimme und mit scheinbar neuer Motivik, die jedoch nichts anderes ist als eine – anfangs fragmentierte und variierte – Wiederholung der Thematik von Takt 1–3 in doppeltem Tempo. Satztechnisch notwendig freilich ist diese fünfte Stimme – auch wenn sie thematisch und Sopran ist – hier (noch) nicht. Ließe man sie weg, würde der Satz immer noch funktionieren. Anders in Takt 8–12: Hier übernimmt sie eine notwendige Brückenfunktion in einem Satz, der ohne sie viel zu große Generalpausen aufwiese. Freilich füllt sie diese Pausen fast ausschließlich mit unthematischem Füllmaterial, während das eigentliche Satzgeschehen sich in der nun wieder darüberliegenden ersten Violine abspielt.

Verkürzt gesagt beginnt Mozarts Satz also als ein mit fünf Instrumenten ausgesetzter Quartettsatz, wird in Takt 5 zum Quartettsatz mit einer akzidentiellen (wenn auch solistisch sich gebärdenden) Zusatzstimme und erst ab Takt 8 zu einer nicht mehr reduzierbaren fünfstimmigen Textur. Obwohl aber nun alle fünf Instrumente von Anfang an beteiligt sind, ist der Satz nicht eigentlich dicker als im Modellsatz des „Dissonanzenquartetts". In den ersten zwölf Takten erklingen während 20 Vierteln (von 36) weniger als fünf Instrumente gleichzeitig. Dies wiederum erreicht Mozart, indem er im Quintett ein auffälliges Merkmal des Quartett-Themas noch zuspitzt, durch kürzere Motivik nämlich noch viel mehr leeren Raum zwischen weiblichen Endungsfiguren und der jeweils folgenden Takt-Eins schafft, einen Raum, der nun eben in der geschilderten Weise zu überbrücken ist und ab Takt 8 das 'überzählige' Instrument legitimiert. (Im Grunde erfüllt die erste Bratsche in T. 8–12 die Satzfunktion, die in der klassischen Sinfonie meistens dem Holzbläsersatz zufällt.)

In Takt 13 beginnt in beiden langsamen Sätzen eine völlig neue Satzfaktur, gekennzeichnet durch ein durchgehendes Begleitband aus repetierten Achteln und das Duettieren zweier 'Solisten':

Notenbeispiel 8a:

Mozart, KV 465, Andante cantabile

Trieb bisher die Melodie, ständig auf Endungsfiguren innehaltend, den Satz an, so bilden nun die Begleitstimmen eine selbstläufige motorische Grundschicht, auf der die Solisten frei agieren können.

Notenbeispiel 8b:

Mozart, KV 515, Andante

Im Quartettsatz tritt dieses Duett unvermittelt ein, weder strukturell noch motivisch an das Hauptthema anknüpfend. Außerdem fällt auf, daß hier das Cello mit einer Doppelfunktion belastet ist: Neben seinem solistischen Duettieren mit dem Viertonmotiv muß es immer auch noch auf der Takt-Eins das Baßfundament liefern und kann so jeweils die nachschlagende Achtelnote der viel freieren ersten Violine gar nicht imitieren. Erst der Quintettsatz vermag mit seiner zusätzlichen Stimme diese Satzidee des Duetts über tragendem Begleitsatz zwanglos und konsequent zu realisieren, und indem Mozart hier das einzulösen scheint, was im Dissonanzenquartett schon zum Quintett hindrängt, läßt er nun auch – anders als im Quartettsatz – das Duett sich stringent aus dem Hauptthema entwickeln. Die solistische Rolle der ersten Bratsche nämlich wird schon ab dem fünften Hauptthementakt zielstrebig vorbereitet, und die Floskel in Takt 14/16, mit der die Bratsche im Duett der Violine antwortet, ist in derselben Weise eine rhythmische Diminution von deren zweiter Motivhälfte, wie der Bratscheneinwurf in Takt 5 f. eine rhythmische Diminution der Hauptthematik war. Vollends miteinander verknüpft werden Duett und Hauptthema schließlich durch Takt 20, der deutlich Takt 8 paraphrasiert.

Die werkimmanente Tendenz zu größeren Dimensionen spiegelt sich in der Duettpassage des Quintetts gleich doppelt. Zum einen ist das Imitationsmotiv umfangreicher als im Quartett – den Charakter einer Tonumspielung behält es bei –, zum andern erzeugt die echohaft verkürzte Beantwortung eine asymmetrische Struktur, die es Mozart ermöglicht, die ganze achttaktige Passage mit vertauschten Solorollen zu wiederholen. Im ebenfalls achttaktigen Duett des Quartetts dagegen werfen die Solisten gleichsam einfach einen Ball hin und her – wer mit dem Motiv anfängt, ist beinahe egal, und eine Wiederholung mit Stimmtausch wäre denn auch wenig ergiebig.

Die Seitenthemen der beiden (jeweils in einer Sonatenform ohne Durchführung gestalteten) Sätze ähneln einander wenig, beginnen immerhin aber beide mit einem vorgeschalteten Takt, der das Begleitmodell auf der C-Dur-

Tonika allein bringt (T. 26 beziehungsweise 32). Auch die Wellenbewegung der zweiten Bratschenstimme im Quintett-Thema ließe sich auf das Quartett-Thema beziehen, nämlich auf dessen auffälligen ostinaten Baß. Vor allem aber zeigt das Quartett-Seitenthema (siehe Notenbeispiel 9 unten), wie der vom Quartett motivisch so abweichende Beginn des *Hauptthemas* des Quintett-satzes (siehe Notenbeispiel 7b, S. 83) zustandekommt, entspricht er doch fast genau dem zweitaktigen Grundmotiv des Quartett-Themas, und selbst seine homophon-akkordische Textur scheint aus dem Quartett, nämlich dem zwei-ten Themenansatz in Takt 32 übernommen.

Notenbeispiel 9:

Mozart kombiniert also im Hauptthema seines Quintett-Andantes gleichsam beide Themen des Andante cantabile von KV 465 miteinander und überformt dies zusätzlich noch mit dem Gedanken, den Übergang von Vier- zu Fünf-stimmigkeit prozessual auszukomponieren. Und auch der Expositionsschluß, die Rückleitung zur Reprise, nimmt im Quintettsatz noch auf das „Dissonan-zenquartett" bezug (siehe Notenbeispiel 10, nächste Seite). Nach dem langen Triller in Takt 38 beziehungsweise 55 folgen jeweils bis zum Reprisenbeginn 6 beziehungsweise 7 Takte mit identischer Harmoniefolge, in denen sich die erste Violine von *c"* aus stufenweise, anfangs chromatisch, über einem Orgel-punkt sequenzierend zum Zielton *b'''* hocharbeitet. Im Quartett entspricht die Passage (mit Stimmtausch) dem Duett von Takt 13, mit nun liegenden Mittelstimmen und einem am Ton *c* festhaltenden Baß. Im Quintett dagegen ist diese Stelle aus dem Hauptthema abgeleitet, dessen fünfter Takt (mit seiner 'akzidentiellen' fünften Stimme) allerdings hier nun zu einer wirklichen Dia-logstruktur hin weiterentwickelt wird: Jetzt reagieren die Violinen auf das

'Argument' der Bratsche. Sogar der Orgelpunkt wird von den beiden Unterstimmen zu einem kleinen Duett mit einem Ton aufgefächert, und insgesamt ist so die Textur sehr viel dichter als in der Quartettpassage mit ihren bloß füllenden Mittelstimmen:

Notenbeispiel 10:

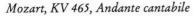

Mozart, KV 465, Andante cantabile

Mozart, KV 515, Andante

Einmal mehr zeigt diese Stelle, wie Mozart im Quintett einerseits das Modellwerk imitiert, zugleich aber auch etwas völlig Neues daraus macht. Und insgesamt können gerade die Übereinstimmungen in der Thematik und der Struktur der ersten 16 Takte den Blick auf die ganz andersartige Konzeption des Quintett-Andantes lenken. Im Unterschied zum Quartettsatz nämlich beherrscht hier das Duettprinzip beginnend mit Takt 5 den gesamten Satz. Daß die Rolle des zweiten 'Solisten', der ersten Bratsche, im Hauptsatz schrittweise immer gewichtiger wird, wurde schon gezeigt. Im Seitensatz nun setzt sich dieser Prozeß noch fort, indem hier gleich eine ganze achttaktige Periode, die zunächst von der ersten Violine vorgestellt wird, von der ersten Bratsche wiederholt wird. Dasselbe geschieht mit dem schon deutlich virtuoser gesetzten

Dreitakter von Takt 48, wobei die zunehmende Emanzipation der Bratsche sich darin äußert, daß deren veränderter Phrasenschluß in Takt 52 seinerseits von der ersten Violine aufgegriffen wird (siehe Notenbeispiel 11, nächste Seite). Hat sich damit die Bratsche erstmals aus dem Schlepptau der ersten Violine entfernt, so kann sie sich dann vollends am Expositionschluß (siehe Notenbeispiel 10, S. 87) mit ihrem eigenen Motiv solistisch gegenüber den anderen Stimmen behaupten. Nach der fast unveränderten Reprise schließlich folgt eine von der Bratsche angeführte veritable Solokadenz beider nun ganz gleichwertig gewordener Solisten (T. 114–117), und in den letzten fünf Takten scheint sogar die Bratsche mit ihren Zweiunddreißigstelläufen das Übergewicht zu bekommen, bis es dann doch der Violine vorbehalten bleibt, mit demselben Motiv den endgültigen Schluß herbeizuführen.

Das Prinzip des Konzertierens im Sinne von Virtuosität und von Wettstreit, das den ganzen Quintettsatz mit zunehmender Intensität prägt, geht dem Andante des „Dissonanzenquartetts" völlig ab und dementsprechend auch die im Quintett so starke Tendenz, jede Passage mit vertauschten Stimmen, aber sonst unverändert zu wiederholen. Dafür ist der Satzgestus im Quartett ungleich dramatischer. Die Duettpassagen dienen hier der emotionalen Steigerung statt der Profilierung zweier Solisten, die Reprise ist expressiv gesteigert – durch Chromatisierung und Verdichtung der Melodik und durch zwei durchführungsartige Erweiterungen mit neuer Ausdruckstiefe –, und in der Coda legt sich eine ganz neue, singende Melodie über die Motorik der Unterstimmen, die die aufgestaute Spannung auf wunderbare Weise löst.

Daß nun im langsamen Quintettsatz die thematische Arbeit sehr viel raffinierter, die Textur reicher und der Zusammenhang der Teile ungleich fester ist als im Quartett-Andante, mag zusammenhängen mit der weiteren Verfeinerung von Mozarts Kompositionstechnik in den späten 1780er-Jahren, ist aber auch ganz einfach die notwendige ‚Unterfütterung' für einen Satz, der seine Kohärenz nicht aus einer dramatischen Konzeption bezieht, sondern den gewagten Versuch unternimmt, in hohem Maße konzertantes Material und das Prinzip des spielerischen Konzertierens – mit seiner die kammermusikalische Dichte schnell auflösenden Eigendynamik – in den hohen Kammerstil zu integrieren.

Dieses solistische Konzertieren, das den anderen langsamen Sätzen von Mozarts „Haydn"-Quartetten ebenfalls ziemlich fremd ist, kennzeichnet freilich auch das Adagio von Mozarts „Hoffmeister"-Quartett D-Dur KV 499, jenem zwischen dem „Dissonanzenquartett" und dem C-Dur-Quintett komponierten Einzelwerk. Der G-Dur-Satz, in dem auch die häufige Gruppierung der Stimmen zu zwei Paaren auf Mozarts Quintettstil vorausweist, enthält eine ganze Reihe von ausgesprochen konzertanten Passagen für die erste Violine, an deren auffälligste das Andante des C-Dur-Quintetts bei Takt 53 anknüpft (siehe Notenbeispiel 11, nächste Seite).

Man vergleiche ferner im Quintettsatz den Abschluß der ‚Solokadenz' in Takt 117 (analog T. 55) mit dem fünftletzten Takt des Quartettsatzes, wo die erste Violine mit demselben durchgehaltenen Triller auf der Dominante über synkopisch 'schiebenden' Mittelstimmen und Sechzehntelfiguren des Cellos sich als Solist verabschiedet. (Der Rest ist Nachspiel.)

Notenbeispiel 11:

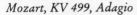

Mozart, KV 499, Adagio

Mozart, KV 515, Andante

Das Andante von Mozarts Quintett KV 515 erweist sich somit als ein Satz, in dem Mozart die jeweils auffälligsten Charakteristika der beiden vorausgehenden langsamen Streichquartettsätze – das Prinzip des Duettierens und das des virtuosen Konzertierens – miteinander kombiniert, wobei er jedes der beiden

Elemente auch noch steigert und als Entwicklung auskomponiert. Eine solche Zuspitzung und Synthese in einem aber war dann wohl – vorerst jedenfalls – tatsächlich nur mit einem Ensemble von wenigstens fünf Instrumenten zu realisieren.

IV

Ohne die Spur weiter zu verfolgen, hat schon Alec Hyatt King darauf hingewiesen, daß die Finalsätze des C-Dur-Quintetts KV 515[12] und des „Dissonanzenquartetts" KV 465 manches gemein haben, „including the pattern of the opening notes"[13]. In der Tat sind beide Hauptthemen einander sehr ähnlich, auch noch im chromatischen Gang von Takt 5 beziehungsweise 6 und der Wiederholung der ersten acht Takte mit einer Tonika-Kadenz:

Notenbeispiel 12:

Mozart, KV 465, Allegro molto

Mozart, KV 515, Allegro

Beide Themen prägen eine liedhaft geschlossene a-b-a-Form aus und suggerieren so den Refrain einer Rondoform, wobei der Quintettsatz sich mit einem dreimal so langen b-Teil und ungekürzter Wiederholung der ersten 16 Takte schon hier deutlich mehr Zeit läßt. Beide Sätze werden aber trotz der anfänglichen Rondo-Gestik doch im wesentlichen vom Prinzip der Sonatenform getragen, der im Quintettsatz allerdings die eigentliche Durchführung fehlt. (Im ersten Entwurf folgte am Ende der Exposition in T. 211 ein Doppelstrich und dann schon nach der ersten Hauptthemenperiode der Ansatz zu einer echten Durchführung[14].)

Daß das Finale des C-Dur-Quartetts KV 465 auch nach der Themenformulierung noch für den Finalsatz des C-Dur-Quintetts eine Rolle spielt, deutet zunächst die ähnliche Gestaltung der Überleitung zum Seitenthema an. Hier arbeitet Mozart mit den gleichen Versatzstücken opernhafter Dramatik (im Quartett T. 39 ff., im Quintett T. 90 ff.): emphatischen Sprüngen der Oberstimme(n) über zwei Oktaven und unthematisch 'lärmender' Sechzehntelmotorik – Tonrepetitionen beziehungsweise Skalen – der Mittelstimmen.

---

12   Zur Gestaltung des Finales von KV 515 siehe auch den Beitrag von Rudolf Bockholdt in vorliegendem Band, S. 103 ff.

13   Alec Hyatt King, Mozart Chamber Music (BBC Music Guides), London 1968, S. 54.

14   Siehe den 37-taktigen Entwurf in NMA VIII/19, 1, S. 183.

Beide Überleitungen beendet die erste Violine mit dem Ton *d*, ihn nacheinander in allen drei Oktaven in Achteln repetierend.

Die Seitenthemen beider Finalsätze beginnen zwar ganz unterschiedlich, sind einander aber ab dem fünften Takt rhythmisch sehr ähnlich. Auch wird die Quintfall-Motivik *e''-a'-d''-g'* in der Mitte des Quartett-Themas (oberes System) vom Quintett-Thema mit der wiederholten Anfangswendung *a'-d''-g'* umrißhaft nachgezeichnet:

Notenbeispiel 13:

Mozart, KV 465, Allegro molto

Mozart, KV 515, Allegro

Mit seinen 419 Takten ist der Schlußsatz des „Dissonanzenquartetts" das längste Streichquartettfinale, das Mozart geschrieben hat. Seine enorme Länge gewinnt der Satz vor allem durch die Ausweitung des Seitensatzbereichs, und hier wiederum ist das zentrale Moment eine vierzehntaktige Ausweichung zur Untermediante Es-Dur. Im ersten Satz des C-Dur-Quintetts dient dieselbe Technik – die Wendung zur Untermediante As-Dur in Takt 48 – zusammen mit der Einführung der Molltonika dazu, dem Hauptsatz seine enormen Dimensionen zu verleihen und das Eintreten der Dominanttonart zu verzögern. Das kantable Es-Dur-Intermezzo im Seitensatz des Quartettfinales bekommt nun im Finale des C-Dur-Quintetts an der entsprechenden Stelle ein Gegenstück, das mit einer ganz ähnlichen motivischen Wendung eingeführt wird und mit 16 Takten auch nur zwei Takte länger ist (siehe Notenbeispiel 14, nächste Seite).

Daß Mozart hier das Finale von KV 465 unverhohlen zum Modell für sein Quintettfinale nimmt, wird vollends deutlich an der fast identischen Melodik und Harmonik, mit der die beiden Es-Dur-Intermezzi nach G-Dur zurückleiten (siehe Notenbeispiel 15a+b, S. 92 f.).

Nun wäre Mozart nicht Mozart, wenn er sich im Quintett einfach wiederholen würde. Es scheint vielmehr, als reagiere er hier auf etwas, das man im Quartettfinale durchaus kritisieren könnte: das Faktum nämlich, daß dort das Es-Dur-Intermezzo, das ja schon tonal eine 'Insel' darstellt, thematisch ebenfalls völlig isoliert ist. Im Unterschied dazu läßt Mozart im Quintett nämlich dieses Intermezzo ganz organisch aus der Wiederholung des Seitenthemas herauswachsen und arbeitet dann hier auch unablässig mit einem punktierten Motiv, das aus der Mitte des Seitenthemas stammt. Demselben Streben nach thematischer Durchdringung des Satzes ist es dann gewiß zuzuschreiben, daß die gänzlich unthematische Spielepisode, die im Quartettfinale unmittelbar auf das Seitenthema folgt (T. 70–87), im Quintettfinale fehlt. An ihre Stelle tritt eine abgekürzte Wiederholung des Seitenthemas in den Bratschen (T. 111), über der sich die erste Violine zwar in ganz ähnlichen Sechzehntelgirlanden ergeht wie in der Spielepisode des Quartetts, aber hier nun eben thematisch eingebunden.

Notenbeispiel 14:

Mozart, KV 465, Allegro molto

Mozart, KV 515, Allegro

Notenbeispiel 15a:

Mozart, KV 465, Allegro molto

Notenbeispiel 15b:

Mozart, KV 515, Allegro

Notenbeispiel 16:

Mozart, KV 465, Allegro molto

Mozart, KV 515, Allegro

Auf das Es-Dur-Intermezzo folgt im Quartettfinale erneut eine unthematische kleine Spielepisode aus Sechzehntelskalen, die im Quintettsatz bezeichnenderweise wiederum fehlt, und dann noch bis zum Epilog eine Passage, in
der die Bratsche unter chromatisch absinkenden Violinen das Quintfallmotiv
aus dem Seitenthema durchsequenziert (siehe Notenbeispiel 16, oben). Auch

diese Passage bildet Mozart an derselben Stelle in seinem Quintettfinale fast notengetreu nach, wobei das Quintfallmotiv hier zwar ebenfalls – wie gezeigt – andeutungsweise im Seitenthema enthalten ist (und auch schon in der Über- leitung T. 70), aber eben nicht in dieser Rhythmisierung. Beinahe hat man den Eindruck, als habe sich hier ein Motiv aus dem Quartettsatz ins Quintettfinale 'verirrt'.

Im Quintett ist diese Motivik, die dann mit dem Hauptthema kombiniert wird, Ausgangspunkt für eine immerhin dreißig Takte lange Zwischendurch- führung ohne Parallele im Quartett, und auf den Epilog (T. 168) folgt dann noch so etwas wie ein Auflösungsfeld, in dem von der ganzen Thematik schließlich nur noch das Moment der hämmernden Achtel übrig bleibt (wobei die Skalenbewegung in den letzten Takten, ab T. 205, an den Expositions- schluß des Quartettfinales erinnert). Damit geht im Quintett eine Exposition zu Ende, die mit ihren 211 Takten gut anderthalb mal so lang ist wie diejenige des Quartettfinales (136 Takte). Der Seitensatzbereich aber ist in beiden Sät- zen fast gleich lang – 63 Takte im Quartett, 65 Takte im Quintett –, während der Rest der Quartett-Exposition, Hauptsatz und Epilog mit zusammen 73 Takten, im Quintett genau doppelt so lang wird: 146 Takte. Die Reprise um- faßt im Quintettfinale mit 258 Takten nur drei Takte mehr als das Andert- halbfache der Quartett-Reprise (172 Takte), die Coda mit 73 Takten nur einen Takt mehr als das Anderthalbfache der Quartettcoda. Klar erkennbar ist das Prinzip, die Proportionen gegenüber dem Quartettfinale um die Hälfte zu erweitern – wobei der Seitensatz im Quartett schon so ausladend ist, daß sein Maß (neben manchem Anderen) für das Quintett übernommen werden kann –, so wie im Kopfsatz des Quintetts die Proportionen des dort Modell ste- henden Haydn-Quartetts verdoppelt werden. Dennoch ist das Quintettfinale 'nur' 120 Takte länger als das Finale von KV 465 mit seinen 419 Takten und nicht anderthalbmal so lang. Dies wiederum liegt daran, daß Mozart im Quintettfinale auf eine eigene Durchführung verzichtet und stattdessen die Durchführungsarbeit in die Exposition, Reprise und Coda verlagert. Insofern ist bei der Ausweitung der Proportionen paradoxerweise zugleich doch auch kompositorische Ökonomie im Spiel.

Im Finale von Mozarts C-Dur-Quartett KV 465 folgt am Ende der Reprise vor der Coda noch ein neuer zwölftaktiger Nachspann (siehe Notenbeispiel 17, nächste Seite), dessen einziges thematisches Element der Rhythmus der Oberstimme ist. An diese Stelle knüpft im Finale des C-Dur-Quintetts der Beginn der Coda deutlich an (nach dem wieder ganz ähnlichen Reprisen- schluß mit hämmernden Achtelskalen und C⁷ als Schlußklang). Beginnend mit demselben Akkord *cis/e/g/a* in gleicher Lage sinken die Unterstimmen in ganz ähnlicher Weise chromatisch ab, wobei hier allerdings eine neue Variante des Hauptthemas darübergesetzt ist – eine Variante, die mit ihren Anfangs- tönen *a'-d''-g'* nun exakt den motivischen Kern des Seitenthemas (siehe Notenbeispiel 13, S. 91) nachzeichnet.

Notenbeispiel 17:

Mozart, KV 465, Allegro molto

Mozart, KV 515, Allegro

Die Quintettpassage entspricht aber mit ihrer neuen Themenversion, die gleichsam fragend abbricht und von einer Generalpause gefolgt wird, zugleich auch dem Beginn der Coda des Quartettsatzes (T. 372). Sie leistet also in ihren zehn Takten simultan das, was im Quartett nacheinander der zwölftaktige Reprisenschluß und die ersten sechs Takte der Coda bringen. Wieder meint man, Mozart dabei zu ertappen, wie er selbstkritisch mit dem früheren Werk umgeht: Der Reprisenanhang im Quartett scheint ihm doch zuviel Leerlauf zu enthalten, auf das chromatische Absinken des Stimmenverbandes will er aber nicht verzichten – warum also nicht einfach dies mit der fragenden neuen Themenversion des Codabeginns kombinieren und dabei noch acht Takte einsparen?

Den gewonnenen Raum nützt er im Quintett dazu, um die folgenden Takte noch zu einer kleinen kontrapunktischen Durchführungspassage aus-zubauen. Auch im weiteren Verlauf der Coda aber bleibt das „Dissonanzen-quartett" noch der Bezugspunkt. In beiden Sätzen führt die Coda eine neues, synkopisches Motiv ein, das im Quintett wieder ganz ähnlich aussieht (siehe Notenbeispiel 18, nächste Seite). Hier wie dort führt die deutlich auf einen

Schluß hin drängende neue Motivik zu einem Höhepunkt auf dem *e"*. Wie in der Quartettcoda wird dann auch im Quintett dieser ganze mit dem Synkopenmotiv beginnende Abschnitt variiert wiederholt, und auch die dynamische Anlage mit mehreren sich jeweils von *piano* zu *forte* steigernden Wellen ist ähnlich. Noch in den allerletzten Takten scheint das Quintett mit seiner dem Hauptthema entnommenen Motivik aus hämmernden repetierten Achteln plus Zweierbindung auf den Quartettsatz anzuspielen, der mit seinem ganz ähnlichen, nur auftaktig positionierten Achtelmotiv aus dem Seitenthema schließt.

Notenbeispiel 18

Mozart, KV 465, Allegro molto

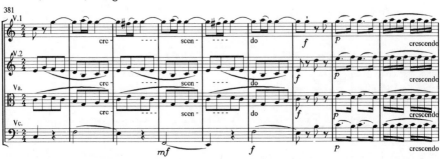

Mozart, KV 515, Allegro

Die motivischen und formalen Ähnlichkeiten lassen aber auch in der Coda desto deutlicher hervortreten, was Mozart im Quintett absichtlich anders macht. Im Finale des „Dissonanzenquartetts" besteht mehr als die Hälfte der Coda – 26 Takte, beginnend mit dem neuen Motiv in Takt 381 – aus völlig unthematischem Material. In zwei großen Steigerungsschüben wird im Grunde einfach der Tonwechsel *g-a* immer häufiger und schneller wiederholt, nicht unähnlich den effektvollen Crescendi bei Rossini, und auch die Höhepunkte in Takt 391 und 404 sind ganz unthematisch und mit einfachen Mitteln – etwa schnellen Tonrepetitionen in den Mittelstimmen – gestaltet. Auch wenn die Imitatorik in den *piano*-Takten kurz vor Schluß dies wieder in Frage stellt: Es dominiert hier doch lärmende Motorik, geräuschvoll betriebsame Simplizität.

Nun ist die Vereinfachung der Textur und die Reduzierung der thematischen Substanz ja eine Standardtechnik – wenn nicht überhaupt das Mittel schlechthin – zur Schlußbildung in der klassisch-romantischen Musik. Doch selbst dafür ist Mozarts Tonsprache 1787, zur Zeit des C-Dur-Quintetts, inzwischen zu komplex, zu konzentriert geworden. Wenn er in seiner Quintettcoda in Takt 493 analog dem Quartett das strettahafte neue Motiv einführt (siehe Notenbeispiel 18, oben), bindet er es sofort thematisch ein, indem er es in den Unterstimmen mit dem Achtelmotiv aus dem Hauptthema kontrapunktiert, das überhaupt – geradezu obsessiv – in fast jedem Takt der Coda präsent ist. Wie schon am Beginn der Coda, wo Mozart die beiden Passagen des Quartetts gleichsam übereinanderschichtet, komponiert er auch im folgenden fast ständig kontrapunktisch in mehreren Schichten, bis hin zur Themenengführung in den Außenstimmen bei Takt 521 ff. Kurz gesagt: In der Coda des Quintetts passiert verglichen mit der Quartettcoda permanent doppelt soviel.

V

In allen vier Sätzen also, so läßt sich resümieren, geht Mozart in seinem C-Dur-Quintett vom Streichquartett aus, indem er sich ganz konkret auf ein Haydnsches und ein eigenes Modellwerk in der gleichen Tonart bezieht, und dies gleich in mehrfacher Hinsicht. Die extrem großen äußeren Proportionen der Ecksätze sind so gefaßt, daß sie die Proportionen des jeweiligen Modellsatzes fast auf den Takt genau um die Hälfte steigern oder verdoppeln. Die Hauptthemen aller vier Sätze sind denen des Modellwerkes mehr oder weniger nachgebildet, doch so, daß meist noch ein zusätzliches Moment wirksam ist: im langsamen Satz die Idee der schrittweisen Einführung einer Duettstruktur, im Menuett die Austragung des Gegensatzes zweier polarer Texturen. Formale und strukturelle Phänomene der 'Vorlagen' werden übernommen, wie etwa das Duett zweier Solisten im langsamen Satz oder das kantable Es-Dur-Intermezzo im Finale, aber viel fester thematisch in den Kontext integriert. Und das, was übernommen wird, wird meist auch gleich zugespitzt: die baßlose Textur aus parallelgeführten Stimmen im Menuett oder das zum beherrschenden Prinzip gesteigerte Duettieren im langsamen Satz, das auch noch – an das D-Dur-Quartett KV 499 steigernd anknüpfend – das Moment virtuosen Konzertierens in sich aufnimmt.

Mit Ausnahme des ersten Satzes zeigt auch das ganze Quintett, gerade im Vergleich mit den Modellsätzen, Mozarts Bestreben, keine unthematischen Passagen mehr zu schreiben, ja überhaupt möglichst auf Füllstimmen zu verzichten und jede Stimme motivisch-thematisch arbeiten zu lassen. Offenkundig gibt es für Mozart nicht nur kein Problem, das fünfte Instrument zu beschäftigen, es drängt sich sogar der Eindruck auf, als gehe hier Mozart mit den

einzelnen Instrumenten paradoxerweise noch konzentrierter und ökonomi-
scher um als im geringerstimmigen Satz der vorausgehenden Quartette.

Die vielfältigen Beziehungen von Mozarts C-Dur-Quintett zum Haydnschen und eigenen Streichquartett, die hier angedeutet wurden, scheinen nun
insgesamt zu zeigen, daß Mozart dieses Quintett als eine Art gesteigerte Fortführung der Quartettkomposition verstanden hat (und nicht etwa als ein Anknüpfen an das frühe B-Dur-Quintett KV 174). Daß der Schritt zum Streichquintett beim Quartett ansetzt, komponiert der Beginn des langsamen Satzes
ja auch sehr schön prozessual aus. Als dieser Schritt mit dem C-Dur-Quintett
aber einmal vollzogen war, mußte er im sofort danach geschriebenen g-Moll-
Quintett KV 516 nicht noch einmal getan werden. So jedenfalls läßt sich wohl
erklären, warum das g-Moll-Quintett allem Anschein nach an keiner Stelle an
das Mozartsche oder Haydnsche Quartettschaffen anknüpft. Geradezu pro-
grammatisch quintettmäßig – und eben unquartettistisch – ist dann auch
schon der Beginn des Werkes mit seiner Aufeinanderfolge eines hohen und eines tiefen Trios gestaltet (während man sich den Beginn des C-Dur-Quintetts
durchaus noch von einem Quartett gespielt denken könnte). Das g-Moll-Quintett kann sich wie selbstverständlich in einer Gattung bewegen, die sich das C-
Dur-Quintett gewissermaßen erst schaffen muß (mit allen Implikationen wie
der fast übertriebenen 'Legitimierung' der ausgeweiteten Proportionen). Es
nimmt sich sogar die Freiheit, Opernhaftes zu integrieren, verweist doch das
nach dem langsamen Satz eingefügte kantable g-Moll-Andante zusammen mit
dem Finale deutlich auf das Modell Szene (Arioso) und Arie.

Notenbeispiel 19:

Als Mozart Anfang Juni 1789, zwei Jahre nach der Komposition der beiden
Streichquintette KV 515 und 516, wieder zum Streichquartett zurückkehrte,

blieben nun ihrerseits die Erfahrungen aus der Quintettkomposition nicht ohne Folgen. Das erste der „Preußischen" Quartette, das D-Dur-Quartett KV 575, beginnt gleich mit einer Textur, die ausgesprochen quintettypisch ist (siehe Notenbeispiel 19, links) und fast identisch mit derjenigen am Beginn des g-Moll-Quintetts KV 516: Auf das Trio der hohen Streicher folgt bei der Themenwiederholung eine Oktave tiefer, angeführt von der Bratsche als zweitem Solisten, der Tiefchor (der hier allerdings von der Drei- zur Vierstimmigkeit erweitert ist). Als Baß des hohen Chors und als Oberstimme des tiefen Chors hat hier die Bratsche die gleiche Doppelrolle wie im Quintett die erste Bratsche.

Die Rolle des zweiten Solisten, des Gegenspielers der ersten Violine, übernimmt dann allerdings ab der nächsten Kantilene das Violoncello in hoher Tenorlage – wenn man so will: in Bratschenlage. Vollends führend wird das Cello in Takt 32, wo es, begleitet von den beiden Violinen, das Seitenthema einführt – nebenbei bemerkt in einer Triobesetzung, die so in den Streichquintetten von 1787 nie vorkommt, so sehr diese auch mit verschiedenen Triogruppierungen arbeiten.

Das folgende B-Dur-Quartett KV 589 beginnt ebenfalls 'quintettmäßig' mit zwei Trios und doch auch wieder ganz neuartig: Auf das sechstaktige Trio der drei hohen Streicher folgt ein gleichsam gespiegelter Tiefchor, in dem das Cello in gewohnter Manier das Thema eine Oktave tiefer wiederholt, die 'Unterstimmen' aber darübergelegt sind: Die Bratsche geht imitierend in der Oberterz parallel, und die erste Violine setzt noch eine Achtelgirlande darüber. Auch in diesem Satz trägt zuerst das Cello das Seitenthema vor, begleitet nur von der Bratsche in Baßfunktion, woraufhin das Thema von der ersten Violine im Trio der hohen Instrumente wiederholt wird. Das Prinzip, beinahe jeden Gedanken sofort oktaviert vom anderen Solisten wiederholen zu lassen, und die damit verbundene Aufspaltung des Ensembles in klanglich verschiedene zwei- oder dreistimmige Gruppen ist überhaupt für Mozarts „Preußische Quartette" mindestens ebenso wichtig wie für die Streichquintette von 1787, und beide Werkgruppen unterscheiden sich gerade dadurch wesentlich von den Haydn gewidmeten Quartetten. (Das „Hoffmeister"-Quartett KV 499 nimmt hier eine Mittelstellung ein.)

Vom Quintett herzukommen scheint auch das ausführliche Duettieren der Soloinstrumente Violine und Cello in allen Kopfsätzen und in den langsamen Sätzen der ersten beiden Quartette. Im Larghetto des B-Dur-Quartetts duettieren Violine und Cello miteinander sogar in der gleichen konzertant-virtuosen Manier wie Violine und erste Viola im Andante des C-Dur-Quintetts. Und zu Recht weist auch Konrad Küster darauf hin[15], daß der langsame Satz des F-Dur-Quartetts mehrmals ein Quintett suggeriert, wenn er das vierstimmig-homophone Thema von nur drei Instrumenten – davon eines doppelgriffig – spielen läßt und das vierte Instrument dadurch für eine neue, fünf-

---

15   Konrad Küster, Mozart. Eine musikalische Biographie, Stuttgart 1990, S. 278 f.

te Stimme freistellt (was dann noch gesteigert wird zu einem Duett der Außenstimmen mit dem dreistimmig vorgetragenen Thema dazwischen).

Zweifellos hängt nun die so prominente Rolle des Violoncellos in den
„Preußischen" Quartetten damit zusammen, daß die Werke für den cellospielenden preußischen König Friedrich Wilhelm II. gedacht waren, aber eben
doch wohl nicht allein damit. Gerne wird nämlich übersehen, daß schon das
letzte vor diesen Quartetten komponierte Streicherkammermusikwerk Mozarts, das Divertimento für Streichtrio KV 563, das Cello in einer für Mozart
neuen Weise behandelt. Hier spielt das Cello ebenfalls gar nicht selten in hoher Tenorlage und geht dabei sogar bis zum d'' – ein Ambitus, der von den
„Preußischen" Quartetten dann nur noch um einen Halbton überschritten
wird. Die Doppelrolle als singende Tenor- und als fundierende Baßstimme,
die das Cello im Streichtrio wegen der geringen Stimmenzahl zu übernehmen
hat, ist im Grunde dieselbe wie in den „Preußischen" Quartetten. Hier wie
dort, so kann man wohl folgern, soll eine geringe Instrumentenzahl transzen-
diert werden. Und es ist ein 'erstes', hohes Cello, das in den „Preußischen"
Quartetten dem Quartettensemble hinzugefügt scheint, so wie – real – die
Quintette gegenüber den vorausgehenden Quartetten um eine erste, nämlich
solistische Bratsche erweitert sind.

Vielleicht hätte es also gar nicht des Kontaktes zum Preußenkönig be-
durft, und Mozart hätte trotzdem Streichquartette in der Art der „Preußischen" komponiert: Quartette, die mit nur vier Instrumenten Quintettstruk-
turen realisieren und sich dabei der im Trio KV 563 erprobten neuen klanglichen und technischen Mittel des Cellos bedienen.

Als Mozart nach einjähriger Unterbrechung im Frühjahr 1790 das zweite
und dritte der „Preußischen" Quartette zu Ende komponierte, schienen ihn
Quintettgedanken freilich nicht mehr zu berühren. Die erwähnten quintett-
mäßigen Texturen spielen in den letzten beiden Sätzen beider Quartette keine
Rolle mehr, von der prominenten Rolle des Cellos bleiben immerhin die
gesteigerten spieltechnischen Anforderungen und der ausgeweitete Ambitus
(bis c'') erhalten. Und daß sich Mozart hier wieder ganz in der Gattungstradition des Streichquartetts bewegt, zeigen nicht zuletzt auch die schon
erwähnten Bezüge beider Finalsätze zu Haydns Quartetten op. 33 Nr. 2 und
op. 64 Nr. 5.

Die beiden letzten Mozartschen Streichquintette schließlich gehen dann
ebenfalls wieder vom Haydnschen Streichquartett aus, wiederholen also etwas, das schon für das C-Dur-Quintett konstitutiv ist, allerdings nun vor dem
neuen Hintergrund der Streichquintette von 1787, der konzertanten „Preußischen" Quartette und des weiter vorangeschrittenen Quartettschaffens von
Joseph Haydn. (Geradezu eine 'Hommage à Haydn' ist das Finale des Es-
Dur-Quintetts KV 614, dessen Thema das Finalethema von Haydns Es-Dur-
Quartett op. 64 Nr. 5 einfach umkehrt.) Wenn oben darauf hingewiesen wurde, daß Mozarts C-Dur-Quintett gegenüber dem „Dissonanzenquartett" bestrebt ist, unthematische Passagen zu eliminieren und alle Stimmen thematisch

durchzubilden, so gilt dies noch mehr für diese letzten Quintette mit ihrer wohl auch deshalb so viel spröderen, fast abstrakten Tonsprache.

Die spezielle Traditionslinie der C-Dur-Werke von Haydns „Vogelquartett" über Mozarts „Dissonanzenquartett" zum C-Dur-Quintett KV 515 setzte dann Franz Schubert in seinem noch ein Stück größer dimensionierten Streichquintett C-Dur D 956 fort. Und indem er ein Quintett mit zwei Celli schrieb, realisierte er genau das, wohin die „Preußischen" Quartette zu tendieren scheinen. Ohne den feinen Bezügen des Schubertschen Streichquintetts zu Mozarts C-Dur-Quintett insgesamt nachzugehen, sei hier wenigstens der Beginn der Reprise des ersten Satzes zitiert, wo Schubert unverkennbar auf den Beginn des Mozart-Quintetts (siehe Notenbeispiel 1, S. 72) anspielt. Lediglich die Rollen sind vertauscht: Die aufsteigenden Achtel (die in der Exposition noch fehlen) erklingen in der ersten Violine, das erste Cello bringt die Themenmelodie, gegenüber Mozart zwar immens verbreitert, aber mit denselben Grundbausteinen, nämlich einem langen Anfangston, einer Doppelschlagfigur im vierten Takt und einer emphatischen Seufzerwendung am Schluß[16]:

Notenbeispiel 20:

Zu Ende aber ist die Traditionskette besonders groß dimensionierter C-Dur-Quartette und -Quintette wohl erst 1881 mit Antonín Dvořáks Streichquartett op. 61, das wiederum deutlich an Schuberts C-Dur-Quintett anknüpft[17] – genau hundert Jahre, nachdem Haydn mit dem „Vogelquartett" den Grundstein gelegt hatte für diesen generationsübergreifenden, imaginären Diskurs der Komponisten, in dessen Zentrum Mozarts C-Dur-Quintett steht.

---

16 Vgl. Walther Dürr, Von Modellen und Rastern. Schubert studiert Mozart? in: Mozart Studien, Band 1, herausgegeben von Manfred Hermann Schmid, Tutzing 1992, S. 187 ff. Dürr, S. 191, sieht nicht hier, sondern am Beginn des langsamen Satzes von Schuberts Quintett eine Anspielung auf Mozarts Quintettbeginn, was mir weniger zwingend erscheint, einander aber natürlich nicht ausschließt.

17 Hartmut Schick, Studien zu Dvořáks Streichquartetten (Neue Heidelberger Studien zur Musikwissenschaft, Band 17), Laaber 1990, S. 241 ff.

Rudolf Bockholdt

Der Schlußsatz von Mozarts Streichquintett in C-Dur, KV 515.
Bau im Großen und Geschehen im Kleinen

Ist dieser Satz ein Rondo? Gehen wir einmal von der Annahme aus, er sei eines. Dann müssen wir folgendermaßen beschreiben: Der Refrain – des Rondos Hauptthema – erstreckt sich von Takt 1 bis Takt 57 (R1). Er hat die einem Rondorefrain häufig eigene aba-Form[1] : rahmend je 16 Takte a (T. 1–16 und T. 42–57), in der Mitte 25 Takte b (T. 17–41). Die erste Wiederkehr dieser 57 Refraintakte erfolgt Takt 212–268, notengetreu (R2). Auch die folgenden 16 Takte kommen wörtlich zweimal vor: Takt 269–284 = Takt 58–73. Doch kann man diese angesichts des völlig neuen Gedankens, der hier beginnt (T. 58 beziehungsweise 269), vernünftigerweise nicht mehr als Bestandteil des Refrains auffassen. (Was sie denn sind, bleibe zunächst noch offen.) Nun suchen wir das dritte Auftreten des Refrains (R3) und stellen fest: es ist nicht vorhanden. Es 'müßte' in Takt 467 erfolgen, denn in Takt 466 liegt exakt die gleiche Situation vor wie in Takt 211, also vor dem Einsatz von R2: der lange Abschnitt Takt 333–466 ist eine Wiederholung[2] von Takt 78–211. Freilich steht dieser Teil bei der Wiederholung nicht wie das erste Mal in G-, sondern in C-Dur, so daß an seinem Ende nicht wie das erste Mal ein den Refraineinsatz in der Satztonika ermöglichendes G^7 (T. 206–210: T. 212 ff.), sondern ein C^7 steht (T. 463–465). R3 stünde also, wenn es, analog zum Einsatz von R2 in Takt 212, in Takt 467 einsetzen würde, nicht in der Satztonika C-, sondern in F-Dur. Das aber widerspräche dem Prinzip, den Refrain eines Rondos, zumal bei seinem letzten Auftritt – um den es sich hier ja wohl gehandelt hätte –, in der Satztonika beheimatet bleiben zu lassen.

Somit zeigt sich: Sieht man den Satz als ein Rondo an, so ist er ein Rondo, dessen Refrain im ganzen nur zweimal erscheint. Soweit ich sehe, ist das ein

---

1 Vgl. zum Beispiel die Finali der Klavierkonzerte KV 467, 482 und 595. In allen drei Fällen wird hier der erste a-Teil zu Beginn des Satzes vom Orchester wiederholt. Näheres hierzu in meinem Beitrag: Auftritt, Wiederkehr und Beendigung. Rondo-Form und Konzert-Realität in den Schlußsätzen von Mozarts Klavierkonzerten, in: Mozart Studien, herausgegeben von Manfred Hermann Schmid, Band 1, Tutzing 1992, S. 43 ff.

2 Nur zu den beiden Takten 385 und 386 fehlt die Entsprechung. Ihr 'Ort' wäre zwischen Takt 129 und Takt 130. Daß sie dort fehlen, rührt daher, daß die Imitationen zwischen Vl. 1 und Va. 1 zwischen Takt 120 und Takt 130 ein Mal weniger stattfinden als zwischen Takt 375 und Takt 387 (T. 120 ff.: Vl. - Va. - Vl. - Va. - Vl.; T. 375 ff.: Va. - Vl. - Va. - Vl. - Va. - Vl.). Umgekehrt ist der Schluß dieses langen Abschnittes bei der Wiederholung um zwei Takte kürzer: Takt 204–211 = acht, Takt 461–466 = sechs Takte.

C. Eisen/W.-D. Seiffert, Hg.: Mozarts Streichquintette
© 1994 Franz Steiner Verlag Stuttgart

singulärer Fall. Zieht man es aus diesem Grunde vor, die Bezeichnung „Rondo" für diesen Satz zu vermeiden, so muß man, da es keine Formkategorie gibt, die besser auf ihn zuträfe, ganz auf eine solche verzichten. Das wäre ja kein Unglück. Denn sinnvoll und befriedigend ist ja nicht der Versuch, eine passende Schublade für etwas zu finden, sondern der, eine bestimmte musikalische Realität – die immer eine singuläre ist – nach Kräften zu erfassen und einigermaßen angemessen zu beschreiben.

Für das, was in einem Rondo nicht Refrain ist, stellt sich bekanntlich der Begriff „Couplet" (oder „Episode") zur Verfügung. Wir wollen von dem freundlichen Angebot möglichst sparsamen Gebrauch machen und die Vorgänge als das, was sie sind, zu erfassen versuchen. Nach der Beendigung des Refrains (oder Hauptthemas) in Takt 57 ist ein Punkt erreicht, an dem die entscheidende Bedeutung sichtbar wird, die die *Besetzung* und damit die *Gattung* für den Formverlauf hat. Würde es sich nämlich um das Rondo eines Mozartschen Klavierkonzertes handeln, so würde an dieser Stelle unweigerlich ein mehr oder weniger ausgedehntes Orchestertutti einsetzen. Dieses Tutti würde mit Entschiedenheit in der Tonika schließen und dann dem Solisten das Wort überlassen[3]. Dieser würde einen plastischen neuen – wenn auch oft nur transitorischen, weil später nicht wiederkehrenden – Gedanken vortragen und dann eine Modulation in die Dominanttonart in Gang setzen, in der dann das Seitenthema – das erste Rondo-„Couplet" – erklänge[4]. Solche Vorgänge des Sichzuspielens sind untrennbar mit der Konzertsituation, mit dem Antagonismus von Solist und Orchester verknüpft und bei kammermusikalischer Besetzung[5], also hier: in der Gattung Streichquintett, nicht realisierbar. Was in unserem Satz in Takt 58 beginnt, ist am ehesten mit dem Auftritt des Solisten nach dem erwähnten, hier natürlicherweise fehlenden Orchestertutti vergleichbar ('plastischer neuer Gedanke').

Diese 16 Takte 58–73 nun haben das Aussehen einer Periode, deren Vordersatz halbschlüssig endet (T. 65), deren Nachsatz allerdings nicht schließen will, vielmehr in einen scharfen doppeldominantischen Akkord mündet (T. 74), der die ebenfalls erwähnte, hier also ebenso wie im Konzert stattfindende Modulation in die Dominanttonart in Gang setzt. Die Doppeldominante von C- wird Dominante von G-Dur (Endpunkt T. 96/97), und die Basis für das Seitenthema (oder das erste „Couplet") ist geschaffen. Wo dieses beginnt, in Takt 97, 98, 99, 100, 101, 102, 103 oder 104, und ob diese Frage überhaupt richtig gestellt ist, wird noch zu erörtern sein. Hier zunächst nur ein ganz summarischer, die Details grausam vernachlässigender Überblick über das weitere Geschehen bis zum nächsten Refrainbeginn (T. 212): Ein erster, Takt

---

3   Auflistung und nähere Bezeichnung sämtlicher Fälle in dem in Anmerkung 1 genannten Beitrag, S. 45, Anmerkung 4.
4   Zum Begriff „Couplet" und zur Frage seiner sinnvollen Anwendung vgl. den in Anmerkung 1 genannten Beitrag, insbesondere S. 49 ff.
5   Natürlich ebenso in der Soloklaviermusik.

135/136 mit Kadenz schließender Teil zehrt vom Seitenthema, insbesondere von dem Motiv mit punktiertem Rhythmus Takt 106 bis 108; ein weiterer Abschnitt greift den Kopf des Refrainthemas auf (T. 140 Vl. 1, T. 156 Vc.) und mündet, Takt 167/168, in einen mehrfach zur Schlußkadenz ansetzenden dritten Teil, der schließlich, Takt 183/184, von dem die Tonika G mit leichter Hand festklopfenden vierten und letzten Abschnitt aufgefangen wird. Das ab Takt 74 angezielte, Takt 104 erreichte und dann so umsichtig und breit entfaltete G-Dur wird am Ende, wie oben schon angedeutet, mittels einer dreimal erklingenden kleinen Sept (f', f'', f''') wieder in eine Dominante zurückverwandelt.

Wie aber verläuft die Musik nach dem zweiten Refrainauftritt (R2)? Zunächst geschieht hier nichts Neues, auch, wie schon festgestellt, in den 16 Takten 269–284 nicht. Im dann folgenden Takt 285 mit der 'scharfen' Doppeldominante aber signalisiert schon der Ton b'' (statt h'' T. 74), daß der Weg jetzt anders verlaufen wird. In der Tat geht es in nur 12 Takten jetzt nach F-Dur (T. 285–296). (Für das Erreichen von G-Dur brauchte die Musik genau zweimal so viel Zeit: T. 74–97 = 24 Takte.) Und was nun folgt, beruht zwar durch und durch auf dem Refrainkopf, der imitatorisch verarbeitet wird, und läßt sich von daher gesehen als eine „Durchführung" verstehen, ist aber zugleich etwas physiognomisch vollständig Neues und kann, von hierher gesehen, deshalb als ein zweites „Couplet" verstanden werden. Seine gesamte harmonische Anlage ist kein fest in einer Tonika – die hier zunächst F-Dur zu sein scheint – verankerte, sondern eine unablässig suchende und kreisende: Die ersten acht, in F-Dur beginnenden Takte (297 bis 304) schlagen am Ende den Weg zur nächsthöheren Stufe g ein, auf der sie wiederholt werden (T. 305–312), ein Vorgang, der sofort noch ein zweites Mal stattfindet (a-Moll T. 313–320). (Das sind 3 x 8 = 24 Takte.) Von da an kreist die Musik, wie mechanisch, in Quintschrittsequenzen von H^7 über E^7, A^7, D^7, G^7 nach C^7; jede Stufe nimmt zwei Takte ein (T. 321–332). (Das sind 6 x 2 = 12 Takte. Die Disposition: 24 Takte vor dem ersten, 12 Takte vor dem zweiten Couplet, und der Bau dieses zweiten Couplets aus 24 + 12 Takten, ist ohne Zweifel kalkuliert.)

Als das Geschehen nach der letztgenannten Station der Sequenz, C^7, erwartungsgemäß nach F-Dur führt (T. 333), geht es wie ein Stromstoß durch die Musik; sie rastet, nachdem sie Takt 285 ff. abgeirrt war, jetzt mit einem Schlage wieder ein: Takt 333 'ist' Takt 78. Der subdominantische Quintsextklang, der dort C^6_5 lautete und nach G-Dur führte, lautet jetzt F^6_5 und führt zurück in die Satztonika C-Dur. Takt 333–466 ist, wie schon bemerkt, eine tonal versetzte Wiederholung[6] von Takt 78–211. Das aber bedeutet, daß dem zweiten Couplet nun noch einmal, 'sonatenrondomäßig' jetzt in der Tonika,

---

6   Vgl. Anmerkung 2.

das erste folgt (bei T. 358). Eine abermalige Wiederholung des Refrains aber findet, wie wir sahen, nicht statt.

Sehr bemerkenswert ist, daß diese ganze, so klar und eindeutig vor uns stehende Formkonzeption des Satzes keineswegs von vornherein feststand. Noch bei der endgültigen Niederschrift plante Mozart anderes. Von Takt 212, also dem Beginn von R2 an steht im Autograph ein – dann gestrichener – Entwurf[7], der bis einschließlich Takt 227 mit der endgültigen Fassung übereinstimmt (Refrainteil a), dann aber nicht mit dem Refrainteil b fortfährt, sondern aus dem Refrain ausbricht und eine Art Durchführung in Gang setzt: acht Takte a-Moll, Generalpause mit Fermate, F-Dur, usw. Hätte Mozart diesen Gedanken weiterverfolgt, so hätte das einen völlig anderen Formaufbau zur Folge gehabt. Es hätte an dieser Stelle gar keine intakte erste Wiederholung des Refrains stattgefunden. Das kann bedeuten, daß eine solche dann zu einem späteren Zeitpunkt erfolgt wäre; schon dies hätte zu einem Resultat geführt, das von der vorliegenden Satzgestalt ganz erheblich abgewichen wäre. Es kann aber auch bedeuten, daß Mozart hier etwas ganz anderes im Sinn hatte: nicht eine Rondo-, sondern eine Sonatenhauptsatz-Anlage. An dieser Stelle hätte dann nämlich, vielleicht nach einer Wiederholung der Takte 1–211 (jetzt: „Exposition"), die „Durchführung" begonnen (möglicherweise, aber das ist Spekulation, in der Art wie in der endgültigen Fassung im zweiten „Couplet", Takt 297 ff., das dort dann natürlich fortgefallen wäre).

Was sollen wir davon halten, daß Mozart noch in einem so späten Kompositionsstadium, nämlich während der endgültigen Niederschrift, eine Formanlage erwog, die, wenn wir in durch die 'Formenlehre' etablierten Kategorien denken, mit der endgültigen Formanlage wenig oder nichts gemein hat? Jedenfalls, wie mir scheint, dies: daß die Formenlehrekategorien in Bezug auf ihre Aussagekraft mit einer Portion gesunder Skepsis zu betrachten sind, oder konkreter, im vorliegenden Fall: daß es hilfreich sein könnte, sich einmal statt immer nur auf ihre formalen *Unterschiede* auf das der Rondoform und der Sonatenhauptsatzform zugrunde liegende *gemeinsame Substrat* zu besinnen. Daß es ein solches gibt, ist ja evident und sei hier nur durch drei Stichworte angedeutet. Sowohl im Rondo wie in der Sonate haben wir: Bewegung zwischen und Polarität von I. und V. Stufe (ohne daß sich hinzugesellende weitere Stufen ausgeschlossen wären); Wiederkehr von Gleichem („Refrain" und „Reprise"); Polarität von sowohl tonal wie durch Wiederkehr als primär Gekennzeichnetem („Refrain" und „Hauptthema") mit sekundärem Eigenständigem („Couplet" und „Seitenthema"). Wenn man es so ansieht, verliert die Alternative, die an der genannten Stelle unseres Satzes sichtbar wird, das Verwerfen der einen und die Bevorzugung der anderen Möglichkeit durch Mozart, etwas von dem Schein eines dramatischen Entweder-Oder.

---

7   Wiedergegeben in: NMA VIII/19, 1, S. 183 f.

Bisher wurde der letzte, in Takt 467 beginnende und formaltechnisch als „Coda" zu rubrizierende Teil des Satzes noch nicht erörtert. Bevor wir auf ihn zu sprechen kommen, seien nun zuerst einige Details des Satzes, über den wir bisher nur im Vogelflug hinweggerauscht sind, aus größerer Nähe in Augenschein genommen.

*

Beiläufig wurde oben die Frage gestellt, wo genau das Seitenthema (das erste Couplet) beginnt. Am nächstliegenden ist die Antwort: in Takt 103 (mit Achtelauftakt); das Motiv Takt 103/104 wird (jetzt ohne Auftakt) Takt 105/ 106 durch Wiederholung bestätigend hervorgehoben. Auch setzt in Takt 103 der Unterstimmenkomplex wieder ein, der die 1. Violine mehrere Takte lang allein gelassen hatte. Andererseits aber ist die Wendung in Takt 103/104, mit Auftakt, nur die Fortsetzung und der Abschluß der sich aus der Repetition des Tones d''' herauslösenden, in Takt 99/100 in Gang kommenden Zweitonimpulse, die, wenn auch zögernd und vorsichtig, von Anfang an den Ton g'' anvisiert hatten. In Takt 103 wird nur durch Glättung des Rhythmus das vorsichtig Zögernde in gelöste Entschiedenheit geändert, so daß der ganze Vorgang eben nicht so lautet:

sondern so wie er dasteht. Der Beginn in Takt 103 ist also zugleich ein Abschluß: ein ungemein geistvoller – von *Geist* durchwirkter – Vorgang.

Da nun aber der Ton g'' und der Tonikaklang in Takt 104 Zielcharakter und der Dominantseptklang in Takt 103 und die Tonfolge $d''' \rightarrow g''$ hinführenden Charakter haben, wird unser metrisches Gefühl herausgefordert und verunsichert. Wenn wir den Achttakter Takt 103–110 als halbschlüssig endenden, regelmäßig aus vier Zweitaktern zusammengesetzten Vordersatz einer Periode auffassen, ist dann sein zweiter Takt, Takt 104, im gleichen Sinne Folgetakt eines 'setzenden' ersten Taktes wie dies beispielsweise im eröffnenden Achttakter des Refrainthemas Takt 2 in Bezug auf Takt 1 ist? Zweifellos nicht; Takt 104 hat, trotz des in Takt 103 einsetzenden Unterstimmenkomplexes, im Unterschied zu Takt 2 deutliche Merkmale eines metrisch 'schweren' Taktes. Diese Eigenschaft des eröffnenden Zweitakters wirkt sich aus: Während der ganzen 8 + 8 = 16 Takte 103–118 hat das metrische Gefühl die Tendenz, den jeweils zweiten Takt als den schwereren und den jeweils ersten als den auf diesen hinführenden, leichteren Takt zu empfinden. Freilich ist dies, da die quadratmäßige Periodizität gewahrt bleibt, nur eine durch die Situation zu Anfang hervorgerufene *Tendenz*: man *neigt* dazu, so zu empfinden. Dann aber wird mit einem Schlage jede Unsicherheit beseitigt. In Takt 119/120 geschieht das Umschlagen ins Eindeutige: das schon dreimal erklungene Punktierungsmotiv erklingt (nebst Triolenauftakt) im Cello unbegleitet als eindeutiger *Auftakt* zu dem überraschenden Es-Dur-Neuansatz in Takt 120. Von Takt 120 an ist der metrisch schwere Takt einer Zweitaktgruppe zugleich auch deren erster. Gliederten wir Takt 103–118 in dieser Weise:

So sehen wir: Durch den in Takt 103 erfolgenden Eingriff, der als Neubeginn wirken muß, in einen noch nicht abgeschlossenen Vorgang entstand eine ambivalente, herausfordernd unbefriedigende metrische Situation, der, da sie auf die Dauer nicht bestehen bleiben kann, mit einem einzigen energischen Zugriff (T. 119/120) ein Ende gemacht wird. Es handelt sich hier in der Tat um höchst intrikate Vorgänge, die freilich nichts anderes sind als Zeugnisse größter kompositorischer Potenz.

Im übrigen stellt sich bei genauem Hinhören heraus, daß in diesem eindeutig eigenständigen, aus dem bisherigen Verlauf nicht ableitbaren Seitenthema doch Elemente des Hauptthemas im Verborgenen weiterleben. Der Quartschritt aufwärts in der 1. Violine am Satzbeginn liegt Takt 103/104 und 105/106 (T. 358/359 und 360/361) im Violoncello. Und nicht nur eng verwandt, sondern fast identisch sind die Vordersatzschlüsse beider Themen (ich zitiere aus dem Couplet die in C-Dur stehende zweite Erscheinungsform):

Auch im weiteren Verlauf gibt es kaum einen Abschnitt, in dem eine Ausstrahlung der ersten vier Takte des Satzes *nicht* spürbar wäre.

Es lohnt sich aber, den Refrain auch als Ganzes unter die Lupe zu nehmen. Denn nicht erst nach seiner Beendigung entfaltet er seine Wirkung, sondern schon in ihm selber finden Vorgänge statt, die man als eine „Auseinandersetzung mit sich selbst" bezeichnen könnte. Der von den rahmenden, in der Tonika kadenzierenden a-Teilen umschlossene b-Teil (T. 17 bis 41) umkreist, wie in aba-Themen üblich, im wesentlichen die Dominante. Daß in ihm Verwirrung stiftende Kräfte am Werk sind, zeigt sich schon in seiner Nicht-quadratmäßigkeit und seiner großen Ausdehnung (25 Takte). Es wäre nicht schwer, ihn in eine schöne achttaktige Gestalt zu bringen: indem man Takt 22 unmittelbar in Takt 27 hineinführen und die Sache mit Takt 28 enden lassen würde:

Damit würde man allerdings die kompositorische Idee zunichte machen. Diese besteht nämlich in einem Aufgreifen und sehr eigenwilligen Umspringen mit Elementen des a-Teils:

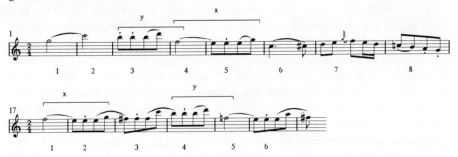

Wie man sieht, werden in b zweimal zwei einander folgende Takte, die wört-lich in derselben Reihenfolge auch im a-Thema vorkommen, verwendet, dabei aber in ihrem Sinn radikal verändert, gewissermaßen auf den Kopf gestellt. In a besteht die Zweitaktfolge x aus einer Halben f'', die den ersten Viertakter beendet, und einer Gruppe von vier Achteln, mit denen der zweite Viertakter beginnt; die Takte 3 und 4 bilden eine Einheit, ebenso wie die sie rekapitulie-renden Takte 5 und 6. Zwischen dem f'' in Takt 4 und den das e'' repetieren-den Achteln von Takt 5 liegt somit – trotz des Phrasierungsbogens – ein Sinnhiat. In b wird aus dem Endton f'' ein Anfangston und aus den Achteln dessen Fortführung; das e'' der Achtel hat etwas von einer Vorhaltsauflösung, der erste und der zweite Takt gehören untrennbar zusammen; der Rest des Viertakters entsteht durch Fortspinnung des Achtelmotivs. Mit der Handha-bung der Zweitaktgruppe y dagegen verhält es sich genau umgekehrt: In a bildet sie die zweite Hälfte des eröffnenden Viertakters, ihr Abwärtssprung h'' - (d'''-) f'' korrespondiert symmetrisch mit dem Aufwärtssprung g'' - c''' von Takt 1–2; Takt 3–4 bildet eine untrennbare Einheit genau wie Takt 1–2. In b hingegen sind die Achtel des vierten Taktes das letzte Glied der vom zweiten Takt ausgehenden Fortspinnungskette; sie beenden den ersten Viertakter des Themas, und das folgende *f"* ist ein den Anfang des b-Themas wiederholender Neueinsatz. Ganz im Gegensatz zu a ist der Sextsprung *d'" - f"* jetzt ein 'totes' Intervall.

Baumaterial des a-Teils wird im b-Teil also metrisch umgewichtet und allein dadurch in seinem Sinn verändert; womit gleich zu Beginn des Satzes paradigmatisch demonstriert wird: Der Stoff allein macht nicht die Musik, es kommt auf seine Position im metrischen Gefüge, im periodischen Gehäuse, an.

Auf das, was zu Beginn des b-Teils, wie beschrieben, mit dem Stoff des a-Teils geschieht, zielte die oben gebrauchte Wendung „Auseinandersetzung des Themas mit sich selbst". Diese Auseinandersetzung geht noch weiter. Wenn wir die ungeradzahligen Takte 1, 3 usw. 'setzend' oder 'schwer', die geradzahligen 2, 4 usw. 'fortführend' oder 'leicht' nennen, dann hat zu Beginn des b-Teils eine Vertauschung stattgefunden: Die Achtelfolge, die in a in 'schweren' Takten stand (T. 3, 5, 11, 13), gerät in b in 'leichte' Takte (T. 18 und 20), während, umgekehrt, die halbe Note *f"* (T. 4 und 12) von einer 'leichten' in eine 'schwere' Position rückt (T. 17 und 21). Das ist ein mutwilliges Spiel, das die Verhältnisse des a-Teils auf den Kopf stellt; sie müssen, bevor der a-Teil wiederholt wird, wieder auf die Beine gestellt werden. Schon in Takt 22 geht ein Ruck durch die Musik, der im analogen Takt 18 durchaus fehlt: Das gemütliche Schaukeln der Begleitung – Impuls des Basses auf 'eins' und Pause-schrumm-schrumm-schrumm der mittleren Streicher – hört auf, *alle* setzen auf 'eins' ein, und der Baß schließt sich mit kräftig rollenden Achtelfiguren der Bewegung der Oberstimme an. Infolge dieser unerwarteten Fakturveränderung ist Takt 22 nicht mehr 'leichter' Folgetakt wie Takt 18, sondern zweifelsfrei metrisch 'schwer'; in ihm setzt eine Bewegung des gesamten Stimmenverbandes ein, die nach sechs Takten mit Kadenz ihr Ziel erreicht: In Takt 28 beginnt mit den charakteristischen zwei Halben der letzte, auf der V. Stufe ruhende Abschnitt des b-Teiles, in dem die 'normalen', d. h. zu Beginn im a-Teil etablierten und dessen Neubeginn damit jetzt vorbereitenden metrischen Verhältnisse wieder hergestellt sind. Auch die Faktur ist in den sechs Takten 28–33 wieder die vertraute (wenn auch die Mittelstimmen noch nicht wieder dem Baß 'gemütlich' nachschaukeln, sondern, von dem metrischen Schock noch erregt, die Achtel der Oberstimme imitieren). In den letzten 4 + 4 Takten 34–41 breitet sich ruhig der in den Neubeginn von a leitende Dominantseptakkord aus.

Man könnte sagen, daß im b-Teil ein Unruhestifter am Werk ist, der die unbekümmerte Gelassenheit des a-Teils in Verwirrung bringt. Diese Unbekümmertheit des a-Teils wird noch durch ein Detail beleuchtet, das wir bisher übergangen haben. Es betrifft das Harmonische. Die Viertakter Takt 1–4, 9–12, 42–45 und 50–53 sind zwar melodisch, also in der 1. Violine, miteinander identisch, nicht aber in der Baßführung und damit harmonisch. Takt 1–4 lautet der Baßgang *c - c - d - G*, Takt 9–12 aber *c - e - d - H*. Takt 50–53 lautet er *c - A - G - Gis (- A)*; das ist eine Verschärfung, die das Ende des Refrainganzen

signalisiert. Beim Neubeginn von a Takt 42–45 lautet er aber überraschender-
weise nicht wie Takt 1–4, sondern wie Takt 9–12. Und das ist nur zu verstehen als ein gelassenes, unbekümmertes „ja, warum denn nicht auch so?"[8]
Dahinter 'Tieferes' zu suchen, wäre ganz verfehlt; gelassenes laissez-faire, wie
hier, gehört ebenso zu Mozarts 'Tiefe' wie jede denkbare menschliche Regung
sonst: alles zu seiner Zeit.

*

Es hat sich gezeigt, daß Elemente des Refrains nicht nur fast den ganzen Satz
durchwirken, sondern auch schon im Refrain selbst, intern, ihre Wirksamkeit
entfalten. Wir wollen uns zum Schluß noch vergegenwärtigen, was in der
„Coda" geschieht, also ab Takt 467, wo 'eigentlich' ein drittes Auftreten des
Refrains zu erwarten war. (Das in den Takten 462–465 angezielte F-Dur hätte
zu diesem Behufe leicht nach C-Dur umgebogen werden können – was übrigens sogleich ohnehin geschieht.) Die vier Takte 467–470 greifen das Ende des
zweimal dem Refrain folgenden 'plastischen neuen Gedankens' auf, dem beide
Male jene das Ruder mit energischem Zugriff herumreißende, Neues anbah-
nende Doppeldominante folgte: Takt 70–73 bzw. 281–284. Andererseits ist die
Gestalt in der 1. Violine so verändert, daß deutlich der Beginn des Refrainthemas hindurchscheint. Aber weder wird jetzt noch einmal Neues ange-
bahnt, noch erscheint das Refrainthema selbst. Dieses hatte während des ganzen Satzes fast unablässig seine Ressourcen entfaltet; es hat wahrlich seine
Schuldigkeit getan. Es ist gleichsam erschöpft. Die Musik will nun zu Ende
kommen. Die den Vorgang auffangenden, abkadenzierenden sechs Takte 471–
476 verkörpern diese Erschöpfung auf wundervolle Weise: Die Schlußwendung erklingt nicht im bisherigen Satztempo, sondern auf doppelte Werte
gedehnt. Es ist, als ob die Musik zu sich selbst sagte: nicht *noch* mehr, kommen wir zum Schluß:

Die Ausführung des Schlusses beginnt nicht sofort, sondern acht Takte später,
mit dem *crescendo* in Takt 485: Takt 485–488 vier Takte Subdominante (in
Entsprechung zu *einem* Takt 471), Takt 489–492 drei Takte Dominantquart-
sext (entsprechend T. 472, 1. Hälfte) und ein Takt Dominante (T. 472, 2.
Hälfte), Takt 493 ff. Tonika (sofort, mit Entschiedenheit, anstelle des gedehnten weiblichen Schlusses T. 473 ff.). Was aber ist mit den sehr merkwürdigen
acht Takten 477–484?

---

8   Vielleicht ist es kein Zufall, daß auch im Menuett harmonische Varianten bei gleichblei-
    bender führender Stimme vorkommen. Vgl. dort Takt 1–4 mit Takt 31–34 und 41–44 so-
    wie Takt 5–10 mit Takt 35–40.

Die ersten vier Takte sind eine 'polyphonisierte' Wiederholung von Takt 467–470, das Thema jetzt im Baß. In dem Moment, da dieser das *c* erreicht, setzt überraschend die 1. Violine mit dem Themenkopf ein, *g" - c'''*, wörtlich wie zu Beginn des Satzes, also des Refrainthemas. Die nächsten zwei Takte (482 und 483) stimmen rhythmisch mit Takt 3 und 4 des Themas überein, sind aber melodisch eine umspielte Wiederholung der ersten beiden Takte: eine Verschmelzung der beiden Elemente Zweihalbe und Vierachtelgruppe. Das ist wie eine letzte Erinnerung an die Keimzelle des ganzen Satzes. Als wolle sie sich dem Hörenden auf diese Weise mit besonderem Nachdruck einprägen, verweigert sie sich einer glatten Eingliederung ins Periodische: sie füllt, getragen vom liegenbleibenden *c* des Basses, die Takte 4–7 (statt etwa 5–8) des Achttakters. Einem dritten Einsatz, Takt 484, wird von der die Kadenz einleitenden Subdominante das Wort abgeschnitten – man hat nun schon verstanden.

Wir versagen uns eine detaillierte Beschreibung des Schlußabschnitts: des strahlenden (T. 493 ff.), des erfüllt-befriedeten (T. 521 ff.), des souverän-kraftvoll alles beendenden (T. 531 ff.). Den vorstehenden Ausführungen war es weniger um 'Resultate' als um Vergegenwärtigung von einigem Faktischen zu tun. Immerhin mag, im Sinne eines Resultats, jetzt deutlicher geworden sein, warum in diesem „Rondo" der „Refrain" nur zweimal erscheint: er befruchtet sowohl sich selbst wie das übrige Geschehen so unablässig und so intensiv, daß ein weiteres Auftreten als überflüssig, als bloße Redseligkeit hätte erscheinen müssen. Die Gestalt des Baues im Großen verdankt sich wesentlich der Gestaltung des Geschehens im Kleinen.

MOZART, STREICHQUINTETT C-DUR, KV 515, 4. SATZ.

Aus: Wolfgang Amadeus Mozart, Neue Ausgabe sämtlicher Werke, Serie VIII
Kammermusik, Werkgruppe 19, Abteilung 1: Streichquintette, vorgelegt von
Ernst Hess und Ernst Fritz Schmid, Kassel usw. 1967, S. 49–62.

Abdruck mit freundlicher Genehmigung des Bärenreiter-Verlags, Kassel

Cliff Eisen

Mozart and the Viennese String Quintet

I

Why, after nearly fifteen years generic silence, did Mozart return in the late 1780s to the string quintet? According to Einstein, the inducement was external: in January 1786 Mozart learned that Boccherini had been appointed Prussian court composer; he resolved to write a set of quintets and dedicate them to the King[1] . Konrad Küster, on the other hand, argues that Mozart's interest in the quintet, and other genres as well, was artistically self-motivated: "Mozart hat sich mit bestimmten musikalischen Gattungen offenbar schwerpunktartig beschäftigt, wodurch andere Gattungen dann zeitweise 'blockiert' waren; nach einer gewissen Zeit treten sie – anstelle der vorigen – plötzlich in den Mittelpunkt von Mozarts Interesse, wobei Elemente des in den jüngeren Werken Errungenen nun auch auf andere Gattungen übertragen werden"[2] .

Different as these hypotheses seem, they nevertheless have a common origin in the popular view of Mozart as an iconoclastic genius, guided primarily by his own muse, responding to his contemporaries chiefly to show them up, one by one[3] . This has implications not only for an understanding of Mozart's quintets, but also for the history the string quintet in general, that poor second cousin to the string quartet, an uncommon and unpopular genre fostered by the isolationist composer. And it lends itself easily to the claim that Mozart more or less invented the genre and was its first prominent practitioner[4] .

Yet it is demonstrably not the case that Mozart 'invented' the quintet. Not only was there a rich, decades-old tradition of Austrian quintets dating at least from the 1760s, but in Vienna, Albrechtsberger composed quintets as

---

1   Alfred Einstein, Mozart. Sein Charakter. Sein Werk, Stockholm 1947, p. 199.
2   Konrad Küster, Mozart. Eine musikalische Biographie, Stuttgart 1990, p. 271. That Küster's formulation applies in particular to the string quintets is clear from the subtitle of his chapter: "Klavierquartette und Streichquintette 1785–87".
3   Almost parenthetically, Alec Hyatt King draws into consideration yet another biographical trope – Mozart's alleged poverty – that is part of the same complex: "[Mozart] may well also have hoped that such novel works might bring in some money". See: A. H. King, Mozart Chamber Music, London 1968, p. 53.
4   Even Tilmann Sieber claims that no Viennese string quintets, except Pleyel's, preceded Mozart's; see: Tilman Sieber, Das klassische Streichquintett. Quellenkundliche und gattungsgeschichtliche Studien (Neue Heidelberger Studien zur Musikwissenschaft, Band 10), Bern/München 1983, p. 111. Elsewhere (pp. 51 and 56) he is more tentative, noting (also incorrectly) that a continuous Viennese tradition of string quintets began only in 1786 with works by Pleyel and Hoffmeister, in addition to Mozart.

C. Eisen/W.-D. Seiffert, Hg.: Mozarts Streichquintette
© 1994 Franz Steiner Verlag Stuttgart

early as 1782 and Pleyel's first quintet appeared by the end of 1785. At least three more quintets by Pleyel were published in 1786, and by January 1787, four months before Mozart completed his first Viennese quintet, Franz Anton Hoffmeister published the first of his own works. Quintets by 'foreign' composers, including Cambini, Boccherini, Sterkel, Piticchio, Zimmermann and Kospoth, were also widely disseminated in Vienna. As a result, by the time Mozart composed K. 515 in the late spring of 1787, more than fifty quintets had been composed, published or circulated in Vienna since his arrival there in 1781.

There is evidence, both circumstantial and direct, that Mozart was well-acquainted with this repertory. Much of it was published by Artaria and Hoffmeister, Mozart's chief publishers in Vienna, while manuscript copies were disseminated by Johann Traeg, a prominent dealer in Mozart's music throughout the 1780s. What is more, Mozart himself owned Pleyel's first published quintet; a privately-owned copy of this edition, published by Hoffmeister in December 1785, has the notation on its cover: "[printed:] Praenumeration | pour | [handwritten:] la Musique de la Chambre | P. t. Mr. de Mozart Maitre de Chapelle"[5]. Apparently Mozart was a subscriber to Hoffmeister's chamber music publications and he probably owned a number of the quintets published later in the series as well, by Pleyel, Hoffmeister and Sterkel[6].

In order better to understand Mozart's quintets, then, it is necessary to reconstruct the Viennese repertory as it might have been known to him. In some respects, Mozart followed local quintet traditions different from those prevalent outside Vienna. At the same time, the differences between his quintets and those of his contemporaries – differences particular to the quintet medium, not general points of style – become clear only in a specifically Viennese context.

Prior to the 1780s, there is scant evidence for the continuous cultivation in Vienna of string quintets. A single quintet attributed to Wagenseil survives in a unique, curiously late source dated 1807[7], while Haydn's quintet Hob. II:2 was composed not later than 1763. Quintets by Gassmann and Vanhall were

---

5   See: Mozart. A Bicentennial Loan Exhibition, Oxford 1991, p. 34; for a facsimile, see: Ulrich Konrad and Martin Staehelin, allzeit ein buch. Die Bibliothek Wolfgang Amadeus Mozarts, Wolfenbüttel 1991, p. 107.

6   According to Mozart's estate documents, his library included twenty-two unspecified volumes from Hoffmeister's various subscription series; see: ibid, p. 107, and Otto Erich Deutsch, Mozart. Die Dokumente seines Lebens, Kassel 1961, p. 500 and 511.

7   See: A-Wn, S.m. 11520: "No 3 | Quintetto in G minor | â | 2 Violini | 2 Viole | e | Basso | Del Sig: Wagenseil. | Vivace [incipit] | NH 807". The work is listed as number 484 in Scholz-Michelitsch, Das Orchester- und Kammermusikwerke von Georg Christoph Wagenseil, Vienna/Graz/Köln 1972. I am indebted to Dexter Edge for a description of this manuscript.

published in Paris, in 1772 and 1774, respectively[8]; a quintet by Hoffmeister, for two violins, two violas and violone, probably dates from the late 1770s (see below). Among 'foreign' quintets, only Boccherini's and Francesco Pasquale Ricci's Op. 5 (London: Welcker, no date), were advertised in Vienna[9]. Early on, then, the Austrian quintet was chiefly cultivated outside of Vienna, and primarily by monastic composers, including Franz Joseph Aumann, Michael Haydn, Johann Michael Malzat, Carl Marian Paradeiser and Johann Nikolaus Tischer[10].

From about 1782, however, there was a sudden effloration of quintets composed and disseminated in Vienna (for an overview of the Viennese quintet repertory from 1782 to 1791, see the Appendix, p. 145–150). The earliest 'local' quintets, by Albrechtsberger, are anomalous: apparently intended as 'chamber music' in the modern sense, they are mostly in two movements, invariably with a fugue, and are uniformly titled "Sonata". Nor is their scoring 'standardized'; many of them are for three violins, viola and basso. As such they trace their origin not only to Austrian chamber music for strings

---

8   For Gassmann, see: George R. Hill, A Thematic Catalog of the Instrumental Music of Florian Leopold Gassmann, Hackensack/New Jersey 1976, pp. 111–114 (501–506). Later Viennese manuscript copies of Hill 512–518, in A-Wn, are dated 1792. For Vanhall, see: RISM V 362 and Alexander Weinmann, Themen-Verzeichnis der Kompositionen von Johann Baptiste Wanhal, Vienna, 1988 [= Wiener Archiv Studien XI/Teil 1], Bd. 1, p. 37 (IV:3). The fourth quintet of this set was published singly as the fifth work in "L'Année Musicale, ou Choix | de Nouvelles Musiques | en tous Genres" (see the notation on the violin I part: "No 5 de L'Année Musicale du Ir Mars 1776. | Quintetto | Par Mr Van Hal"). A copy is in D-Mbs, Ms. 4° Mus. pr. 1357.

9   For Ricci's quintets, see: Hannelore Gericke, Der Wiener Musikalienhandel von 1700 bis 1778, Graz/Köln, 1960, p. 66. Composed for various instrumental combinations, only numbers 3 and 4 are for strings, and in both cases the bass parts are figured. For Boccherini's quintets see: Yves Gérard, Thematic, Bibliographical and Critical Catalogue of the Works of Luigi Boccherini, London 1969: Gérard 265–270 (Op. 12), 271–276 (Op. 13), 277–282 (Op. 20) and 289–294 (Op. 23), all advertised in the "Wiener Diarium" for 7 May 1777; see: Alexander Weinmann, Katalog Anton Huberty (Wien) und Christoph Torricella, Vienna 1962 [= Beiträge zur Geschichte des Alt-Wiener Musikverlages Reihe 2, Folge 7], p. 75. Huberty also advertised a "Quintett" by Bach which may be the "Quintetto per Due Violini o due Oboe, Alto Viola, Violoncello o Sia Fagotto e Basso Del Sg. Jean Chretien Bach, Maitre de Musique de Sa Majesté la Reine de la Grande Bretagne", Paris, Bureau d'Abonnement Musical, no date; this edition was advertised by Breitkopf in his 1770 stock catalogue (col. 13): "I. Quintetto di Giov. Chr. Bach, a 2 Viol. o Oboi, Viola, Violoncello o Fagotto, e Basso. Parigi." Huberty also advertised quintets Op. 1 by Gaetano Brunetti but their identity remains unclear; according to all available sources, Brunetti's Op. 1 was a set of six "sextets" for three violins, viola and two violoncellos, published in 1776 by Venier in Paris.

10 Early quintets by both Paradeiser and Johann Nikolaus Tischer are not mentioned in Sieber, Streichquintett. For Tischer, active at Lambach in the 1750s and 1760s, see the Lambach catalogue of 1768, p. 318, which lists two Partitas for two violins, two violas and basso. Sieber's list of quintets by Aumann should be corrected in light of: Peter Dormann, Franz Joseph Aumann (1728–1797). Ein Meister in St. Florian vor Anton Bruckner. Mit thematischem Katalog der Werke, München/Salzburg 1985.

but, also, to the Baroque church sonata[11]. Pleyel's quintets, on the other hand, are 'modern' in both their titles and scoring. The first of his works for two violins, viola and violoncello (Benton 271) appeared about December 1785, and at least thirteen more were published by mid-1789, including a quintet in G minor composed in late 1785 or early 1786, almost a year and a half before Mozart's K. 516[12].

Two other local composers were also active at this time, Franz Anton Hoffmeister and Silverius Müller. As the owner of his own publishing house, Hoffmeister had a ready outlet for his compositions: two sets of six quintets each published in 1787 and 1788 represent the bulk of his early output[13]. Silverius Müller (1745–1812), on the other hand, was closer to the Austrian monastic tradition. From 1770 to 1783 he worked chiefly as "Regens chori" and "Instructor musicae" at three Piarist colleges, including Maria Treu in Vienna and those at Günzburg and Krems; after the church reforms of 1783 he served chiefly as prefect[14]. Unlike Pleyel's and Hoffmeister's quintets, Müller's were disseminated only in manuscript copies; a set of six was advertised by Johann Traeg in the "Wiener Zeitung" for 18 June 1788[15].

Yet the Viennese repertory did not consist solely of locally-produced works – it also included works by 'foreign' composers, many of which were disseminated and performed in Vienna during the 1780s. As a result, the repertory as a whole included numerous quintets by composers not normally, or only peripherally, associated with the city.

Among Austrian composers, quintets by both Carl Marian Paradeiser and Anton Zimmerman circulated in Vienna. Paradeiser (1747–1775) was chiefly associated with Melk Abbey and his quintets were among the older repertory circulating in Vienna during the 1780s. His two surviving quintets may at one time have been part of a larger opus: their title-pages are marked "No: 1mo" (A-Wn, S.m. 19982) and "No: 4to" (A-Wn, S.m. 19983), respectively. Curiously, Paradeiser's quintets are not listed in the several thematic catalogues compiled at Melk during the last years of the eighteenth and early years of the nineteenth centuries[16]. Anton Zimmermann (c1741–1781) also worked on the

---

11 See: Friedrich Wilhelm Riedel, Streichquartette und -quintette mit Kontrabaß, in: Kontrabaß und Baßfunktion. Bericht über die vom 28. 8. bis 30. 8. 1984 in Innsbruck abgehaltene Fachtagung, ed. Walter Salmen, Innsbruck 1986, pp. 117–118.

12 For a complete list of Pleyel's quintets and their sources, see: Rita Benton, Ignace Pleyel: A Thematic Catalogue of his Compositions, New York 1977, pp. 83–98.

13 For details of Hoffmeister's quintets, see: Alexander Weinmann, Die Wiener Verlagswerke von Franz Anton Hoffmeister, Vienna 1964 [= Beiträge zur Geschichte des Alt-Wiener Musikverlages. Reihe 2, Folge 8], pp. 71–2 and 98.

14 For Müller, see in particular: Otto Biba, Die Piaristenorden in Österreich, seine Bedeutung für bildende Kunst, Musik und Theater im 17. und 18. Jahrhundert, Eisenstadt 1975, pp. 131, 157–158, 164–166 and 179.

15 Weinmann, Traeg, p. 25. Müller's quintets are also lacking in: Sieber, Streichquintett.

16 See: Alexander Weinmann, Handschriftliche thematische Kataloge aus dem Benediktinerstift Melk, Vienna 1984 [= Tabulae Musicae Austriacae, volume 10].

fringes of the Viennese orbit; from 1776 he was Kapellmeister and court organist to Count Joseph Batthyany, Archbishop (from 1778 Cardinal) of Hungary. Zimmermann's quintets, advertised by Johann Traeg in the "Wiener Zeitung" for 28 February 1787[17], were also 'older' works.

Non-Austrian composers of quintets circulating in Vienna included Otto Carl Erdman, Freiherr von Kospoth (1753–1817), Johann Xaver Sterkel (1750–1817) and Francesco Pittichio (flourished 1760–1780). From 1776, Kospoth was chamberlain and "maître des plaisirs" at the Prussian court; although his quintets were published in London, they circulated in Vienna only in manuscript copies. Francesco Piticchio, on the other hand, had various appointments in Italy prior to 1782 and in Germany and Spain thereafter, including posts in Braunschweig (c1782), Dresden (1784–1785) and Madrid (1785). Although he eventually settled in Vienna (1786–1790), his six quintets for two violins, two violas and violoncello, first advertised there in 1789, were nevertheless composed several years earlier; in 1785 they were published by André of Offenbach. Consequently, they represent an 'imported' repertory, not works that stem from a native Viennese tradition. Johann Franz Xaver Sterkel (1750–1817), court chaplain at Mainz from 1778, met Mozart in Mannheim in 1777[18]; his single quintet was published in Vienna by Hoffmeister about January 1786. The prolific Boccherini was represented in Vienna by two groups of quintets: Gérard 295–297, composed in 1778, were published by Artaria in 1785; and the quintets Gérard 301–306, first published by Zatta in Venice about 1782, were advertised by the Musikalische Magazin in the "Wiener Zeitung" for 18 April 1787.

The Viennese quintet repertory of the 1780s, then, included not only local quintets, but also contemporary works by Austrian, German and Italian composers, some of them published as far away as London. And it was a repertory that varied with respect to both style and scoring. It is against this background that the distinctive characteristics of both the Viennese and Mozartean quintet repertories can best be understood.

II

The distinctive contributions of the Viennese quintet 'vis à vis' the Austrian quintet in general are two: terminological – the adoption of the modern term "Quintet" to describe works for five strings – and scoring, including both the suppression of the double bass as a normal element of the quintet and the standardization of an ensemble consisting of two violins, two violas and vio-

---

17 Weinmann, Traeg, p. 24.
18 See Mozart's letter of 26 November 1777: "Es sind etliche täge daß der H: *starkl* hier ist v: würzburg. vorgestern als den 24 speiste ich mit Cannabich abermal beym Oberstjäger v: Haagen, und auf den abend war ich al solito beym Canabich, und da kamm der sterkl hin. er spiellte 5 Duetti aber so geschwind daß es nicht auszunehmen war, und gar nicht deütlich, und nicht auf den Tact. es sagten es auch alle. die Mad:selle Cannabich spiellte die 6:te und in wahrheit — besser als der sterckl"; Bauer-Deutsch II, Nr. 379, pp. 146 f.

loncello. In both respects, the Viennese quintet eventually emerged as the chief, if not the exclusive, model for later quintets.

During the 1760s and 1770s, the principal designation for all non-orchestral instrumental music was "Divertimento"; other titles, such as "Cassation" and "Notturno", but especially "Quartet" and "Quintet", are found more infrequently. By 1780, however, modern terminology became more or less fixed among Viennese repertories: among Haydn's unaccompanied sonatas, for example, it is only with Hob. XVI:35–39, published in 1780, that "Sonata" is uniformly transmitted by authentic sources; the same is true of accompanied and ensemble scorings as well[19]. Titles such as "Quartet" and "Quintet" came into their own in Vienna only slightly later. The authentic sources for Haydn's quartets Op. 9, 17 and 20, for example, transmit the title "Divertimento"; Op. 33, on the other hand, is called "Quartet" in the Haydn's letters and the authentic Artaria print but "Divertimento à quattro" in the only extant authentic manuscript. It is only from Op. 42 and 50 (1785–1788) that the authentic sources regularly transmit the title "Quartet".

The same is true of quintets in general. Earlier Austrian works for five strings had gone by a variety of titles: a quintet by Franz Joseph Aumann, for example, is variously titled "Cassatio" and "Divertimento"; Michael Haydn's two quintets from 1773, MH 187 and 189, are authentically titled "Notturno"; and the early edition of Gassmann's quintets has the elaborate title "Sei Quintetti Dilatamenti Notturni O Sia Serenate"[20]. From at least 1784, however, all works in quintet scoring circulating in Vienna were called "Quintet". (The one exception, already noted, is Albrechtsberger's quintets, which are uniformly titled "Sonata".) This change applied equally to Viennese quintets and to quintets that earlier circulated elsewhere under different titles. When Gassmann's quintets were copied in Vienna in the early 1790s, for example, all elements of the original title were omitted except the designation "Quintetto"[21]. And when Perger 108 and 109 circulated in Vienna during the last decade of the eighteenth century, they were uniformly called "Quintetto"[22].

---

19   James Webster, Towards a History of Viennese Chamber Music in the Early Classical Period, in: Journal of the American Musicological Society 27 (1974), pp. 219–220.

20   For Aumann, see: A-SF, XXXI/1: "Cassatio | a | 2 Violini: | 2 Viole: | è | Basso" and A-LA, 25 [wrapper:] "Ex C. | Divertimento à 5 Instrum: | 2 Violin | 2 Violè di Prazzio | con | Violone". The title on the wrapper notwithstanding, the work is labelled "Divertimento" on the parts. Aumann's quintet (Dormann XX/1) also circulated in copies attributed to Haydn (Hob. IIa:C4). For Michael Haydn, see notes 22–23 and 27.

21   See, for example: A-Wn S.m. 11434, a copy of the fifth quintet of the edition: "Quintetto In Eb | â | 2 Violini | 2 Viole | e | Basso | Del Sig: Gassmann | Allegro: [incipit] | NH 792": The quintet is number 512 in Hill, op. cit.

22   The authentic copies for Perger 108 include D-HR 4o295 ("Notturno: | a 5: | 2: Violini: | 2: Viole: | e | Basso: | Del Sig: Michele Haydn:") and GB-Lbl Add. 21 467 (ff. 89–104 and 130–133: "Notturno: | a 5. | 2: Violinj: | 2: Viole. | e | Basso: Del Sig: Michele Haydn".) Both are by the Salzburg court copyists Joseph Richard Estlinger and Felix Hofstätter and date from the 1770s. The Viennese copies of MH 187 include H-KE, 0/728 ("VI |

Finally, while quintets in Vienna invariably went by the modern title, some quintets outside of Vienna continued to use more traditional designations, even though in terms of both scoring and style they corresponded exactly to the Viennese quintet. A case in point is Michael Haydn's "Divertimento" MH 412 from c1786[23].

This change in terminology did not, however, have significant implications for the substance of the works. Nor did it imply a change from a five-movement 'divertimento' form to the more modern four-movement cycle. This is clear not only from Haydn's early quartets, as Webster showed, but also in the quintet repertory: Gassmann's quintets of 1772, for example, uniformly transmit the title "Quintetto"; yet half of the works have the 'standard' four movements, while the others are five-movement cycles, with a central slow movement flanked on either side by a minuet and trio.

Where the Viennese repertory did effect a significant change from the earlier Austrian quintet is in scoring, in particular the suppression of the violone as a frequent performer of the bass line. Contemporary sources show that the double bass or "Violone" was probably the most frequent performer of the bass line in earlier Austrian quintets. Most of Aumann's and Malzat's quintets, for example, explicitly list violone on their title pages or on the parts[24]. And as Marius Flothuis showed, it is likely that Michael Haydn's early quintets were also intended for double bass[25]. In Vienna, this tradition flourished at least until the late 1770s. Among the very last examples is Franz Anton Hoffmeister's Divertimento for two violins, two violas and violone, which includes extended virtuoso work for the double bass in the first movement and trio[26]:

Quintetti | Violino Primo | Del Sig: Mich: Haydn") and A-Wn S.m. 2932 ("No: 2. | Quintetto in C. | Violino 2do: | di Mich: Haÿden").

23 See the autograph, D-Mbs, Mus. mss. 332/2: [M. Haydn:] "Divertimento à 5. 2 Violini, 2 Viole, e Violoncello [to right:] Di G: Mich: Haydn mpia". Although Perger 105 is not dated on the autograph or any authentic source, it probably dates from 1786. It is written on a type of paper (bow and arrow / AM <---> three half-moons / REAL) that is otherwise found in Salzburg only during that year. Among dated manuscripts it occurs in authentic copies of three of Michael Haydn's compositions: the Sequentia, Klafsky IIb/18 = MH 426 (A-Ssp, Hay 875.1); the Gradual, Klafsky IIb/6 = MH 408 (A-Ssp, Hay 820.1); and the Te Deum Klafsky V/6 = MH 415. All of these manuscripts are dated 1786.

24 See, for example, the authentic copy of Aumann's quintet Dorman XX/29 (Hob. II:B6), A-SF, XXXI/4: "Divertimento in B | â 5 Stromenti | Violini 2 | Alto Viole 2 | e | Violone | Authore Francisco | Aumann Can: Reg: Lat: | Sti August: ad S: Flor: | Professo pt: Chori Regente". A second copy of the work, in D-Mbs, Mus. mss. 1341, gives the title as "Parthia", although the bass part continues to be labelled "Violone". For Malzat, see: A-ST, KV 8–11, quintets in C, G, A and F major, respectively; in each manuscript, the bass part is explicitly labelled "Violone".

25 Marius Flothuis, Quintette für Streichinstrumente von Michael Haydn, in: MJb 1987/88, pp. 49–57.

26 See: A-Wgm IX 6392: "Divertimento in D | â | Violino Primo | Violino Secondo | Viola Prima | Viola Seconda | è | Violone Obligato | Del: Sig:r Francesco Antonio Hoffmeister |

Example 1:

After about 1780, however, there is no Viennese source for a local or imported quintet also including two violins and two violas that explicitly designates
"violone" as the lowest voice. While some sources continue to transmit the
neutral "Basso", in every explicit instance the bass line is assigned to a violoncello. Like the title "Quintet", violoncello scoring was apparently a Viennese phenomenon: while quintets outside of Vienna sometimes continued to
be written for violone or contrabasso, the same works circulated in Vienna as
quintets with violoncello. Again, Michael Haydn's works are a case in point.
The quintet MH 367, composed in 1784, survives in a single, authentic source,
the bass part of which is labelled "Contrabasso"; the earliest Viennese copy,
however, assigns the part to a violoncello[27].

[lower right, another hand:] Langhammer". I am grateful to Dexter Edge for information
on the copyist and paper-type of the manuscript, both of which suggest that it was pre-
pared c1778–1779. Langhammer, probably the owner of the manuscript, was a double
bassist who performed in some of the Tonkünstler-Sozietät concerts after c1800; his interest in the work probably stemmed from the solo writing for violone. Although the
double bass was systematically supressed in works also scored for two violins and two
violas, it nevertheless continued to appear, well into the nineteenth century, in quintets
with more 'exotic' scorings; see, for example: Joseph Eybler's two quintets Op. 6 (1801–
1803) for violin, two violas, violoncello and double bass.

27   The authentic source, by Michael Haydn's amanuensis Nikolaus Lang, is in H-Bn Ms.
    Mus. 2506: "Quintetto à 2 Violini, 2 Viole e Contrabasso. di Giov. Michele Haydn. Salis-

Finally, while a variety of earlier and 'foreign' quintets circulating in Vienna were variable with respect to the make-up of the entire ensemble – among them Boccherini's quintets with two cellos and Albrechtberger's and Zimmermann's quintets for three violins, viola and violoncello – quintets by local composers, including Mozart, Pleyel, Hoffmeister and Müller, are invariably for two violins, two violas and violoncello. This eventually became the 'standard' string quintet scoring; but it was not the only possibility as Anton Wranitzky's quintets for violin, two violas and two violoncellos, Op. 8, Eybler's quintets, a quintet by Cajetan Freundthaler from 1798 for four violas and violoncello, or even Schubert's quintet for two violins, viola and two violoncellos show.

III

Seen in the context of the Viennese repertory, Mozart neither 'invented' nor 'perfected' the string quintet. In several respects he was a follower: his quintets do *not* count among the very earliest examples and the make-up of the ensemble, at least among Viennese composers, was established as early as 1785. In other respects, however, Mozart was unique among his contemporaries: his quintets were the first to be constructed on a four-movement plan, and his exploitation of the textural possibilities of the medium goes far beyond that of his peers.

Unlike the string quartet, which among Mozart's and Haydn's earlier works had already established a four-movement cycle as the norm, quintets in Vienna were variable in the number and order of movements. The most common cycle included three movements, with a rondo or sonata movement as a finale; prior to 1788 this was the cycle preferred by all local composers (except Albrechtsberger in his anomalous works). It was the chief pattern among 'foreign' quintets as well. Several of Boccherini's works, as well as quintets by Sterkel, Piticchio, Kospoth and Zimmerman all have three movements. Nevertheless, the three-movement cycle, although it predominated, was not the only possibility. One of Piticchio's quintets, and all of Boccherini's quintets Gérard 301–306, have only two movements. As late as 1789, Pleyel wrote a five-movement quintet (Benton 285).

K. 515, on the other hand, is apparently the first 'Viennese' quintet of the 1780s, local or imported, composed in four movements[28]. And this was the

burgi 27. Maji 784". The earliest Viennese source is probably H-KE 0/728 [vnI:] "VI | Quintetti | Violino Primo | Del Sig: Mich: Haydn"; while there is no common title-page giving the scoring of the quintet, the individual part is explicitly labelled "violoncello". Other sources for MH 387, but not the H-KE copy, are listed and described in Marius Flothuis's edition, Bad Reichenhall 1991 (= Denkmäler der Musik in Salzburg, Einzelausgaben, volume 7).

28   The distinction here is made solely with respect to later Viennese quintets. As both Gassmann's quintets and Mozart's K. 174 show, the four movement cycle was common

pattern of the remaining quintets – K. 516, 593 and 614 – as well. Other composers subsequently took over the larger cycle: Müller's quintet in D major
and Pleyel's quintets Benton 283, 284 and 215, for example, all have four
movements. Nevertheless, the majority of works by these composers continued to rely on the three-movement cycle; Mozart was the first regularly
and consistently to exploit the four-movement form. (Whether the placing of
the minuet and trio second, as in K. 515 and 516, is a nod in the direction of
'old-fashioned' generic markers is in fact a moot point. Both older works,
such as Gassmann's quintets, and later quintets, among them Boccherini's Op.
46 nr. 5 (1793) and Franz Krommer's Op. 8 nr. 4 (1798), adopted this order;
variability – not only in the order, but in the number of movements as well –
was a feature of the chamber music repertory both early and late[29].

Not only for Mozart, but for other Viennese composers as well, the medium of the quintet offered several textural possibilities beyond those of the
quartet: an increased middle range and consequent expansion of the outer
ranges, an exploitation of pitch doublings, five-part polyphony, and a linear
expansion generated by antiphonal writing, thematic repetition among the
different instruments (especially the first violin and first viola), and the construction of sequences or consequent and antecedent phrases of greater or
lesser weight depending on the instrumental groupings. Hoffmeister most
closely approaches Mozart in his variety of textures. The "Poco adagio" of the
first quintet from the 1787 cycle, for example, moves from a rhythmic unison
in all the voices to a texture opposing the violins and violas, with the cello
playing sixteenth-notes, in measure 5 (see Example 2, next page). In measure
9, the start of the second phrase, the violins rest while the violas and cello take
over the main material; the violins have chromatic 'filler' passages in measures
10 and 12. Measure 13, a restatement of the material from measure 5, returns
to a texture dominated by the violins; but in this case the chromatic lines in

---

among earlier quintets. But among Viennese quintets of the 1780s, Mozart's were apparently the first to be composed in this way.

29 According to an article in the "Allgemeine musikalische Zeitung" for 8 July 1812 (col.
452–453), the placing of the minuet and trio or scherzo in second place had become
common – in fact, too common – after Mozart and Haydn: "Joseph Haydn und Mozart
haben in mehrern ihrer Quartetten zuerst die gewöhnliche, und auf die Stufenfolge
menschlicher Empfindung consequend und gut berechnete, mithin der Wirkung auf das
Gemüth sehr vortheilhafte Reihe der Sätze in so fern abgeändert, dass sie das *Scherzando*,
oder die humoristische, sogenannte Menuet, nicht nach dem *Andante* folgen, sondern
ihm vorgehen liessen. Das pflegen nun viele der jetzigen, auch manche der verdienstvol-
lern Componisten, bey Werken dieser Art nicht nur, sondern selbst bey Symphonien,
(wo jene, wohlbedacht, es niemals thaten) keineswegs verständig *nachzuahmen*, sondern
unüberlegt, blind, ihren eigenen Arbeiten in der Wirkung nachtheilig, *nachzumachen:* sie
thun es nämlich, ohne an die Ansichten jener Meister zu denken, ja nicht selten offenbar
denselben entgegen". Far from implying, then, that placing the minuet or scherzo second
was 'old-fashioned', the anonymous author of this article suggests that it was distinctly
'modern'.

measures 14 and 15 are distributed among the violas and violoncello, creating an illusion of more independence among the parts.

Example 2:

Pleyel, on the other hand, is less varied, often relying on a concertante style dominated by the first violin[30] and expanding the dimensions of stable theme groups by alternating statements of the main melodic material between the first violin and first viola. His G minor quintet of 1786 is a case in point:

Example 3:

Here the unison already gives way, in measure 3, to a texture dominated by the violins. The effect is that of an elaborate trio sonata: while the upper voices take control, the violas and violoncello move so similarly in rhythm as to function, in effect, as a realized continuo part. Even the beginning of the transition, at measure 18, involves little change in this respect. The material continues to be dominated by the concertante first violin.

By way of contrast, Mozart's quintets are kaleidoscopic in their exploitation of textural contrast; or, alternatively, they focus single-mindedly on a specific textural device to reinforce or even define the formal outlines of a movement or section of a movement. The well-known opening of the G minor quintet K. 516, for example, proceeds entirely differently than Pleyel's,

---

30   See also: Sieber, Streichquintett, p. 57.

relying on a texture frequently favoured by Mozart, but little found in the quintets of his contemporaries: the successive grouping of first and second violins with the first viola, and the first and second violas with the violoncello. K. 516 is not the only quintet in which Mozart uses this texture; it also occurs prominently in K. 614 (see the first movement, measures 43–54 and 177–188) and especially in the Adagio of K. 593. Indeed, the slow movement of the D major quintet is a chief example of the way Mozart, unlike his contemporaries, exploits a particular textural device over the course of an entire movement, lending it not only a formal coherence, but a textural coherence as well.

Much of the Adagio involves a linking of thirds, not only at the phrase and sectional level, but over the course of the movement as a whole. Locally, the g" for the first violin at measure 1, for example, rises to b" before returning to g" in measure 4; at the same time, a descent from a" to f#" in measure 3 defines the middle of the phrase. A complementary gesture characterizes the end of the movement: the opening g" to b" motion of measure 1 is answered by the first viola's triplet descent from b' to g at measures 103–104 and immediately restated in the final g'/b' double-stop, recapturing the dominant register of the part.

The development section is similarly generated. A transition leads from from d in the cello at measure 33 to the b♭ at measure 36, the beginning of the development, and eventually to the g at the beginning of the recapitulation, measure 57. The important upper voice arrival at a" (m. 54) – a medial point in the b♭"-a"-g" descent of the development as a whole – is preceded by a rising line from f' natural to c''' (mm. 44–50), articulated in part by successive entries at a third in the first violin (f' natural at m. 44, a" at m. 46 and c" at m. 50), and followed by a b"-g' / G-B voice exchange in the first violin and violoncello at measure 52, an exchange prolonged through the descending thirds c-B-A in the cello and a"-g"-f#' in the first violin (mm. 54–56). The sudden move to b♭ at the beginning of the development, and its extended resolution, is recapitulated at measures 89–94, temporarily bypassing the a" (eventually reached in m. 93 and set off not only by a trill but also by the cadenza-like character of the immediately preceding measures for the first violin) that finally resolves to g" at measure 94 and ushers in the coda.

Throughout the Adagio, important harmonic arrivals are postponed by episodes with activity in different registers and characterized by a different kind of harmonic motion, chiefly descending sixths in first inversion. For the most part, these sixths, descending not only within individual phrases but also in the antiphonal exchanges between high and low instrument groupings, are accompanied by 7-6 suspensions (especially in the related progressions at measures 9–11, 44–49 and 65–67, as well as measures 31 and 87). The linking of these sixths to the thirds characteristic of the major structural motion is most apparent at the recapitulation, measure 57, where magical rising sixths in the second violin and viola, from the grace note to the downbeat quarter notes, contribute to a moment of unparalleled textural brightness: the second violin doubles the g" of the first violin before descending chromatically to d"

(m. 58; in previous statements it had doubled the violin at the octave below); the first viola, taking over the second violin part from m. 1, rises instead of descending; the second viola traverses a sixth, from *b* to *g'*; and the cello reverses its course from mm. 1–4, stating a high *g* that descends the octave to *G* in measure 60.

At virtually every point in the Adagio, the harmonic and intervallic progressions are reinforced and articulated by a consistent exploitation of differences in the disposition of the ensemble, an opposition of the full five-voiced texture with a grouping of the violins with the first viola, on the one hand, and the violas with the violoncello, on the other. Not only does the reduced ensemble predominate in the episodes separating important harmonic goals, but it also stamps each of the movement's five large paragraphs with the same textural shape: in every case, a full five-voiced, harmonically closed statement on the local tonic gives way to a reduction in mass, while the closing material of each paragraph is again scored for full ensemble (see Figure, p. 151). Although the process is more marginal for some of the paragraphs, continuing a process already underway, nevertheless the textural shape remains consistent throughout the movement (what is more, the brevity of the five-voice textures in the second and fourth paragraphs seems to lend extra weight to the lengthy five-voiced coda).

All of the main features of the movement, and more, are brought together and presented simultaneously at measures 52–56, the retransition to the recapitulation: an exchange of rhythmic pattern and directionality between the first and second violins at measure 56 and a pitch exchange between the same parts in the two previous measures (the descending third *a''*-*g''*-[*f♯''*] begins in the first violin but resolves only in the second violin, at *f♯''*); the rock-steady eighth-note pulses of the violas with their expressive 2–3 suspensions; the cello, pizzicato for the only time in the movement, firmly descending to the *g* in measure 57; the thirds, already noted, traversed in the first violin and cello in measures 54–56; and the second violin figuration, which derives from the episodes central to each large paragraph of the movement. At the same time, the harmonic progression is an elaborated 7–6 sequence of descending sixth chords, an harmonic conceit previously found only in the three-voiced sections, but here given by the entire ensemble. Finally, there is the complex rhythmic displacement of the resolutions of the dissonances, enhanced and articulated by the four distinct rhythmic patterns, more than at any other moment in the work.

What makes the Adagio of K. 593 unique, then, is the single-minded application of its formal, harmonic and, what is most important here, textural gestures over the course of the entire movement. It represents an exploitation of a specifically quintet ensemble that is unparalleled in the contemporary literature – no other composer approaches Mozart in welding together the various possibilities of the genre.

IV

All of this suggests a different picture of the history of the string quintet in Vienna and Mozart's relationship to the genre. Mozart was not the first to compose quintets in Vienna. On the contrary, his first works, K. 515 and 516, fall in the middle of what was already a well-established tradition[31]. Nor did Mozart standardize the make-up of the ensemble. In composing for two violins, two violas and violoncello he again followed local traditions. Nevertheless, the enormous dimensions of his quintets, especially K. 515, the use of a four-movement cycle, and his exploitation of the possibilites of the quintet scoring, go far beyond the works of his contemporaries.

There is no obvious reason why Mozart should have waited until 1787 to compose quintets; in Vienna, the genre was viable from at least 1785, if not earlier. But perhaps Mozart did begin thinking about quintets some years before the composition of K. 515 and 516.

It has already been noted that Mozart owned a copy of Pleyel's first string quintet, published by Artaria at the end of 1785. Is it merely coincidence that the earliest of Mozart's quintet fragments, K. 613a (Anh. 81), also dates from about this time[32] ? Not only are both in E-flat major, but there are striking similarities in the way the two works proceed (see Examples 4 and 5, p. 143 f.). Both begin with solid statements on the tonic followed by a descending arpeggio from a high bb", isolating the violins from the rest of the ensemble (the fact that Pleyel's quintet begins in a lower register is not significant in this context). And in both, the second half of the phrase (measures 5–8) duplicates the motion of the first half, reversing the harmonic direction. The simple harmonic plan of the phrase, tonic-dominant-tonic, may conceal what is in fact another similarity; for although such phrase construction is among the most common in this period, it is noteworthy that these two examples clearly eschew all other strong, downbeat harmonies. Pleyel's suceeding lyrical phrase, with the first violin dominating, has its counterpart in Mozart's measures 9–16. Pleyel, at least, makes a strong, downbeat tonic cadence in measures 7–8, which Mozart avoids. But this only points up a curious coincidence: in both works, the lyrical phrases begin with *non*-root position harmonies, I⁶ in the Mozart and IV⁶ in the Pleyel (the Mozart is the

---

31 The fact that the later quintets, K. 593 and 614, appear isolated is deceptive; although there is no documentary evidence for the composition or dissemination in Vienna of quintets other than Mozart's during 1790 and 1791, the subsequent years of that decade were characterized by the composition of a body of quintets similar in scope to that of the 1780s. In 1792 alone, for example, Traeg advertised manuscript copies of quintets by Johann Hoffmann and Salvatore Tinti; in 1794 Albrechtsberger composed three more quintets (Weinmann 132–134) and Paul Wranitzky published three quintets Op. 29.

32 Although K. 613a (Anh. 81) is traditionally dated 1791, Alan Tyson has shown that it probably dates from as early as 1784–1785; see: Alan Tyson, Proposed New Dates for Many Works and Fragments Written by Mozart from March 1781 to December 1791, in: Mozart Studies, ed. Cliff Eisen, Oxford 1991, p. 225.

more forward-moving for being tied to the lack of a clear caesura between the opening *forte* gesture and the succeding *piano* passage). Finally, to round off the first paragraph, both have *unison* gestures, a chromatic rise through a diminished fourth in the Pleyel and ascending scalar passages, based first on b^b and then c', in the Mozart; both end quietly, recapturing the tonic. Mozart's fragment expands greatly on the Pleyel, extending the final cadence to some twenty measures before producing a strong E^b cadence for all the instruments (the 'cello is conspicuously absent in measure 24 and 34). In doing so, however, Mozart incorporates a gesture that is strikingly reminiscent of the Pleyel: a chromatic rise from g to a particularly conspicuous and isolated c^b (measures 35–37). The case seems clear-cut, for the two gestures are functionally equivalent: both serve to delay the end of a tonally stable opening paragraph.

Although there is no direct evidence that K. 613a was a compositional response to Pleyel's quintet, it is clear that Mozart began thinking seriously about the genre as early as 1784 or 1785. And while it may be true that he tried unsuccessfully to capitalize on his work by offering the quintets on private subscription, there is no reason to suppose, as Sieber does, that the failure of Mozart's enterprise "[beleuchtet] nicht nur die zunehmend hoffnungslose Situation Mozarts in Wien, sondern auch die damalige Situation der Gattung Streichquintett in Österreich"[33]. On the contrary, during the 1780s the 'Viennese' quintet flourished as never before. The failure of Mozart's subscription had nothing to do with the genre; given the extensive network of manuscript and printed music publishing in Vienna, individual composers rarely advertised their own works. A more balanced picture of the history and importance of the genre shows Mozart responding in the first instance to a popular local tradition and only secondarily – if at all – to external inducements in far-away Berlin or a compulsive, internal drive to explore a medium that suddenly sprang to the center of his interest. In composing quintets, Mozart was thoroughly Viennese and it is in this context that his works are best understood.

---

33 Sieber, Streichquintett, p. 107.

Example 4:

Example 5:

Appendix: Quintets in Vienna 1782–1791

COMPOSER	TITLE	KEY	SCORING	EARLIEST VIENNESE REFERENCES AND SOURCES. REMARKS
1782				
Albrechtsberger	Sonata	a	2vn 2va b	Autograph H-Bn Ms. mus. 2343 dated 5 Dec 1782. Weinmann 117
Albrechtsberger	Sonata	Eb	2vn 2va b	Autograph H-Bn Ms. mus. 2342 dated 17 Nov 1782. Weinmann 119
1783				
?	Quintets	?	?	MSS advert. Johann Traeg, WZ 27 Sept 1783: "Verschiedene neue Quartetten, Quintetten und Sinfonien von guten Meistern". Composers and works unidentified.
1784				
?	Quintets	?	?	MSS advert. Johann Traeg, WZ 27 Oct 1784: "Quintetti von Kreuser, Went, Fiala, Cambini, Kraus etc.". Quintets by Kreuser prob. for fl vn va vc and basso continuo (Berlin, 1775); quintets by Went prob. for ob bn vn va b (cf. Traeg catalogue). No quintets by Fiala known; Kraus's only quintet Op. 7 for fl vn va vc (1783, pub. Paris c1799). Only string quintets in advert. prob. by Cambini, more than 100 for 2vn va 2vc in US-Wc; quintets for fl 2vn va b and other combinations also known.
1785				
Boccherini	Quintetto	d	2vn va 2vc	
dto.	Quintetto	Eb	2vn va 2vc	Pub. Artaria by 1785. Gérard 295–297, composed 1778.
dto.	Quintetto	A	2vn va 2vc	
Paradeiser	—	Bb	2vn 2va b	MS A-Wn S.m. 19982, c1785. Wrapper: "No: 1$\underline{\text{mo}}$". Composed by 1775.
dto.	Quintetto	G	2vn 2va b	MS A-Wn S.m. 19983, c1785. Wrapper: "No: 4$\underline{\text{to}}$". This and previous quintet originally part of larger opus, others lost? Composed by 1775.
Pleyel	Quintetto	Eb	2vn 2va vc	Pub. Hoffmeister cDec 1785, Artaria 1789; MS A-Wn S.m. 11486 dated 1788. Benton 271

1786				
Sterkel	Quintetto	G	2vn 2va vc	Pub. Hoffmeister cJan 1786
Pleyel	Quintetto	g	2vn 2va vc	Pub. Hoffmeister cJan 1786, Artaria 1789; MS A-Wn S.m. 11488 dated 1789. Benton 272
dto.	Quintetto	C	2vn 2va vc	Pub. Hoffmeister Apr–May 1786, Artaria (as nr. 8) May 1789; MS A-Wn S.m. 11483 dated 1788. Benton 273
Piticchio	Quintetto	F	2vn 2va vc	
dto.	Quintetto	B*b*	2vn 2va vc	
dto.	Quintetto	E*b*	2vn 2va vc	
dto.	Quintetto	C	2vn 2va vc	MSS advert. Traeg WZ 23 Sept 1786 and 1 Aug 1789. Originally pub. Offenbach, André c1785
dto.	Quintetto	f/F	2vn 2va vc	
dto.	Quintetto	D	2vn 2va vc	
Pleyel	Quintetto	a/A	2vn 2va vc	Pub. Hoffmeister cJuly–Aug 1786; MSS A-Wn S.m. 11482 and 11485 both 1788 and A-Wn S.m. 11487 dated 1789. Benton 276.
1787				
Hoffmeister	Quintetto	D	2vn 2va vc	Pub. Hoffmeister cJan 1787
Albrechtsberger	Sonata	G	3vn va b	Autograph H-Bn Ms. mus. 2355 dated 3 Feb 1787 (revised from ?1780). Weinmann 127
dto.	Sonata	e	3vn va b	Autograph H-Bn Ms. mus. 2354 dated 6 Mar 1787. Weinmann 125
dto.	Sonata	A*b*	2vn 2va b	Autograph H-Bn Ms. mus. 2345 dated 19 Mar 1787 (original date unreadable). Weinmann 120

Composer	Genre	Key	Scoring	Notes
Boccherini	Quintetto	A	2vn va 2vc	
dto.	Quintetto	G	2vn va 2vc	
dto.	Quintetto	e	2vn va 2vc	
dto.	Quintetto	E♭	2vn va 2vc	Venice: Zatta ?1782 ed. advert. Musikalische Magazin WZ 18 Apr 1787. Gérard 301–306, composed 1779
dto.	Quintetto	g	2vn va 2vc	
dto.	Quintetto	b	2vn va 2vc	
Mozart	**Quintett**	**C**	**2vn 2va vc**	**K. 515, dated 19 Apr 1787**
dto.	**Quintett**	**g**	**2vn 2va vc**	**K. 516, dated 16 May 1787**
Hoffmeister	Quintetto	F	2vn 2va vc	Pub. Hoffmeister cJune–July 1787
Zimmermann	Quintetto	B♭	3vn va vc	
dto.	Quintetto	F	3vn va vc	
dto.	Quintetto	C	3vn va vc	
dto.	Quintetto	G	3vn va vc	
dto.	Quintetto	D	3vn va vc	
dto.	Quintetto	A	3vn va vc	
dto.	Quintetto	C	3vn va vc	MSS advert Traeg WZ 17 Oct 1787. MSS H-KE 0/18 prob. Viennese but c1810–1820; MSS nrs. 4, 9 and 10 A-SF XXV 63, 62 and 61, respectively; MS nr. 7 D-Mbs Mus. mss. 7156 probably Viennese
dto.	Quintetto	F	3vn va vc	
dto.	Quintetto	F	3vn va vc	
dto.	Quintetto	G	3vn va vc	
dto.	Quintetto	F	3vn va vc	
dto.	Quintetto	A	3vn va vc	
dto.	Quintetto	E♭	3vn va vc	

Composer	Genre	Key	Scoring	Notes
Kospoth	Quintetto	F	2vn 2va vc	
dto.	Quintetto	G	2vn 2va vc	
dto.	Quintetto	B*b*	2vn 2va vc	
dto.	Quintetto	E*b*	2vn 2va vc	MSS advert. Traeg *WZ* 17 Oct 1787: "6 [Quint.] à 2 Viol. 2 Viola Basso von Kospoth". 8 quintets pub. London: Forster, n.d. as Op. I and Op. II. Advert a typographical error?
dto.	Quintetto	A	2vn 2va vc	
dto.	Quintetto	C	2vn 2va vc	
dto.	Quintetto	A	2vn 2va vc	
dto.	Quintetto	D	2vn 2va vc	
Hoffmeister	Quintetto	A	2vn 2va vc	Pub. Hoffmeister cDec 1787
Albrechtsberger	Sonata	C	2vn 2va b	Autograph H-Bn Ms. mus. 2344 (dating from Weinmann). Weinmann 118
dto.	Sonata	c	2vn 2va b	Autograph H-Bn Ms. mus. 2346 (dating from Weinmann). Weinmann 121
dto.	Sonata	A	3vn va b	Autograph H-Bn Ms. mus. 2352 dated 1787. Weinmann 123
dto.	Sonata	f#	3vn va b	Autograph H-Bn Ms. mus. 2353 (dating from Weinmann). Weinmann 124
dto.	Sonata	b	3vn va b	Autograph H-Bn Ms. mus. 2350, dated 1787 (= revision; MS originally dated 1783). Weinmann 126
dto.	Sonata	D	3vn va b	Autograph H-Bn Ms. mus. 2351 dated 1787 (revised from 1783). Weinmann 128
1788				
Albrechtsberger	Sonata	F	2vn 2va b	Autograph H-Bn Ms. mus. 2347 dated 1788. Weinmann 122
Mozart	**Quintett**	c	2vn 2va vc	**K. 406 (516b), arranged early 1788**

Composer	Work	Key	Instrumentation	Notes
Hoffmeister	Quintetto	C	2vn 2va vc	
dto.	Quintetto	G	2vn 2va vc	
dto.	Quintetto	B♭	2vn 2va vc	Pub. Hoffmeister cMar–April 1788
Pleyel	Quintetto	f	2vn 2va vc	Pub. Artaria Apr 1788; MS A-Wn S.m. 11484 dated 1788. Benton 277
Müller	Quintetto	A	2vn 2va vc	
dto.	Quintetto	F	2vn 2va vc	
dto.	Quintetto	B♭	2vn 2va vc	
dto.	Quintetto	E♭	2vn 2va vc	MSS advert. Traeg *WZ* 18 June 1788; MSS D-Mbs Mus. mss. 7134(1–4), 7136 and 7135 respectively and A-Wgm IX 18993–18897 [not including final quintet]
dto.	Quintetto	g	2vn 2va vc	
dto.	Quintetto	D	2vn 2va vc	
Hoffmeister	Quintetto	E♭	2vn 2va vc	
dto.	Quintetto	A	2vn 2va vc	
dto.	Quintetto	C	2vn 2va vc	
dto.	Quintetto	F	2vn 2va vc	
dto.	Quintetto	D	2vn 2va vc	
dto.	Quintetto	B♭	2vn 2va vc	Pub. Hoffmeister cSept 1788
Pleyel	Quintetto	B♭	2vn 2va vc	MS A-Wn S.m. 11482 dated 1788; pub. Artaria by 1789. Benton 275
dto.	Quintetto	F	2vn 2va vc	Pub. Hoffmeister Dec 1788; MS A-Wn S.m. 11491 dated 1790. Benton 283
dto.	Quintetto	D	2vn 2va vc	Pub. Hoffmeister Dec 1788; MS A-Wn S.m. 11492 dated 1790. Benton 284

Year/Composer	Title	Key	Instrumentation	Notes
1789 Pleyel	Quintetto	D	2vn 2va vc	Pub. Artaria by 1789; MS A-Wn S.m. 11487 dated 1789. Benton 274, composed 1787
dto.	Quintetto	Bb	2vn 2va b	Pub. Artaria March 1789; MS A-Wn S.m. 11489 dated 1789. Benton 278
dto.	Quintetto	G	2vn 2va b	Pub. Artaria March 1789; MS A-Wn S.m. 11490 dated 1789. Benton 279
dto.	Quintetto	C	2vn 2va vc	Pub. Artaria 30 May 1789 (as nr. 11). Benton 215, arr. of mvts 1–3 and 5 of Serenade for vn 2va vc b 2ob composed 1787
dto.	Quintetto	Eb	2vn 2va vc	Pub. Artaria 5 Sept 1789 (as nr. 12); MS A-Wn S.m. 11494 dated 1790. Benton 111, arr. of mvts 1–3 and 5 of Symphonie Concertante for vn, va, vc, ob in Eb, composed 1786
dto.	Quintetto	F	2vn 2va b	Pub. Artaria Sept 1789; MS A-Wn S.m. 11493 dated 1790. Benton 285. MS copies of 5 Quintetti advert. Traeg WZ 1 Aug 1789 probably inc. above
1790 Mozart	Quintett	D	2vn 2va vc	K. 593 dated Dec 1790
1791 Mozart	Quintett	Eb	2vn 2va vc	K. 614 dated 12 Apr 1791

Abbreviations:

Benton — Rita Benton, Ignace Pleyel. A Thematic Catalogue of his Compositions, New York 1977
Gérard — Yves Gérard, Thematic, Bibliographical and Critical Catalogue of the Works of Luigi Boccherini, London 1969
MS(S) — manuscript(s)
Weinmann — Alexander Weinmann, Johann Georg Albrechtsberger. Thematischer Katalog seiner weltlichen Kompositionen, Vienna 1987
WZ — Wiener Zeitung

Figure:

EXPOSITION

	(mm.)	5 voices	3 voices — paragraph	5 voices
first group	(harmony)	1-8 G: I	9-14 V	14½-15 V = D
second group		16-25 D: i-I (V⁷ of IV)	26-32 IV-V	33-35 V-I = V in G

DEVELOPMENT

		36-43 B♭: I	44-49 V	50-56 VII°⁷-G: VI-V⁷ of IV-ii⁶-V⁷

RECAPITULATION

first group		57-64 G: I	65-70 V	70½-71 V
second group		72-81 G: i-I (V⁷ of IV)	82-88 IV-I⁶	89-93 (avoids V-I at first) V⁷ of ♭II- II-I⁶/4-V⁷

coda: 94-104 = I

Ludwig Finscher

Bemerkungen zu den späten Streichquintetten

Das D-Dur-Quintett KV 593 und das Es-Dur-Quintett KV 614 sind Mozarts dritter Versuch, „Vom Streichquartett zum Streichquintett" vorzustoßen[1]. Jedesmal war die Situation für Mozart anders, aber jedesmal scheint es sich auch um das Zusammentreffen verschiedener Intentionen gehandelt zu haben. Solche Überlegungen sind notgedrungen spekulativ, aber nicht überflüssig, wenn sie uns näher an die Werke führen. Sehr unwahrscheinlich ist dagegen – im Falle von KV 593 und 614 – die immer wieder zitierte Angabe im Titel der postum erschienenen Erstausgabe von KV 593 bei Artaria: „composto per un amatore ongarese" beziehungsweise die auf beide Quintette gemünzte Angabe in der Ankündigung in der „Wiener Zeitung" vom 18. Mai 1793, die Werke seien „auf eine sehr thätige Aneiferung eines Musikfreundes" (nun also nicht mehr ein ungarischer) entstanden. Auch die Vermutung, daß es sich bei dem Besteller oder Anreger um den Kaufmann und Geiger Johann Tost gehandelt haben könnte, dem Haydn kurz zuvor seine Streichquartette op. 54, 55 und 64 gewidmet hatte, läßt sich durch nichts stützen, auch wenn sie von Robbins Landon in den Rang einer Gewißheit erhoben wird[2].

Nach allem, was wir über Mozarts Schaffensimpulse in den Wiener Jahren (teilweise auch schon früher, z. B. bei KV 174) wissen, ging es ihm dort, wo kein Kompositionsauftrag vorlag, relativ oft um die selbstbestimmte kompositorische Auseinandersetzung mit Modellen und Mustern, also um dezidiert intertextuelle Prozesse, die im Grad und der Art der Intertextualität allerdings sehr unterschiedlich ausgeprägt sein können. Der klassische Fall sind die sechs Haydn gewidmeten Streichquartette, die einerseits ihre Beziehung zum Modell, vor allem zu Haydns op. 33, durch unmißverständliche Anspielungen (fast bis zu Zitaten) demonstrieren, sich andererseits offenkundig von eben diesem Modell abstoßen, um einen gänzlich anderen Quartett-Typus zu entwickeln. Angesichts dieser Konstellation – chronologisch am Anfang der Wiener Jahre – erscheint es als sinnvoll, zunächst die Situation der Entste-

---

1 Wolf-Dieter Seiffert, Vom Streichquartett zum Streichquintett. Satztechnische Bezüge zwischen kammermusikalischem Früh- und Spätwerk bei Mozart, in: MJb 1991, S. 671–677. - Die Idee eines Zusammenhangs zwischen einer Streichquartettgruppe und der ihr jeweils folgenden Streichquintettgruppe zuerst bei Charles Rosen, Der klassische Stil, München/Kassel usw. 1983 [original: The Classical Style, New York 1971], S. 300–327.

2 H. C. Robbins Landon, Mozart. Die Wiener Jahre 1781–1791, München 1990 [original: Mozart. The Golden Years, London 1989], S. 214–215.

C. Eisen/W.-D. Seiffert, Hg.: Mozarts Streichquintette
© 1994 Franz Steiner Verlag Stuttgart

hungszeit der jeweiligen Quintettgruppen und Quintettfragmente zu reka-
pitulieren[3].

Danach scheint in einem ersten Anlauf zunächst das Es-Dur-Fragment
KV 613a entstanden zu sein, wohl einige Zeit nach Abschluß der sechs Haydn
gewidmeten Quartette, also 1785. Mozart hat hier vielleicht auf das erste der
drei Quintette von Ignaz Pleyel reagiert, die zwischen Ende (?) 1785 und Mai
1786 bei Hoffmeister in Wien erschienen, also in Ausgaben vorlagen, die Mozart bekannt sein konnten[4]; 1785 würde sich gut mit der von Tyson vorge-
schlagenen Datierung des Mozart-Fragments auf 1784/1785 vertragen. Die
Tonartenfolge der drei Werke Pleyels in der Reihenfolge der Einzelausgaben
Hoffmeisters – Es-Dur, g-Moll, C-Dur – scheint Mozart im Gedächtnis behalten zu haben. Zunächst aber wurde Mozart 'abgelenkt', vor allem durch
„Le Nozze di Figaro"; an Kammermusik entstanden nach Vollendung der
Oper das Klavierquartett Es-Dur KV 493, das Klaviertrio G-Dur KV 496, das
sogenannte „Kegelstatt-Trio" KV 498 (wieder in Es-Dur) und das Streich-
quartett D-Dur KV 499, das bei Hoffmeister erschien und auf den 19. August
1786 datiert ist. Zwischen diesem Quartett und den nächsten Ansätzen zur
Komposition von Quintetten liegen nun allerdings einige sehr gewichtige
Instrumentalwerke: das Klaviertrio B-Dur KV 502, das große C-Dur-Klavier-
konzert KV 503 und die „Prager" Symphonie KV 504.

Die beiden ersten Streichquintette nach KV 174, die Mozart nicht nur beginnt, sondern zu Ende bringt, entstehen erst vier beziehungsweise fünf Monate nach der Symphonie, KV 515 in C-Dur im April und KV 516 in g-Moll
im Mai 1787. Den ersten Anlauf bildet vielleicht das B-Dur-Fragment KV
514a, das bis zum Ende der Exposition weitgehend ausgeführt ist – wobei der
Umfang dieser Exposition nur von dem der Exposition des Kopfsatzes von
KV 515 übertroffen wird. Das kleine und wenig aussagekräftige Fragment in
g-Moll (offenbar für ein Finale) KV 516a gehört zeitlich ebenfalls in den Um-
kreis der beiden Quintette, also wohl zum g-Moll-Werk[5]. Wohl frühestens
Ende 1787 kam die Bearbeitung der Bläserserenade c-Moll KV 406 (516b)
hinzu. Damit lagen drei Werke in drei Tonarten (wenngleich mit einem un-
konventionellen Übergewicht der Molltonarten) für ein Streichquintett-Opus
vor – aber bekanntlich kam es zur Publikation bei Artaria erst ab 1789 und in

---

3   Vgl. dazu die Beiträge von Christoph Wolff, Cliff Eisen und Ulrich Konrad im vorliegen-
     den Sammelband sowie Alan Tyson, Mozart. Studies of the Autograph Scores, Harvard
     University Press 1987, und derselbe, Proposed New Dates for Many Works and Frag-
     ments Written by Mozart from March 1781 to December 1791, in: Cliff Eisen (Heraus-
     geber), Mozart Studies, Oxford 1991, S. 213–226.
4   Zu den bibliographischen Einzelheiten vgl., neben dem Beitrag von Cliff Eisen, Rita Ben-
     ton, Ignace Pleyel. A Thematic Catalogue of his Compositions, New York 1977.
5   Entgegen der Vermutung von Ernst Hess, dem Herausgeber jener Werke und Fragmente
     in der Neuen Mozart-Ausgabe, der einen Zusammenhang mit den beiden letzten Quin-
     tetten für möglich hielt (NMA VIII/19, 1, S. X); vgl. dagegen Tyson, Mozart, a. a. O., S.
     137 und 150.

Einzelausgaben. Wenigstens der (zu vermutende) Plan, drei Streichquintette als Opus zu veröffentlichen, könnte wiederum mit Pleyel zu tun haben, denn als Mozart die Niederschrift des C-Dur-Quintetts (datiert auf den 19. April 1787) abschloß und wohl bald darauf mit dem g-Moll-Werk (datiert 16. Mai 1787) begann, waren bei André in Offenbach gerade drei neue Pleyel-Quintette in D-Dur, B-Dur und a-Moll/A-Dur erschienen, deren drittes schon 1786 einzeln bei Hoffmeister herausgekommen war. Die möglichen und nur ganz äußerlichen Berührungspunkte sollten allerdings nicht darüber hinweg-täuschen, daß es musikalisch keinerlei Beziehungen zwischen diesen Werken Pleyels und den Quintetten Mozarts gibt. Die zeitlichen Parallelen machen den musikalischen Abgrund, der zwischen Pleyels verbindlich-gesellschaftli-chen, stets dreisätzigen und bescheiden dimensionierten Stücken und Mozarts inkommensurablen Werken liegt, nur um so deutlicher; Pleyels 'Flirt' mit der Viersätzigkeit in den beiden 1788 komponierten und noch im selben Jahr bei Hoffmeister erschienenen Werken (Benton 283 und 284) ändert daran nichts. Mozart hat die Werke des geschäftlich so sehr viel erfolgreicheren Kollegen, wenn überhaupt, nur als kompositorische Initialzündung benutzt.

Sieht man von dem kurzen D-Dur-Fragment KV 592b ab, das vorläufig nicht genauer zu datieren ist, dann scheint sich Mozart zwischen Anfang 1788 und Ende 1790 mit dem Streichquintett nicht beschäftigt zu haben. Die gro-ßen Instrumentalwerke dieser Zeit sind die drei letzten Symphonien (Juni bis August 1788) und die drei „Preußischen" Streichquartette (Juni 1789 bis Juni 1790). Die Symphonien sind vermutlich ein weiteres Beispiel für jene Art des intertextuellen Denkens, mit der Mozart auf Werke anderer Komponisten re-agierte, indem er sich von ihnen abstieß; auch hier spielen Werke Haydns, nämlich die 1787 bei Artaria erschienenen sechs „Pariser" Symphonien eine besondere Rolle[6]. Die Streichquartette waren offenbar als Beginn einer Reihe von sechs Werken für den König Friedrich Wilhelm II. von Preußen gedacht, aber Mozart mußte sie, wie er am 12. Juni 1790 (also im selben Monat, in dem das dritte der Quartette niedergeschrieben wurde) an Michael Puchberg schrieb, „um ein Spottgeld" an Artaria verkaufen, um Geld zu verdienen. Allerdings scheint sich der Plan, eine Quartettserie für den cellospielenden Monarchen zu schreiben, schon im Verlauf der Arbeit immer mehr verflüchtigt zu haben. Im eigenhändigen Werkverzeichnis ist nur beim ersten Quartett, KV 575, „für Seine Mayestätt dem König in Preußen" vermerkt, und KV 575 ist auch dasjenige der drei Werke, in dem das Cello am reichsten bedacht ist, vor allem im cantabile-Spiel. Außerdem ist es formal und satztechnisch einfacher als KV 589 und 590, und es ist intertextuell im Blick sowohl auf Haydn wie auf den König: Das Menuett-Hauptthema spielt sehr deutlich auf das Menuett-Trio aus Haydns op. 50 Nr. 6 (in derselben Tonart) an, und Haydns op. 50 ist Friedrich Wilhelm II. gewidmet.

---

6   Vgl. meinen Beitrag zum Programmbuch der Salzburger Mozartwoche 1990, S. 247–251.

Für unseren Zusammenhang ist aber wichtiger, daß Mozart in diesen drei Quartetten mit formalen Experimenten beginnt, die sich in den beiden letzten Streichquintetten fortsetzen[7]. In KV 575 sind die Ecksätze thematisch explizit verknüpft[8], was direkt auf KV 614 vorausweist. Das Finale von KV 589, das erneut einen intertextuellen Bezug im Rückgriff auf das Finale von Haydns op. 33 Nr. 2 und durch dieses hindurch auf die Chassetypik hat, ist ein mono-thematischer Sonatensatz, der durch kurze Wiederholungsabschnitte am An-fang als Rondo verkleidet erscheint. In diametralem Gegensatz dazu ist das Finale von KV 590 ein Sonatensatz, der keinen traditionellen Finaltypus auskomponiert, sondern einen neuen Typus schafft: das perpetuum-mobile-Finale. Es dürfte schwerfallen, solche Strategien als Zufallsergebnisse einer rastlosen kompositorischen Phantasie zu verstehen, auch wenn das strategi-sche Arbeiten Mozarts hier wie in anderen Zusammenhängen nicht strikt be-weisbar ist. Und es dürfte schwerfallen, die beiden Streichquintette, die den Quartetten im Dezember 1790 und April 1791 folgten, nicht als 'Fortsetzung' der letzten Quartettserie und damit auch als Mozarts dritten und letzten Ver-such zu begreifen, gegen die vom väterlichen Freund Haydn dominierte Gat-tung Streichquartett – in der, wie der Brief an Puchberg auch für die „Preußi-schen" Quartette betont, das Arbeiten für Mozart „mühsam" war – eine Kam-mermusikgattung zu entwerfen, in der Haydn keine Rolle spielte, obwohl sie eine im Wiener Musikverlagswesen und vermutlich im Wiener Musikleben durchaus präsente Gattung war. Denn die beiden Quintette sind – auch – durchaus experimentelle Werke.

Die erste und elementarste Ebene, auf der KV 593 und 614 experimentell wirken, ist die des Tonsatzes. Wolf-Dieter Seiffert hat in dem eingangs er-wähnten Aufsatz drei satztechnische Kriterien benannt, die für Mozarts mehrfachen Wechsel „Vom Streichquartett zum Streichquintett" wichtig sind: die Klangachse in der Mitte des Satzes, meist in der Viola beziehungsweise der ersten Viola; der Dialog von Stimmengruppen, also das, was Nicole Schwindt-Gross den „reziproken Texturwechsel" nennt[9]; die Akzentuierung von Form-teilen und Formzäsuren durch Oktavparallelen mit gleichzeitigen Terz-parallelen. Bei allen drei Techniken zeigen die „Preußischen" Quartette und, vermutlich im Anschluß an sie, die beiden Quintette eine deutliche Neu-

---

7   Vgl. dazu meinen Beitrag: Über einen Finaltypus bei Mozart, in: Begegnungen. Fest-schrift für Peter Anselm Riedl zum 60. Geburtstag, herausgegeben von Klaus Güthlein und Franz Matsche, Worms 1993 (Heidelberger Kunstgeschichtliche Abhandlungen, Neue Folge, Band 20), S. 356–363.

8   Es handelt sich um einen musikalisch handfesten Bezug, den jedermann hören und sehen kann, nicht um die berüchtigte 'Substanzgemeinschaft', die meist nur das triviale Ergeb-nis der Hartnäckigkeit analysierender Musikwissenschaftler ist.

9   Nicole Schwindt-Gross, Drama und Diskurs. Zur Beziehung zwischen Satztechnik und motivischem Prozeß am Beispiel der durchbrochenen Arbeit in den Streichquartetten Mozarts und Haydns, Laaber 1989 (Neue Heidelberger Studien zur Musikwissenschaft, Band 15), passim, besonders S. 51 ff.

orientierung gegenüber KV 499, 515 und 516. Die Klangachse ist in KV 575
noch relativ deutlich ausgeprägt, vor allem im ersten Satz; allerdings wird sie
schon hier überlagert einerseits durch die Betonung des Außenstimmen-Sat-
zes, die hier – mit der Bevorzugung des Violoncello – eine Funktion der Bestimmung des Werkes für den cellospielenden Friedrich Wilhelm II. ist,
andererseits durch die durchgängige konzertante Auflockerung des Satzes in
allen Stimmen. In KV 589 führen diese Überlagerungen zum weitgehenden
Verschwinden der Klangachse. In KV 590 hat sich der nach wie vor dominante Außenstimmensatz vom konzertanten Spiel stärker zur thematischen
Arbeit verlagert (wohl auch ein Element der Bewegung der Quartett-Trias
vom ursprünglichen Widmungsträger fort), und in Verbindung damit gewinnt
die Klangachsen-Konstruktion wieder an Bedeutung, jetzt aber als Achse, die
von zweiter Violine und Viola gemeinsam gebildet wird. Die allgegenwärtige
Tendenz zum konzertanten Satz und zum Außenstimmensatz beeinträchtigt
in den „Preußischen" Quartetten natürlich auch den reziproken Texturwechsel, der nur noch selten und dann meist als Gegenüberstellung von drei
'hohen' und drei 'tiefen' Stimmen in konzertantem Satz auftaucht. Am deut-
lichsten ist aber die Entwicklung im Gebrauch der Terz-Oktav-Koppel, die in
den sechs Haydn gewidmeten Quartetten fast verschwunden war, in KV 499
und den beiden ihm folgenden Quintetten aber zurückkehrt, zusammen mit
Achsenbildung und Texturwechsel. In KV 575 taucht die Terz-Oktav-Koppel
nur noch einmal auf, und zwar – ähnlich wie im Kopfsatz von KV 499, wo sie
der Akzentuierung des ersten Motivs auf der Dominantebene dient (T. 32–35
und Parallelstelle) – als Akzentuierung des Themas des langsamen Satzes (T.
1–12, 51–54). In KV 589 und 590 kommt die Terz-Oktav-Koppel nicht mehr
vor. Die Satztechnik der drei Quartette insgesamt erscheint als etwas Neues,
in dem sich Außenstimmen-Konstruktion, konzertanter Satz, Kontrapunkt
und thematische Arbeit auf bis dahin unerhört flexible Weise verbinden und
in dem die Spuren der traditionellen Techniken Klangachse, Texturwechsel
und Terz-Oktav-Koppel fast ganz getilgt sind. Eben diese neue satztechnische
Konstellation weist voraus auf die Quintette KV 593 und 614.

Die Neuartigkeit der fünfstimmigen Satztechnik der beiden Werke läßt
sich in der Tat als Weiterentwicklung und Übertragung der Satztechnik der
„Preußischen" Quartette verstehen, ausgehend von den von Seiffert beob-
achteten Techniken, aber über sie hinaus. Daß die Klangachsen-Technik kaum
noch eine Rolle spielt, ist nach dem Vorgang der Quartette nicht verwunder-
lich. Bemerkenswerter ist schon, daß der Texturwechsel zwar noch vorkommt, aber, im Vergleich mit KV 515 und 516, erheblich zurücktritt und,
vor allem, seine Funktion ändert. Im 'klassischen' Sinn, zur zweimaligen Vor-
führung eines Themas erst durch die drei höheren Stimmen unter Führung
der ersten Violine, dann durch die drei tieferen unter Führung der ersten
Viola, wie in KV 174 und noch am Anfang von KV 516, taucht er überhaupt
nicht mehr auf; statt dessen erscheint er zur Akzentuierung kleingliedriger

Motivwiederholungen wie im Adagio von KV 593 (T. 9–14 und analoge beziehungsweise parallele Stellen). Viel charakteristischer für die neue Flexibilität im Umgang mit solchen traditionellen Techniken wie für die neue Flexibilität des Satzes insgesamt sind aber Stellen, an denen Mozart mit der von der Tradition nahegelegten Erwartung auf genaue Wiederholung zu spielen scheint, so im ersten Satz von KV 614, wo eine geradezu klassische Formulierung durch den tiefen Chor bei der Wiederholung witzig verändert und am Schluß drastisch aufgebrochen wird (T. 180–188 und 188–198), oder am Ende des Finales von KV 614, wo ein irregulärer Texturwechsel zur witzigen Pointierung der Schlußbildung à la Haydn genutzt wird (T. 303–327). Auf andere Weise, aber nicht weniger deutlich zeigt sich die neue Satztechnik der Quintette im Verhältnis zur Terz-Oktav-Koppel. In KV 593 fehlt sie ganz, lediglich einige themen- und zäsurakzentuierende unisoni erinnern an den Komplex unisono – Oktavierung – Terz-Oktav-Koppel. In KV 614 hat es den Anschein, als sei die extreme Anspannung, die sich in KV 593 ja auf vielen Ebenen zeigt, einem entspannteren, aber gleichwohl originellen Umgang mit der Tradition gewichen. Im ersten Satz findet sich eine einzige oktavierte Austerzung, die die Kadenz vom Seitensatz zur Schlußgruppe akzentuiert (T. 60–62), aber sie wird in der Reprise zur einfachen Austerzung 'entschärft'; im Andante erscheint eine analoge Struktur zur Akzentuierung des alt-neuen Themas des Mittelteils (T. 58–59 und 68–69). Im Trio des Menuetts schließlich erscheint die altehrwürdige Oktavierung der Melodie, die am Schluß zur Doppeloktavierung gesteigert wird, als eindeutig genrehaftes Moment[10].

Mozarts offensichtlich distanziertes und reflektiertes Verhältnis zu den beschriebenen satztechnischen Elementen, besonders zum Texturwechsel und zur Terz-Oktav-Koppel, kann pars pro toto einen Eindruck von der Flexibilität, aber auch von der Kompliziertheit der Faktur der beiden Quintette insgesamt vermitteln. Kompliziertheit, die man auch als Komplexität verstehen kann, zeigt sich aber auch auf anderen Ebenen. Eine davon ist die der Formexperimente. Die zyklische Themenbildung in KV 614 ist schon erwähnt worden. Sie umgreift die Kopfthemen der Ecksätze und das Thema des Menuetts mit nahezu identischen Gestalten; das Andante ist ausgeklammert, zumindest ist der Bezug hier nicht thematisch-gestalthaft manifest. Über die Gründe läßt sich nur spekulieren: Vielleicht verfuhr Mozart so, weil ein Reiz der drei Themen beziehungsweise Thementeile darin besteht, daß sie die fallende Oktave von *b'''* nach *b''* in einen Es-Dur-Kontext umschreiben und weil der langsame Satz der einzige ist, der nicht in Es-Dur steht. Wichtiger ist

---

10   Zum komplizierten Ineinander von Genrestück und metrisch-rhythmischer Irregularität in diesem Satz vgl. Manfred Hermann Schmid, Musikalische Syntax in Menuetten Mozarts. Anmerkungen zur Bläserserenade KV 361 und zum Streichquintett KV 614, in: Gesellschaftsgebundene instrumentale Unterhaltungsmusik des 18. Jahrhunderts, herausgegeben von Hubert Unverricht, Tutzing 1992 (Eichstätter Abhandlungen zur Musikwissenschaft, Band 7), S. 119–130.

aber wohl, daß das 'zyklische Thema' im ersten Satz nur der Nachsatz, die Antwort auf einen ganz anders strukturierten Vordersatz ist – und das weist noch einmal und subtiler als die vordergründige Ähnlichkeit auf KV 575 zurück, wo das diminuierte Hauptthema des ersten Satzes mit seiner fortspinnenden Antwort und deren Abspaltung als Durchführungsmotiv (T. 64 ff.) im Finale zu einem stabilen Motivkomplex 'weiterentwickelt' wird (T. 32 ff.) – hier wie dort also Beziehung, verschleierte Beziehung und ein übergreifender Entwicklungsprozeß in einem.

Komplizierter als in KV 614 sind die Experimente in KV 593: Hier geht es nicht um zyklische Themenbildung, sondern einerseits um die Veränderung der traditionellen Kopfsatzform, andererseits um etwas schwierig zu Greifendes, das man vielleicht mit Verwandlung traditioneller Satzcharaktere umschreiben könnte. Die Form des ersten Satzes mit der Wiederkehr der langsamen Einleitung als quasi-Coda – in Mozarts Allegro-Kopfsätzen sehr ungewöhnlich – erinnert entfernt an den ersten Satz des Wiener Streichquartetts KV 171[11]. Nur fehlen im Quintettsatz die Assoziationen der französischen Ouverture, die im Quartettsatz ziemlich deutlich sind; die punktierten Rhythmen des Cellomotivs und der Schlußtakte wecken kaum noch eine Erinnerung an den langsamen Teil einer französischen Ouverture, und außerdem bestehen untergründige motivische Beziehungen zwischen Einleitung und Sonatensatz-Allegro, die diese Einleitung fest in die Tradition der klassischen Sonatensatz-Einleitung stellen[12]. Eine andere Frage ist, wo diese motivischen Beziehungen festzumachen sind: Der Vorschlag Rosens, der auf eine strukturelle Beziehung zwischen den Takten 1–4 und 22–25 der ersten Violine abzielt, ist wenig überzeugend, selbst wenn man von den sehr unterschiedlichen melodischen Gestalten absieht; näher liegt vielleicht eine rhythmisch-diastematische Beziehung zwischen dem Cellomotiv und den punktierten Schlußtakten der Einleitung einerseits und dem Kopfmotiv und dem punktierten Motiv des Hauptsatzes des Allegro (T. 22 und 30–31) andererseits. Wie dem auch sei, das entscheidende Formmerkmal des Satzes ist nicht dies, sondern die Wiederkehr der langsamen Einleitung nach der Reprise. Sie hat, zu-

---

11 Vgl. Wolf-Dieter Seiffert, Mozarts frühe Streichquartette, München 1992 (Münchner Universitäts-Schriften. Philosophische Fakultät. Studien zur Musik, herausgegeben von Rudolf Bockholdt, Band 11), S. 141–145. Die beste Analyse des Kopfsatzes von KV 593 findet sich, nicht überraschend, bei Charles Rosen, a. a. O., S. 321–324; insbesondere sei auf Rosens Darstellung der fallenden Terzenketten als eines übergreifenden Konstruktionsmerkmals des ganzen Quintetts hingewiesen.

12 Rudolf Klinkhammer, Die langsame Einleitung in der Instrumentalmusik der Klassik und Romantik (Kölner Beiträge zur Musikforschung, Band 65), Regensburg 1971, Marianne Danckwardt, Die langsame Einleitung. Ihre Herkunft und ihr Bau bei Haydn und Mozart (Münchner Veröffentlichungen zur Musikgeschichte, Band 25), Tutzing 1977, und Eberhard Müller-Arp, Die langsame Einleitung bei Haydn, Mozart und Beethoven (Hamburger Beiträge zur Musikwissenschaft, Band 41), Hamburg/Eisenach 1992 verfolgen andere Erkenntnisinteressen und tragen deshalb zu unserem Problem nichts bei.

sammen mit der abschließenden Wiederholung der ersten Allegro-Periode,
Codafunktion, womit sich der Satz einerseits in die vielfältigen Codabildun-
gen seit KV 499 einreiht, sich andererseits aber – da die Coda die Wieder-
holung der langsamen Einleitung ist und ihrerseits einer zusätzlichen Schluß-
bildung bedarf – von eben diesen für Mozart nun schon traditionsreichen
Schlußbildungen mittels Coda abhebt: eine wahrhaft komplizierte Situation.
Sie wird noch weiter dadurch kompliziert, daß hier die Coda einen anderen
Charakter als in den vorausgehenden Lösungen und in KV 614 hat. In den
Quartetten KV 499 und 590 ist die Coda als beruhigtes und zum *p* oder *pp*
diminuierendes Auslaufen des Satzes komponiert, im Quintett KV 516 ist die
Coda Zusammenfassung und letzte Steigerung der Ereignisse des Satzes (KV
589 hat nur eine um wenige abschließende Takte erweiterte Reprise, KV 575 –
Reflex der Bestimmung für Friedrich Wilhelm II.? – sogar nur eine noten-
getreue Reprise; in KV 515 ist die nicht ausgegliederte coda-ähnliche Erweiterung der Reprise ein Sonderfall). In allen Sätzen mit ausgegliederter Coda
wird der zweite Allegroteil, also Durchführung und Reprise, wiederholt (KV
589 ist von den hier verglichenen Sätzen der einzige mit dieser Wiederholung,
ohne daß eine ausgegliederte Coda vorliegt; KV 515 und 575 kommen ohne
Wiederholung aus – in KV 515 ist das vermutlich eine Folge der ohnehin ex-
zessiven Länge des Satzes, in KV 575 wohl wiederum ein Aspekt der betonten
Simplizität des ganzen Werkes). Schließlich steht der gleichsam gestisch offene
und gespannte Schluß der Exposition in KV 593, der dann die Öffnung zur
Wiederkehr der Einleitung als Coda bewirkt, den entsprechenden Stellen in
KV 516 sehr nahe. Dennoch ist die Situation in KV 593 eine ganz andere: Auf
die spannende Öffnung am Schluß der Reprise könnte auch eine 'normale'
Coda folgen, entspannend wie in KV 499 und 590 oder zusammenfassend und
zuspitzend wie in KV 516. Die Wiederkehr der Einleitung kommt als große,
fast Haydnsche Überraschung. Daß es sich nicht um eine einfache Wiederholung handelt, wird – zweite Überraschung – schon nach acht Takten signalisiert; der Aufbau der Dominantspannung wird harmonisch und melodisch
reicher und unter Verzicht auf die punktierten Rhythmen der Einleitung ausgeführt und die Spannung dadurch gesteigert: Es muß noch etwas kommen,
was mehr ist als die Kadenz zur Tonika. Was dann kommt, ist die letzte und
nun wirklich ganz Haydnsche Überraschung. Im Nachhinein zeigt sich die
melodische Änderung ab Takt 242 als sinnvoll: Die Sechzehntelgirlanden wirken wie ein Vorschein des Triolenlaufs der ersten Violine, so wie man die
punktierten Rhythmen in der Einleitung als Vorgriff auf das Hauptsatzmotiv
Takt 30 (das nun ja nicht noch einmal auftaucht) verstehen konnte; das Cellomotiv andererseits, mit seinem Bezug auf das Kopfmotiv des Hauptsatzes,
bleibt erhalten. Man versteht die Konstruktion des Satzes von seinem Schluß
her, der in Mozarts Werk wohl einmalig ist, besser, wenngleich nicht ganz.

    Daß die Coda des Kopfsatzes von KV 593 gleichwohl im größeren Zu-
sammenhang der Codabildungen seit KV 499 steht und ein Aspekt der experi-

mentellen Seite der beiden letzten Quintette ist, zeigt sich schließlich im Blick auf KV 614. Hier wird ein erstes Allegro entwickelt, das, ohne langsame Einleitung, genau und bis in die Proportionen der Satzteile hinein dem von KV 593 entspricht:

	Einleitung	Exposition		Durchführung / Reprise		Coda
KV 593/1	21	[: 79	:][: 42	87	:]	19+8
KV 614/1		[: 86	:][: 38	90	:]	18

Charakter und Funktion der Coda sind aber ganz anders als in KV 593, und die Überraschungen, die sie auslöst, sind Haydn verpflichtet nicht im Sinne formaler Witze, sondern auf der Ebene der Charakterverwandlung. Als thematische Zusammenfassung und Abrundung (ohne beruhigtes Auslaufen und mit energischer Schlußwendung) entspricht sie derjenigen in KV 516; im Charakter ist sie ihr entgegengesetzt: nicht affektive Zuspitzung, sondern drastisches Ausspielen des bukolisch-volksmusikalischen Potentials, das im Hauptthema latent vorhanden war, aber bis dahin nie explizit wurde.

Dies führt zur Ebene der Charakterverwandlung und der 'Uneigentlichkeit', die für beide Werke eine konstitutive Ebene ist. Sie beginnt bei der Tonartenwahl, denn weder nach Mozarts eigenen Konventionen noch nach den Tonarten-Ästhetiken der Zeit[13] ist das D-Dur-Quintett ein 'echtes' D-Dur-Werk, das Es-Dur-Quintett ein 'echtes' Es-Dur-Werk. Bei KV 515 (zumindest in den Dimensionen und im Auskomponieren des Klangraumes) und erst recht bei KV 516 war das anders gewesen. Uneigentlichkeit zeigt sich drastisch auch im Charakter des Finales von KV 593, der extreme Chromatik und kontrapunktische Dichte dem traditionellen Tonfall und 6/8-Takt eines Finales geradezu aufzwingt. Sie zeigt sich ebenso in der latenten, aber bis zum Schluß nicht expliziten Chasse- und Bukoliktypik des Kopfsatzes von KV 614, der man den nur eben angedeuteten Hornquinten-Charakter im Kopfmotiv von KV 593 (T. 23 und passim) an die Seite stellen könnte. Auf einer etwas anderen Ebene gehört auch der von Manfred Hermann Schmid beschriebene 'synthetische', durch metrische Unregelmäßigkeiten verfremdete Volksmusikton des Menuett-Trios in KV 614 hierher, der im ersten Teil des Trios von KV 593, vom Volksmusik- in den Serenadenton transponiert, ein Gegenstück hat. Ein merkwürdig uneigentlicher Ton eignet schließlich dem Finale von KV 614, auf dessen Haydn-Bezug vor allem Charles Rosen hingewiesen hat[14].

---

13 Vgl. Rita Steblin, A History of Key Characteristics in the Eighteenth and Early Nineteenth Centuries, Ann Arbor, UMI Research Press 1983 (Studies in Musicology, No. 67).

14 Rosen, a. a. O., S. 327. Der explizite Bezug auf das Finale von Haydns op. 64 Nr. 6 – ein doppelter Haydnscher Witz, da das Thema nicht nur zitiert, sondern umgekehrt wird – ist auch chronologisch möglich: op. 64 erschien in Koželuchs Magazin der Musik Ende Februar 1791, KV 614 ist auf den 12. April 1791 datiert. Rosens Versuch, den Bezug des Mozart-Quintetts auf Haydns Tost-Quartette op. 64 als zusätzliches Argument für eine

Nimmt man die hier zusammengetragenen, ganz unsystematischen und punktuellen Beobachtungen zusammen, dann wird doch ziemlich deutlich, daß Mozart mit seinen beiden letzten Streichquintetten tatsächlich noch einmal „vom Streichquartett zum Streichquintett" zu gehen versuchte, daß er auf diesem Weg nun zu einer ganz neuen und besonderen Art, Streichquintette zu schreiben, gelangte, und daß dieser Stil formal, satztechnisch und in den musikalischen Charakteren experimentelle Züge trägt. Die Werke sind auffallend knapp und gedrungen; Rosen spricht davon, daß KV 614 (aber das gilt auch, wenngleich in etwas geringerem Maße, von KV 593) „die expansive Freiheit der anderen fehlt und es seinen Reichtum zusammenzupressen scheint"[15]. Die Dimensionen sind gegenüber KV 516 und vor allem KV 515 zurückgenommen und entsprechen denen der letzten Quartette, auch darin, daß die Relationen von Exposition, Durchführung und Reprise ausgeglichener, das heißt die Durchführungen länger sind, ohne daß deshalb die Intensität der thematischen Arbeit schon in der Exposition geringer wäre. Anders gesagt: Die thematische Arbeit und die Tendenz zur Ausbreitung dieser Arbeit über die ganzen Sonatensätze nehmen in den „Preußischen" Quartetten und den beiden Quintetten zu; diese generelle Tendenz wird in den Quintetten durch den endgültigen Abbau des Texturwechsels und der mit ihm verbundenen Tendenz, thematische Perioden zu wiederholen, begünstigt. Zugleich ändert sich aber die thematische Arbeit selbst und mit ihr die Satzstruktur: Nicht nur der Texturwechsel, sondern auch die anderen traditionellen Techniken des Quartett- und Quintettsatzes werden gleichsam aufgelöst und, kaleidoskopisch umgewirbelt, neu zusammengesetzt. Die Quintette zeigen, noch über die „Preußischen" Quartette hinaus, ein gänzlich freies Schalten mit allen Mitteln des konzertanten Satzes, der thematischen Arbeit, des Kontrapunkts, und sie sind sowohl über die feste Zuordnung kontrapunktischer Techniken zu kontrapunktisch stilisierten Themen, konzertanter Techniken zu konzertanter Melodik, thematischer Arbeit zu auf sie hin erfundenen Themen wie über die paradoxe Vertauschung solcher Bezüge (wie etwa im Finale von KV 387) weit hinaus. Gerade durch diese neue Freiheit des Satzes und durch ihren 'zusammengepreßten' Reichtum sind sie aber auch schwierige Werke – kein Zufall, daß sie in der Praxis weit weniger beliebt sind als die expansiveren und in der Affektsprache weniger gebrochenen, deshalb unmittelbarer wirkenden Streichquintette in C-Dur (KV 515) und in g-Moll (KV 516). Es gehört zu Mozarts Tragik, daß sie seine letzten Kammermusikwerke sind. Wir wüßten gern, wie es weitergegangen wäre.

Beziehung der beiden letzten Quintette zu demselben Johann Tost zu benutzen, ist wenig überzeugend. Die vorgeschlagene Beziehung des langsamen Satzes zum langsamen Satz von Haydns Symphonie Nr. 85 („La Reine") ist musikalisch zunächst plausibel, verliert aber an Überzeugungskraft, wenn man die sehr starke Typusbindung beider Themen (Romanze im Gavottenrhythmus; vgl. die Romance der „Kleinen Nachtmusik") bedenkt.

15 Rosen, a. a. O., S. 327.

Ulrich Konrad

Fragmente aus der Gegenwart.
Mozarts unvollendete Kompositionen für Streichquintett

I

„So denke ich über Mozart: Er ist bisher die vollkommenste Erscheinung musikalischer Begabung. [...] Sein kurzes Leben und seine Fruchtbarkeit erhöhen seine Vollendung zum Range des Phänomens"[1] . Vollkommen und vollendet: Es sind diese beiden Epitheta, die für viele Menschen im Bekenntnis zu Mozart zusammenfassen, was zwar wortreicher, nicht aber treffender zu sagen wäre – Mozart, die Inkarnation der musikalischen Vollendung.

Die emphatische Apostrophe der unbegrenzten Fähigkeit Mozarts zum Vollenden, zum vollkommenen Fertigwerden beim Komponieren stand seit jeher dem Gedanken an die gegenteilige Erscheinung im Wege. Die Tatsache, daß kein Komponist von Rang so viele unabgeschlossene (vielleicht genauer ausgedrückt: so viele nur begonnene) Werke hinterlassen hat wie Mozart, konnte sich bis heute keinen Platz im Bewußtsein der musikalischen Öffentlichkeit verschaffen. Wie viele solcher Fragmente überliefert sind, vermag noch nicht präzise gesagt zu werden; selbst die Speziallliteratur versagt eine Antwort auf die einfache Frage[2] .

---

1 Ferruccio Busoni, Mozart-Aphorismen. Zum 150. Geburtstag des Meisters, in: ders., Wesen und Einheit der Musik. Neuausgabe der Schriften und Aufzeichnungen, revidiert und ergänzt von Joachim Herrmann, Berlin 1956 (= Max Hesses Handbücher der Musik, Band 76), S. 143–145, hier S. 143.

2 Die Forschung hat sich bislang überwiegend mit einzelnen Fragmenten oder Fragmentengruppen, deren Geschichte, Datierung und Gattungskontext beschäftigt. Die systematische wissenschaftliche Behandlung des Themas 'Fragment bei Mozart' steht noch aus; sie hätte auszugehen von einer kritischen Bestandsaufnahme der Überlieferung (über eine knapp kommentierte Auflistung kommt auch die jüngste Zusammenstellung des Materials von John Arthur nicht hinaus, siehe H. C. Robbins Landon [Herausgeber], Das Mozart-Kompendium. Sein Leben – seine Musik, München 1991, S. 395–408). Zunächst sei folgende Literatur genannt: Hermann Abert, W. A. Mozart. Neubearbeitete und erweiterte Ausgabe von Otto Jahns Mozart, Zweiter Teil, Leipzig [7]1956, S. 95–116 (Kapitel „Mozarts künstlerisches Schaffen"). Ulrich Konrad, Fragment bei Mozart, in: Acta Mozartiana 39 (1992), S. 36–51. Robert L. Marshall, Mozart's Unfinished. Some Lessons of the Fragments, in: MJb 1991, S. 910–921. Alan Tyson, Mozart. Studies of the Autograph Scores, Cambridge MA/London 1987 [im folgenden: Tyson, Studies]; ders., Proposed New Dates for Many Works and Fragments Written by Mozart from March 1781 to December 1791, in: Cliff Eisen (Herausgeber), Mozart Studies, Oxford 1991, S. 213–226. Christoph Wolff, Creative Exuberance vs. Critical Choice: Thoughts on Mozart's Quartet Fragments, in: ders. (Herausgeber), The String Quartets of Haydn, Mozart, and Beet-

Im Falle Mozarts scheint der bloße Gedanke an Unvollendetes, an möglicherweise Unvollkommenes Mißbehagen hervorzurufen. Bestenfalls als Phänomen am äußeren Rand wird es wahrgenommen. Aus dem Zentrum der Künstlerschaft Mozarts bleibt es verbannt. So erklärt sich das Paradox, daß des Komponisten Requiem als eines seiner 'größten Werke' gelten kann, obwohl es, nüchtern betrachtet, ein in jeder Hinsicht unabgeschlossenes, von fremden Händen aufführbar gemachtes Fragment darstellt[3].

Mozarts Fragmente haben von dem Moment an, in dem ihre Existenz bekannt wurde, irritiert. Zunächst auf eher vordergründige Weise, machte doch die Fülle der Überlieferung den Verwaltern des Nachlasses, allen voran Georg Nikolaus Nissen und Maximilian Stadler, einen Überblick und eine Ordnung des Materials schwer[4]. Dann aber tiefgehender, als diese Männer eine Erklärung für die ungewöhnliche Hinterlassenschaft suchten. Sprachrohr ihrer Verstehensversuche wurde Constanze Mozart. Sie rückte in Briefen an den Verleger Breitkopf & Härtel die „Bruchstükke" Mozarts in einen Kontext, der jedem Kenner schon damals als unangemessen vorkommen mußte: „Gibt man denn nicht Fragmente, auch noch so klein, wie z. b. von Lessing, von berühmten Schriftstellern heraus"[5]? Zwar war dem Fragment in der aktuellen Kunstästhetik der Romantik eine zuvor nicht gekannte Bedeutung zugewachsen, erfuhren literarisches Fragment und bildhauerischer Torso kurzfristig als zentrale künstlerische Äußerungsformen eine lebhafte Pflege[6], doch blieb das musikalische Fragment in diesem Zusammenhang von Anfang an unbedacht. Das verwundert nicht, eröffneten sich doch im Medium der Musik keine Möglichkeiten, das Unvollendete als jenen Ausdruck der „Unendlichkeit eines Stoffes"[7] zu gestalten, wie ihn die frühromantische Prosa suchte. In Literatur und bildender Kunst strebte das bewußt Unvollendete eine künstlerische

---

hoven. Studies of the Autograph Manuscripts, Cambridge MA 1980 (= Isham Library Papers III), S. 191–210; ders., Musikalische Gedanken und thematische Substanz. Analytische Aspekte der Mozart-Fragmente, in: MJb 1991, S. 922–928. Johann Zürcher, Über einige Fragmente Mozarts. Fragen, Hypothesen, Vorschläge, in: MJb 1980–83, S. 414–429. Zum Fragment allgemein siehe J. A. Schmoll gen. Eisenwerth, Das Unvollendete als künstlerische Form. Ein Symposion, Bern 1959.

3   Dazu jüngst Christoph Wolff, Mozarts Requiem. Geschichte, Musik, Dokumente, Partitur des Fragments, Kassel/München 1991.

4   Gerhard Croll, Zu den Verzeichnissen von Mozarts nachgelassenen Fragmenten und Entwürfen, in: ÖMZ 21 (1966), S. 250–254; Ludwig Finscher, Maximilian Stadler und Mozarts Nachlaß, in: MJb 1960/61, S. 168–172.

5   Constanze Mozart an Breitkopf & Härtel, Wien, 15. Juni 1799; Bauer-Deutsch IV, Nr. 1245, S. 250.

6   D. F. Rauber, The Fragment as Romantic Form, in: Modern Language Quarterly 30 (1969), S. 212–221; Manfred Frank, Das 'fragmentarische Universum' der Romantik, in: Lucien Dällenbach/Christiaan L. Hart Nibbrig (Herausgeber), Fragment und Totalität, Frankfurt 1984 (= edition suhrkamp 1107), S. 212–224.

7   Artikel 'Fragment', in: Gero von Wilpert, Sachwörterbuch der Literatur, Stuttgart ⁶1979 (= Kröners Taschenausgabe 231), S. 278.

Aussage an und wurde Gegenstand der ästhetischen Reflexion; das Fragment stellte fortan eine besondere Form des Kunstwerks dar.

Ausgenommen blieb das musikalische Fragment, das, wenn überhaupt, in nüchterner Pragmatik lediglich als Sachrest der Überlieferung bekannt wurde[8]. Alle apologetischen Bemühungen, wie sie aus Constanze Mozarts Briefen sprechen, mußten ins Leere gehen, gleich welcher zusätzlicher Argumente sie sich noch bedienten (so etwa des pädagogischen, daß alle Fragmente lehrreich seien und ihre Gedanken – im Sinne von exempla classica – von anderen benutzt und ausgeführt werden könnten[9]). Von Anfang an führten Mozarts unvollendete Kompositionen ein bloßes Schriftdasein. Das Fragmentarische ließ sich nicht als ästhetischer Reiz, sondern nur als Defizit wahrnehmen. Entweder glich man dieses Defizit aus und gewann den Kompromiß eines aufführbaren, aber nicht authentischen Werks, dessen Zweifelhaftigkeit in der contradictio in adjecto des 'vollendeten Fragments' zum Ausdruck kommt[10], oder man schenkte ihnen keine weitere künstlerische Beachtung – als Reliquien erfüllten sie einen als durchaus legitim empfundenen Zweck[11].

Unsere Kenntnis der Schaffensweise Mozarts erlaubt die Feststellung, daß der Komponist keine Fragmente schaffen, sondern mit jedem kompositori-

---

8   Peter Schleuning unternahm jüngst den Versuch, die Rezeption von Johann Sebastian Bachs unvollendeter Kunst der Fuge im Zusammenhang mit der seit dem Ende des 17. Jahrhunderts entwickelten Praxis und Theorie des non finito zu interpretieren; siehe ders., Johann Sebastian Bachs 'Kunst der Fuge'. Ideologien – Entstehung – Analyse, Kassel/München 1993, S. 182–196.

9   Constanze Mozart an Breitkopf & Härtel, Wien, 15. Juni 1799; Bauer-Deutsch IV, Nr. 1245, S. 251.

10 Die Geschichte der zahlreichen Versuche, die verschiedensten Fragmente Mozarts abzuschließen, angefangen bei Joseph Eyblers und Franz Xaver Süßmayrs Bemühungen um das Requiem über Maximilian Stadlers, Simon Sechters, Otto Bachs und anderer Arbeiten vor allem an Instrumentalmusikfragmenten bis hin zu zeitgenössischen Ergänzungen, bedürfte einer eigenen Darstellung. Es könnte gezeigt werden, wie die Unmittelbarkeit des gemeinsamen musikalischen Sprachgebrauchs noch der Zeitgenossen Mozarts schon früh verloren ging und wie sich die jeweils eigene Sprache zunehmend in den Vollendungsversuchen niederschlug, ehe in der Gegenwart große Mühe darauf verwendet wird, die musikalische Grammatik Mozarts zu studieren und anzuwenden. Noch in anderer Hinsicht sind namentlich jüngste Ergänzungen etwa der Streichquintett-Fragmente KV 514a und KV 515c lehrreich: Selbst da, wo es um das scheinbar unproblematische Vervollständigen des Binnensatzes geht (um die 'Füllstimmen', wie gerne gesagt wird), weisen die Versuche bezeichnenderweise kaum je einen notengleichen Takt auf. Auch im Akzidentellen bleibt das individuelle Ziel Mozarts für einen Zweiten unerreichbar. Vgl. in diesem Zusammenhang: Franz Beyer, Findelkinder und Sorgenkinder. Mozart-Paralipomena, in: Acta Mozartiana 23 (1976), S. 52–56.

11 Dieser Zweck wurde selbst dann noch erfüllt, wenn die Fragmente 'fragmentiert' und als bloße Schriftzeugnisse verehrt wurden, wie mit dem Autograph des unvollendeten Konzertsatzes für Horn Es-Dur KV 370b geschehen; vgl. dazu Gerhard Croll, Eine Reliquie Mozart's, in: Mitteilungen der Internationalen Stiftung Mozarteum 37 (1989), S. 194–197.

schen Ansetzen potentiell zu einem abgeschlossenen Werk gelangen wollte[12].
Die Fragmente ergaben sich. Das schließt eine von vornherein bestehende
Absicht hin auf das Unvollendete aus. Diese sinnvollerweise nicht zu bezweifelnde Tatsache ruft die zentrale Frage hervor, warum es dann bei Mozart immer wieder die abgebrochene Produktion eines intendierten Werks gegeben
hat? Eine Annäherung an das Verstehen dieses Sachverhalts wurde lange Zeit
hindurch nicht gesucht. Seit Jahrzehnten behaupten sich jedoch Standardantworten wie jene Erich Hertzmanns, die einen 'kreativen Überschuß' Mozarts konstatiert[13], oder wie jene Alfred Einsteins, dessen bekannte 'Sprungbrett-Theorie' besonders einleuchtend zu sein scheint[14]. Doch jede intensive
Auseinandersetzung mit dem Material schmälert die Überzeugungskraft der
herkömmlichen Erklärungsversuche. Beim derzeitigen Forschungsstand ist
die Vorstellung einer geradezu vegetativ-zwanghaften Produktionshaltung
Mozarts kaum mehr vertretbar[15]; soweit wir sehen, hat der Komponist nie
ziellos Musik geschrieben. Einsteins auch heute durchaus noch bedenkenswerte These krankt an dem Umstand, daß sie das Fragment in den meisten
Fällen als ungenügende Version eines zuletzt vollkommen gestalteten Werkteils begreifen will. Ob aber die fragmentarischen Werkverläufe, seien sie
kurz, seien sie lang, in ihrer Unabgeschlossenheit ein ausgesprochen kompositorisches oder ästhetisches Defizit aufweisen, dürfte nur sehr schwer zu klären
sein. Das von Einstein gewählte Bild von der Höhe, auf der sich ein Werkbeginn befinden müßte, um der Fortsetzung würdig zu sein[16], steht zudem im
Widerspruch zu der auch von ihm immer wieder vermerkten außerordentlichen künstlerischen Qualität vieler Fragmente.

Diese hier nur andeutungsweise entwickelten einführenden Gedanken zum
Fragment bei Mozart im allgemeinen bilden die Grundlage für die Beschäftigung mit jeder speziellen Fragmentengruppe, so auch mit jener der Streichquintette. Die Fragen nach ihrem Ort im Kompositionsvorgang und dem Warum ihrer Unabgeschlossenheit sind leitend für alle Untersuchungen. Gibt es

---

12 Vgl. dazu mein Buch: Mozarts Schaffensweise. Studien zu den Werkautographen, Skizzen und Entwürfen, Göttingen 1992 (= Abhandlungen der Akademie der Wissenschaften in Göttingen, Phil.-Hist. Klasse, Dritte Folge, Nr. 201).

13 Erich Hertzmann, Mozart's Creative Process, in: The Musical Quarterly 43 (1957), S. 187–200, auch in: Paul Henry Lang (Hrsg.), The Creative World of Mozart, New York 1963, S. 17–30.

14 Alfred Einstein, Mozart. Sein Charakter. Sein Werk, Stockholm 1947, S. 193–204 (Kapitel „Die Fragmente und der Prozeß des Schaffens").

15 Diese Vorstellung rührt bereits von Aussagen Constanze Mozarts her. So referiert Nissen: „Die grosse Arbeitsamkeit in den letzten Jahren seines Lebens, sagt seine Frau, bestand darin, dass er *mehr* niederschrieb. Eigentlich arbeitete er von jeher im Kopfe immer gleich, sein Geist war immer in Bewegung, er componirte so zu sagen immer". In: Georg Nikolaus von Nissen, Biographie W. A. Mozart's, Leipzig 1828 (Reprint: Hildesheim 1972), S. 694.

16 Einstein, Mozart (wie Anmerkung 14), S. 159.

vielleicht gar keine tieferen Ursachen für das Liegenlassen von Werkanfängen, waren sie womöglich in den meisten Fällen für Mozart jederzeit vollendbar (daß manche Werke vor ihrer schließlich erfolgten Fertigstellung in seiner Werkstatt geraume Zeit hindurch in fragmentarischer Anfangsgestalt existierten, konnte Alan Tyson schlüssig nachweisen[17])? Oder erreichte Mozart nach dem Entschluß zum Beginnen einer Komposition in der Frühphase der Arbeit gelegentlich den Punkt, an dem ihm die Fortführung fraglich oder unmöglich vorkam? Könnte hinter einem solchen Aufgeben von Werken (deren thematisches Material er übrigens so gut wie niemals in verwandtem oder fremdem Zusammenhang wiederaufgriff) ein regelrechtes kompositorisches Scheitern als Ursache vermutet werden? Wie wäre dann dieses Scheitern zu beschreiben? Jedenfalls müßte dabei angenommen werden, daß in Mozarts Kopf zu Beginn der Kompositionsarbeit keine konkrete Vorstellung von der endgültigen Werkgestalt bestand, da im gegenteiligen Fall ja der musikalische Verlauf bis zum Ende überschaut und somit das allfällige Problem der Fortführung an bestimmten Punkten mental gelöst gewesen wäre[18] . Vielleicht führt die Annahme weiter, bei Mozart habe sich am Anfang des Schaffensprozesses die Ahnung eines Kompositionszieles eingestellt, das sich mit der Ausgestaltung eines musikalischen Verlaufs zunehmend verdeutlichte und schließlich erreicht wurde, was hieße, daß virtuelle Werkidee und konkrete Werkgestalt in Mozarts Denken zur Deckung gekommen seien. Wo immer beim Komponieren Mozart zu Bewußtsein kam oder er instinktiv spürte, daß der eingeschlagene Weg nicht zur Erfüllung der Werkidee führte, verließ er ihn. Das Geschriebene war verfehlt, ohne daß seine künstlerische Qualität einen Mangel aufweisen müßte[19] . In diesem Sinne ließen sich möglicherweise Fragmente und vollendete Werke bei Mozart aufeinander beziehen: als individuelle Ansätze, als Ergebnisse je eigengearteten Sich-auf-den-Weg-Begebens zu einem virtuellen Ziel, das ein- oder mehrmals nicht, schließlich aber doch erreicht wurde.

Unsere tastenden Überlegungen sind weit vorgedrungen in die allgemeine Problematik. Inwieweit sie sinnvoll sind, muß sich an jedem Einzelfall erweisen. Ehe das am Beispiel der Streichquintettfragmente versucht werden kann, muß das Quellenfundament bereitet werden. Die folgenden philologischen Darlegungen dienen der genauen Kenntnisnahme des Materials und sollen Angaben vor allem zum Quellenbestand, zur Überlieferung und zur Datie-

---

17 Zum Beispiel die Klavierkonzerte Es-Dur KV 449 (T. 1–170 Winter 1782/1783, Rest Anfang 1784) und B-Dur 595 (Entwurfs-Partitur 1788, Fertigstellung Januar 1791) oder die Arie für Sopran KV 538 „Ah se in ciel, benigne stelle" (Particell 1778, Partitur März 1788), siehe Tyson, Studies, S. 28, 33, 153.

18 Vgl. dazu meine Studie „In seinem Kopfe lag das Werk immer schon vollendet [...]". Bemerkungen zu Mozarts Schaffensweise am Beispiel des Klaviertrios B-Dur KV 502, in: MJb 1991, S. 540–551.

19 Ausführlicher habe ich diesen Gedanken in meinem in Anmerkung 12 genannten Buch („Mozarts Schaffensweise") entwickelt, siehe besonders S. 387–395.

rung bieten. Daran anschließend wird ein Blick auf die Schaffenssituation im Umfeld der Fragmente zu werfen sein, ehe über die Analyse die Annäherung an die Musik erfolgt. Da im Rahmen der vorliegenden Studie weder vollständige Notentexte noch ausführliche Beispiele gegeben werden können, sei der Leser zum besseren Verständnis der Ausführungen nachdrücklich auf die Edition der Fragmente im Rahmen der Neuen Mozart-Ausgabe (NMA VIII/19, 1, Anhang, S. 185–198) hingewiesen.

II

Aus dem Zeitraum der Jahre zwischen etwa 1785 und 1791 sind sieben Ansätze zu Kompositionen für Streichquintett bekannt geworden. Im folgenden Katalog sind die Autographe in der Reihenfolge aufgeführt, wie sie in der zuletzt herausgegebenen Auflage des Köchel-Verzeichnisses stehen. Die dort aufgestellte Chronologie der Streichquintett-Fragmente ist allerdings nach den Ergebnissen der Papieruntersuchungen Alan Tysons in mehreren Fällen nicht mehr haltbar und wird hier lediglich aus pragmatischen Gründen berücksichtigt; weitere Ausführungen zu diesem Problem finden sich im Anschluß an vorliegendes Verzeichnis. Zum Inhalt der verschiedenen Rubriken der jeweiligen Katalogtitel dürfte eine kurze Einführung genügen. An die Titelei schließen sich die von verschiedenen Mozart-Forschern gemachten Vorschläge zur Datierung an; die von Tyson aufgrund des Wasserzeichenbefundes vorgenommenen Datierungen stehen stets am Schluß. Standort des Autographs und Angabe der identifizierten Wasserzeichen folgen (eigene Beschreibungen sind zugunsten des jetzt innerhalb der NMA vorgelegten Katalogs von Tyson[20] zurückgehalten worden; angegeben sind die Wasserzeichen-Nummer sowie die jeweiligen „Quadranten"). Dann werden frühe Abschriften der Fragmente registriert. Frühere Versuche der Fragmenten-Verzeichnung finden im Anschluß daran ihren Platz; die dabei verwendeten Siglen sind wie folgt aufzulösen:

NiSig. = von Nikolaus Nissen im Zuge der Handschriftenkatalogisierung auf fast allen Fragmenten angebrachte mehrteilige Signatur (mehr dazu im Anschluß an den Katalog);

CMN = Constanze Mozart, Nachricht von Mozarts hinterlassenen Fragmenten, Brief an Breitkopf & Härtel, Wien 1. März 1800 (Bauer-Deutsch IV, S. 324–331);

NiB = Georg Nikolaus von Nissen, Biographie W. A. Mozart's, Leipzig 1828, Anhang S. 10–20 (diese Signaturen stehen nicht mit den erstgenannten, wohl aber mit den später in der Rubrik Beschreibung/Anmerkung jeweils erwähnten Rötelziffern in Verbindung);

Jahn [1]III = Otto Jahn, W. A. Mozart, Dritter Theil, Leipzig 1858, „Verzeichniß der von Mozart unvollendet hinterlassenen Compositionen", S. 506–514;

Saint-Foix = George de Saint-Foix, W. A. Mozart IV, Paris 1939.

---

20   NMA X/33, 2: Wasserzeichenkatalog, vorgelegt von Alan Tyson, 2 Bände, Kassel usw. 1992.

Die Rubrik „Beschreibung/Anmerkung" beinhaltet eine detaillierte Quellenbeschreibung und eine kurze Übersicht des musikalischen Verlaufs. Unter „Überlieferungsgeschichte" finden sich Angaben zur Geschichte des betreffenden Fragments. Unter den Ausgaben werden auch Vervollständigungsversuche aufgeführt. Literatur, die auf das beschriebene Fragment näher eingeht, steht in der entsprechenden Rubrik. Mehrfach genannte Literatur, deren Kurztitel nicht bereits zu Beginn des vorliegenden Bandes (S. 11) aufgelöst ist, wird hier wie folgt abgekürzt: „Angermüller Mozart-Autographe" (= Rudolph Angermüller, Mozart-Autographe im Besitz der Internationalen Stiftung Mozarteum Salzburg, in: [Mozartgemeinde Wien], Collectanea Mozartiana, Tutzing 1988, S. 165–176); „Blaschitz Fragmente" (= Mena Blaschitz, Die Salzburger Mozart-Fragmente, Phil. Diss. masch. Bonn 1926); „Klein Katalog" (= Hans-Günter Klein [Bearbeiter], Wolfgang Amadeus Mozart. Autographe und Abschriften, Berlin 1982 [= Staatsbibliothek Preußischer Kulturbesitz, Kataloge der Musikabteilung, Erste Reihe: Handschriften, 6].

KV 514 a = Anh. 80
[Quintett-Kopfsatz, ohne Tempoangabe] B-Dur, ¢

Datierung: Saint-Foix Frühjahr 1787; KV[6] Anfang 1787; Tyson 1787.

Autograph: Staatsbibliothek zu Berlin – Preußischer Kulturbesitz, Musikabteilung; Sig. Mus. ms. autogr. W. A. Mozart KV Anh. 80 = 514a.

Wasserzeichen: 55 – 3a, 2a, 1a (NMA X/33, 2, S. XXIII, 24, Abb. S. 110).

Abschrift: Staatsbibliothek zu Berlin – Preußischer Kulturbesitz, Musikabteilung; Sig. Mus. ms. 15589, Heft 8 (Aloys Fuchs), siehe Klein Katalog, S. 397.

Verzeichnung: NiSig. deest; CMN für die Violine XII; NiB III. B 12; Jahn [1]III, Nr. 49; Saint-Foix 515.

Beschreibung/Anmerkung: drei Blätter, sechs beschriebene Seiten zu zwölf Systemen; durchschnittliches Papier, Querformat 29,9 x 21,5 cm, an drei Seiten beschnitten. – Kopfzeile fol. 1r: in der linken Ecke mit Tinte von Stadler (Nissen?) *Camer 1*, zur Mitte hin mit Bleistift von unbekannter Hand *A.*[bbé] *M.*[aximilian] *Stadler Buchstaben* (bezieht sich irrtümlicherweise auf die folgende Eintragung), daneben mit Tinte von Nissen *zu einem Quintett*; rechts oben mit Tinte von Nissen *Von Mozart und seine Handschrift*. Am rechten Rand steht mit Rötel (verblaßt) von Nissen die Ziffer *XII*, unten ein Stempel der Königlichen Bibliothek Berlin. Auf fol. 3r oben rechts vermerkte Stadler mit Tinte *Zu einem [5]tett*, was darauf hindeutet, daß bei den ersten Ordnungsarbeiten das letzte Blatt des Fragments nicht bei den übrigen lag. – Entwurfs-Partitur in weitgehend korrekturfreier, der Reinschrift angenäherten Gebrauchsschrift, notiert mit brauner Tinte; kein Vorsatz, vollständige Vorzeichnung; 122 Takte: T. 1–23 vollst., 24–33[1] Vl. 1 + Vc., 33[2]–36 Vl. 1, 37–46 vollst., 47–64 Vl. 1, 65–

67 Vl. 1 + Vc., 68–72^2 Vl. 1, 72^3–99 Tutti (Lücke T. 88–91^1 Va. 1/2), 100–111^1 Vl. 1, 111^2–115 vollst., 116–118 Vl. 1/2, Va. 1, Vc., 119^1 Vl. 1/2, 119^2–121^2 Vl. 1, 121^3 f. Vl. 1, Va. 1/2.

Überlieferungsgeschichte: Das Fragment befand sich wohl seit 1839 als Geschenk Franz Xaver Wolfgang Mozarts im Besitz des Wiener Sammlers Aloys Fuchs, wurde von ihm in einer beschrifteten gelben Papiermappe aufbewahrt und am 10. August 1852 mit folgendem charakteristischen Brief an den Wiener Kunsthändler und Schriftsteller Moritz Bermann (1823–1895; siehe Richard Schaal, Die Briefpartner des Wiener Musikforschers Aloys Fuchs, in: MJb 1989/90, S. 158 f.) weitergegeben:

„Verehrtester Freund! Lange u schwer hat mich die Schuld gedrükt, mit welcher ich für einige mir güttigst überlassene Porträte und der Unterschrift des Lülly bei Ihnen im Rückstande war. Um so mehr freut es mich, daß ich jetzt in der angenehmen Lage bin, Ihnen Etwas zu übergeben, wodurch ich Einen von Ihnen unlängst ausgesprochenen Wunsche zu begegnen glaube u hoffe. Es wird Ihnen, als Kenner und Fachmann auf den ersten Anblik nicht entgehen welch ein kostbares und seltenes Stük dieses Autograph ist. Es ist nämlich – wie ich es auf dem Umschlag bemerkt – eine angefangene Composition und zwar eines Quintetts für 5 Streich=Instrumente – wovon der ganze 1. Theil (122 Takte) ganz ordentlich in Partitur angelegt, und größtentheils auch instrumentirt ist; nur an einigen Stellen fehlt die Ausfüllung der Instrumentirung. Man möchte weinen – daß Mozart – (wer weiß durch welches Ereigniß? –) verhindert worden sein mag, dieses Tonstück zu vollenden! Jedenfalls bleibt es – als gänzlich unbekannt – ein sehr interessantes Fragment, von dem ich wünschte, daß es niemals aus Ihren Händen käme, und nicht im Auslagkasten ausgestellt würde, weil der frühere Besitzer mir es nicht verzeihen würde, diese Reliquie weggegeben zu haben. Nun lieber Freund! nehmen und bewahren Sie Ihr Juwel, und es soll mich freuen, von Ihnen zu vernehmen, daß es Ihnen einige Freude gewähre. Zum Schluß meinen Dank für alle erwiesenen Freundschafts=Akte, und leichter fühlt sich nunmehr um's Herz und Gewissen Ihr alter bereitwilliger Freund AFuchs".

Von Bermann gelangte das Autograph zu einem nicht bekannten Zeitpunkt an Friedrich August Grasnick, aus dessen Nachlaß es 1879 an die Königliche Bibliothek Berlin ging.

Ausgaben: Wolfgang Amadeus Mozarts Werke, Kritisch durchgesehene Gesamtausgabe (AMA), Serie XXIV. Supplement, Nr. 55 (1888); Leipzig: Breitkopf & Härtel (Part. Bibl. 1175), 1898; NMA VIII/19, 1, S. 185–189. Ergänzung durch Caspar Diethelm (324 Takte), Winterthur: Amadeus Verlag (BP 2448), 1980; Ergänzung durch Franz Beyer (317 Takte), Lottstetten/Adliswill: Edition Kunzelmann (GM 1627), 1992; Ergänzung durch Erik Smith (122 Takte), eingespielt auf Philips CD 422 681–2 (1989).

Literatur: Saint-Foix IV, S. 242 f., 254; Jean und Brigitte Massin, Wolfgang Amadeus Mozart, Paris 1970, S. 1939; Tyson Studies, S. 150, 339 Anm. 6; Frank Ziegler (Bearbeiter), Wolfgang Amadeus Mozart. Autographenverzeichnis, Berlin 1990 (= Deutsche Staatsbibliothek, Handschrifteninventare 12), S. 31; Hans-Günter Klein (Hrsg.), Componiern – meine einzige freude und Passion. Autographe und frühe Drucke aus dem Besitz der Berliner Staatsbibliotheken, Wiesbaden 1991, Nr. 43, S. 112 f. (Faks. 1r).

KV 515a = Anh. 87
Andante [langsamer Quintettsatz] F-Dur, 6/8

Datierung: Blaschitz (Nr. 44) 1789/1790; KV³ April 1787; KV⁶ April 1787; Tyson nicht vor März 1791.

Autograph: Salzburg, Internationale Stiftung Mozarteum (Nr. 24).

Wasserzeichen: 102 – 1a (NMA X/33, 2, S. XXV, 48, Abb. S. 204).

Abschriften: Staatsbibliothek zu Berlin – Preußischer Kulturbesitz, Musikabteilung; Sig. Mus. ms. 15573 I, fol. 7v (Nachlaß Otto Jahn), siehe Klein Katalog, S. 388. Ebenda; Sig. Mus. ms. 15589, Heft 7 (Aloys Fuchs/Aloys Unterreiter), siehe Klein Katalog, S. 397. Blaschitz Fragmente, S. 67.

Verzeichnung: NiSig. II D. 17; CMN für die Violine XVII; NiB III. B 17; Jahn ¹III, Nr. 56.

Beschreibung/Anmerkung: ein Blatt, eine beschriebene Seite zu zwölf Systemen; etwas angegrautes Papier, Querformat 30,5 x 21,6 cm, an drei Seiten beschnitten. – Kopfzeile fol. 1r: von der oberen linken Ecke aus mit Tinte von Stadler *Anfang eines*, daneben von Mozart *Andante.*, fortgeführt von Stadler *für ein* ⁵ᵗᵉᵗᵗ sowie von ihm der Vermerk *Camer 1*; zum rechten Rand hin von Nissen die Beglaubigung *von Mozart und seine Handschrift*. Am rechten Rand steht mit Rötel von Nissen die Ziffer *XVII* (ganz leicht beschnitten). Am linken Rand ist der Rest einer Klebespur erkennbar; das Blatt war zuvor in einen Umschlag eingeklebt. Auf der Vorderseite sind zwei Stempel des „Dom-Musick-Vereins" (schwarz) und einer der Internationalen Stiftung Mozarteum (blau) angebracht, auf der Rückseite steht lediglich Nissens Signatur. – Entwurfs-Partitur in korrekturfreier, etwas kleiner Gebrauchsschrift, notiert mit graubrauner Tinte; kein Vorsatz, vollständige Vorzeichnung; zehn Takte: T. 1–3⁵ vollst., Rest nur Vl. 1.

Überlieferungsgeschichte: Das Fragment gelangte im Jahre 1844 aus dem Nachlaß von Franz Xaver Wolfgang Mozart an den Dom-Musik-Verein und das Mozarteum zu Salzburg und ging bei der Konstituierung der Internationalen Stiftung Mozarteum (1880) in deren Besitz über.

Ausgaben: NMA VIII/19, 1, S. 190.

Literatur: Blaschitz Fragmente, S. 246, passim; Tyson Studies, S. 17, 142; Angermüller Mozart-Autographe, S. 172.

KV 515c = Anh. 79
Allegro moderato [Quintett-Kopfsatz] a-Moll, C

Datierung: Blaschitz (Nr. 12) 1782; KV³ Mai 1787; Saint-Foix 1787; KV⁶ Mai 1787; Tyson nicht vor März 1791.

Autograph: a) Bergamo, Biblioteca dell'Istituto Musicale Gaetano Donizetti (S. 1–4); b) Salzburg, Internationale Stiftung Mozarteum (Nr. 25; S. 5)

Wasserzeichen: 102 – 1b, 4b, 2a (NMA X/33, 2, S. XXV, 48, Abb. S. 204).

Verzeichnung: NiSig. II D 11; CMN für die Violine XI; NiB III. B 11; Jahn ¹III, Nr. 48 (nur Manuskriptteil b).

Abschriften: Staatsbibliothek zu Berlin – Preußischer Kulturbesitz, Musikabteilung; Sig. Mus. ms. 15573 I, fol. 8v (Nachlaß Otto Jahn, nur Manuskriptteil b), siehe Klein Katalog, S. 388. Ebenda; Sig. Mus. ms. 15589, Heft 3 (Aloys Fuchs/Aloys Unterreiter, beide Manuskriptteile), siehe Klein Katalog, S. 397. Blaschitz Fragmente, S. 67 (nur Manuskriptteil b).

Beschreibung/Anmerkung: a) zwei Blätter, vier beschriebene Seiten zu zwölf Systemen, durchschnittliches Papier, Querformat 30,1 x 22,6 cm, an drei Seiten beschnitten. – Kopfzeile fol. 1r: über dem Beginn der Notenniederschrift von Mozart *Allo: moderato:*; zum rechten Rand hin von Nissen die Beglaubigung *von Mozart und seine Handschrift.* Auf der ersten Seite ist ein Stempel der Biblioteca dell'Istituto Musicale G. Donizetti Bergamo angebracht. b) ein Blatt, eine beschriebene Seite zu zwölf Systemen, durchschnittliches Papier, Querformat 30,1 x 22,6 cm, an drei Seiten beschnitten. – Kopfzeile fol. 3r: in der oberen rechten Ecke von nicht sicher zu identifizierender Hand (Stadler? Nissen?) der Klassifikationsvermerk *1 Kam.*[mer] / *1.*; zum rechten Rand hin von Nissen die Beglaubigung *Von Mozart und seine Handschrift.* Am linken Rand ist der Rest einer Klebespur erkennbar; das Blatt war zuvor in einen Umschlag eingeklebt. Auf der Vorderseite sind zwei Stempel des „Dom-Musick-Vereins" (schwarz) und einer der Internationalen Stiftung Mozarteum (blau) angebracht, auf der Rückseite steht lediglich Nissens Signatur. – Entwurfs-Partitur in weitgehend korrekturfreier, der Reinschrift angenäherter Gebrauchsschrift, notiert mit brauner Tinte; Vorsatz 2 *Violini* | *2 Viole* | *Violoncello.*, vollständige Vorzeichnung; 72 Takte: T. 1–10¹ vollst., 10²–27¹ Vl. 1, 11 f. + Va. 1, 12–27¹ + Vc., 17 Tutti, 27²–44 vollst., 45 f. Vl. 1 + Va. 1 + Vc., 47–48¹ Vl. 1 + Vc., 48²–51¹ Vl. 1/2, 49 + Va. 2, 50 + Va. 1, 51 + Va. 1/2, 52–53¹ vollst., 53–60 Vl. 1, 54 f. + Va. 1, 55–57 + Vc., 59 f. + Va. 1, 60–65 Vl. 1 + Vc., 66 f. Vl. 1/2 + Va. 1 + Vc., 68–70 Vl. 1 + Vc., 71 f. vollst.

Überlieferungsgeschichte: Zum geteilten Fragment berichtete Ernst Fritz Schmid (MJb 1956, S. 43), daß der Manuskriptteil a vom ersten Archivar des Dom-Musik-Vereins und Mozarteums zu Salzburg, Franz Xaver

Jelinek, an den Cellisten Alfredo Piatti gelangt sei; die Umstände des Erwerbs ließen sich vorerst noch nicht ermitteln (zu Jelinek siehe KV 613b, Abschriften). Aus dessen Besitz kam das Autograph an das Istituto musicale Gaetano Donizetti in Bergamo. Manuskriptteil b gelangte im Jahre 1844 aus dem Nachlaß von Franz Xaver Wolfgang Mozart an den Dom-Musik-Verein und das Mozarteum zu Salzburg und ging bei der Konstituierung der Internationalen Stiftung Mozarteum (1880) in deren Besitz über.

Ausgaben: NMA VIII/19, 1, S. XIX (Faks.), 190–194. Ergänzung durch Caspar Diethelm (171 Takte), Zürich: Amadeus Verlag (BP 2449), 1979; Ergänzung durch Franz Beyer (197 Takte), Lottstetten/Adliswil: Edition Kunzelmann (GM 1299), 1991 (© 1989); Ergänzung durch Erik Smith (72 Takte), eingespielt auf Philips CD 422 681-2 (1989).

Literatur: Blaschitz Fragmente, S. 248 (ohne Kenntnis des Fragments Bergamo); Saint-Foix IV, S. 254, V, S. 335; Tyson Studies, S. 17, 142, 150; Angermüller Mozart-Autographe, S. 172.

KV 516a = Anh. 86
[Quintett-Finalsatz, ohne Tempoangabe] g-Moll, 6/8

Datierung: Blaschitz (Nr. 57) 1791; KV³ Mai 1787; KV⁶ Mai 1787; Tyson 1787.

Autograph: Salzburg, Internationale Stiftung Mozarteum (Nr. 19).

Wasserzeichen: 55 – 4b (NMA X/33, 2, S. XXIII, 24, Abb. S. 111).

Abschriften: Staatsbibliothek zu Berlin – Preußischer Kulturbesitz, Musikabteilung; Sig. Mus. ms. 15573 I, fol. 7v (Nachlaß Otto Jahn), siehe Klein Katalog, S. 388. Ebenda; Sig. Mus. ms. 15589, Heft 12, S. 12 (Aloys Fuchs), siehe Klein Katalog, S. 398. Blaschitz Fragmente, S. 57.

Verzeichnung: NiSig. II D 16; CMN für die Violine XVI; NiB III. B 16; Jahn ¹III, Nr. 55.

Beschreibung/Anmerkung: ein Blatt, eine beschriebene Seite zu zwölf Systemen; leicht bräunliches Papier, Querformat 31 x 21,6 cm, an drei Seiten beschnitten. – Kopfzeile fol. 1r: von der oberen linken Ecke aus mit Tinte von Stadler *Anfang eines Rondo für ein 5tett Kammer 1*; zum rechten Rand hin von Nissen die Beglaubigung *von Mozart und seine Handschrift*. Am rechten Rand steht mit Rötel von Nissen die Ziffer *XVI*. Am linken Rand ist der Rest einer Klebespur erkennbar; das Blatt war zuvor in einen Umschlag eingeklebt. Auf der Vorderseite sind zwei Stempel des „Dom-Musick-Vereins" (schwarz) und einer der Internationalen Stiftung Mozarteum (blau) angebracht, auf der Rückseite steht lediglich Nissens Signatur. – Entwurfs-Partitur in korrekturfreier, der Reinschrift angenäherten Gebrauchsschrift, notiert mit leicht ins Graue gehender brauner Tinte; kein Vorsatz, vollständige Vorzeichnung; acht Takte: nur Vl. 1;

durch alle Systeme sind durchweg Taktstriche gezogen sowie zu Beginn
und am Schluß Wiederholungszeichen angebracht.

Überlieferungsgeschichte: Das Fragment gelangte im Jahre 1844 aus dem
Nachlaß von Franz Xaver Wolfgang Mozart an den Dom-Musik-Verein
und das Mozarteum zu Salzburg und ging bei der Konstituierung der Internationalen Stiftung Mozarteum (1880) in deren Besitz über.

Ausgaben: NMA VIII/19, 1, S. 194.

Literatur: Blaschitz Fragmente, S. 241; Tyson Studies, S. 137, 150; Angermüller Mozart-Autographe, S. 172.

KV 592b = Anh. 83
[Quintett-Kopfsatz, ohne Tempoangabe] D-Dur, C

Datierung: Blaschitz (Nr. 13) 1782; KV^3 Ende 1790; KV^6 Ende 1790; Tyson
1787–1789.

Autograph: Salzburg, Internationale Stiftung Mozarteum (Nr. 28).

Wasserzeichen: 95 – 1a (NMA X/33, 2, S. XXV, 45, Abb. S. 190).

Abschriften: Staatsbibliothek zu Berlin – Preußischer Kulturbesitz, Musikabteilung; Sig. Mus. ms. 15573 I, fol. 9r (Nachlaß Otto Jahn), siehe Klein
Katalog, S. 388. Ebenda; Sig. Mus. ms. 15589, Heft 4, S. 9–11 (Aloys
Fuchs/Unbekannter Schreiber), siehe Klein Katalog, S. 396. Salzburg, Internationale Stiftung Mozarteum (Franz Xaver Jelinek). Blaschitz Fragmente, S. 78 f.

Verzeichnung: NiSig. II D 15; CMN für die Violine XV; NiB III. B 15; Jahn
[1]III, Nr. 52.

Beschreibung/Anmerkung: ein Blatt, zwei beschriebene Seiten zu zwölf Systemen; durchschnittliches, etwas angebräuntes Papier, Querformat 30,5 x
21,2 cm, an drei Seiten beschnitten. – Kopfzeile fol. 1r: in der oberen rechten Ecke wohl von Nissen der Klassifikationsvermerk *Kamer 1a*; zum
rechten Rand hin in blasser Tinte wohl von Nissen *zu einem Quintett*, am
rechten Rand in dunkler Tinte von ihm die Beglaubigung *von Mozart und
seine Handschrift,* darunter mit Rötel die Ziffer *XV.* Am linken Rand ist
der Rest einer Klebespur erkennbar; das Blatt war zuvor in einen Umschlag eingeklebt. Auf der Vorderseite sind zwei Stempel des „Dom-
Musick-Vereins" (schwarz) und einer der Internationalen Stiftung Mozarteum (blau) angebracht, auf der Rückseite je einer von jeder Sorte; hier
steht außerdem die Signatur Nissens. – Entwurfs-Partitur in weitgehend
korrekturfreier, der Reinschrift angenäherten Gebrauchsschrift, notiert
mit dunkelbrauner Tinte; Vorsatz *2 Violini | 2 Viole | Violoncello,* voll-
ständige Vorzeichnung; 19 Takte: vollständig.

Überlieferungsgeschichte: Das Fragment gelangte im Jahre 1844 aus dem Nachlaß von Franz Xaver Wolfgang Mozart an den Dom-Musik-Verein und das Mozarteum zu Salzburg und ging bei der Konstituierung der Internationalen Stiftung Mozarteum (1880) in deren Besitz über.

Ausgaben: NMA VIII/19, 1, S. XX (Faks.), 195.

Literatur: Blaschitz Fragmente, S. 250, passim; Tyson Studies, S. 142 f.; Angermüller Mozart-Autographe, S. 174.

KV 613a = Anh. 81
[Quintett-Kopfsatz, ohne Tempoangabe] Es-Dur, 3/4

Datierung: Blaschitz (Nr. 22) 1782; KV[3] Anfang 1791; KV[6] April 1791; Tyson 1784–1785.

Autograph: Salzburg, Internationale Stiftung Mozarteum (Nr. 27).

Wasserzeichen: 61 – 3b, 2b (NMA X/33, 2, S. XXIII, 30, Abb. S. 123).

Abschriften: Staatsbibliothek zu Berlin – Preußischer Kulturbesitz, Musikabteilung; Sig. Mus. ms. 15573 I, fol. 9v/10r (Nachlaß Otto Jahn), siehe Klein Katalog, S. 388. Ebenda; Sig. Mus. ms. 15589, Heft 7, S. 1–8 (Aloys Fuchs/Aloys Unterreiter), siehe Klein Katalog, S. 398. Wien, Österreichische Nationalbibliothek; Sig. Mus. Hs. 9343 (Otto Bach, mit Ergänzungsversuch, Salzburg 16. 4. 1871). Blaschitz Fragmente, S. 76 f.

Verzeichnung: NiSig. II D 13; CMN für die Violine XIII; NiB III. B 13; Jahn [1]III, Nr. 50.

Beschreibung/Anmerkung: ein intaktes Doppelblatt, drei beschriebene Seiten zu zwölf Systemen; durchschnittliches, etwas angebräuntes Papier, Format 31,4 x 22,6 cm, an drei Seiten beschnitten. – Kopfzeile fol. 1r: in der oberen rechten Ecke wohl von Stadler (Nissen?) der Klassifikationsvermerk *Kamer 1*; in der Mitte von Mozart *Quintetto.*, zum rechten Rand hin mit Tinte Nissens Beglaubigung *von Mozart und seine Handschrift*. Am rechten Rand steht mit Rötel von Nissen die Ziffer *XIII*. Am linken Rand ist der Rest einer Klebespur erkennbar; das Blatt war zuvor in einen Umschlag eingeklebt (fol. 1r und 2v sind fleckig). Auf fol. 1r sind je zwei Stempel des „Dom-Musick-Vereins" (schwarz) und der Internationalen Stiftung Mozarteum (blau) angebracht, auf fol. 1v und 2r je einer von jeder Sorte. Fol. 2v enthält am oberen Rand Nissens Signatur und in der unteren rechten Ecke von moderner Hand die Bleistiftziffer *27*. – Entwurfs-Partitur in weitgehend korrekturfreier, der Reinschrift angenäherten Gebrauchsschrift, notiert mit hellbrauner, ins Graue gehender Tinte; Vorsatz *2 Violini | 2 Viole | Violoncello:*, vollständige Vorzeichnung; 71 Takte: T. 1–40 vollst., 41–48 Vl. 1 + Vc., 41 f. + Va. 1, 45 f. + Va. 1, 49–55 Vl. 1, 50 f. + Vl. 2 + Va. 1/2, 56–60 vollst., 61–71 Vl. 1 + Vc.

Überlieferungsgeschichte: Das Fragment gelangte im Jahre 1844 aus dem Nachlaß von Franz Xaver Wolfgang Mozart an den Dom-Musik-Verein und das Mozarteum zu Salzburg und ging bei der Konstituierung der Internationalen Stiftung Mozarteum (1880) in deren Besitz über.

Ausgaben: Jahn [1]III, Notenbeilage S. 12–14; Ergänzung durch Otto Bach (428 Takte), Leipzig: Robert Forberg (1200), 1871; NMA VIII/19, 1, S. 196 f.

Literatur: Blaschitz Fragmente, S. 249; Tyson Studies, S. 141 f.; Angermüller Mozart-Autographe, S. 174.

KV 613b = Anh. 82
[Quintett-Kopfsatz, ohne Tempoangabe] Es-Dur, C

Datierung: Blaschitz (Nr. 55) 1791; KV[3] April 1791; KV[6] April 1791; Tyson 1786–1787, 1790?

Autograph: Salzburg, Internationale Stiftung Mozarteum (Nr. 23).

Wasserzeichen: 78 – 2b (NMA X/33, 2, S. XXIV, 37, Abb. S. 157).

Abschriften: Staatsbibliothek zu Berlin – Preußischer Kulturbesitz, Musikabteilung; Sig. Mus. ms. 15573 I, fol. 8r (Nachlaß Otto Jahn), siehe Klein Katalog, S. 388. Ebenda; Sig. Mus. ms. 15589, Heft 4, S. 5–7 (Aloys Fuchs/ Unbekannter Schreiber), siehe Klein Katalog, S. 396. Salzburg, Internationale Stiftung Mozarteum (Franz Xaver Jelinek). Paris, Bibliothèque nationale, Département de la musique; Sig. Slg. Malherbe, Ms. 257 (Franz Xaver Jelinek), siehe Wolfgang Boetticher, Neue Mozartiana. Skizzen und Entwürfe, in: Neues Mozart-Jahrbuch 3 (1943), S. 144–184, hier S. 181, vor allem aber Wolfgang Plath, Gefälschte Mozart-Autographe (II). Der Fall Jelinek, in: Acta Mozartiana 26 (1979), S. 72–80, auch in ders., Mozart-Schriften (wie Anm. 21), S. 307–315, mit Faks. der Pariser Kopie. Blaschitz Fragmente, S. 66.

Verzeichnung: NiSig. II D 14; CMN für die Violine XIV; NiB III. B 14; Jahn [1]III, Nr. 51.

Beschreibung/Anmerkung: ein Blatt, eine beschriebene Seite zu zwölf Systemen; etwas dünneres Papier als üblich, leicht verschmutzt, Querformat 30,5 x 21,2 cm, an drei Seiten beschnitten. – Kopfzeile fol. 1r: in der oberen rechten Ecke wohl von Nissen der Klassifikationsvermerk *Kammer 1*; zur Mitte hin mit blasser Tinte von Stadler *Anfang eines*, daneben von Mozart *Quintetto.*, zum rechten Rand hin mit Tinte Nissens Beglaubigung *von Mozart und seine Handschrift*. Am rechten Rand steht mit Rötel von Nissen die Ziffer *XIIII* [!]. Am linken Rand ist der Rest einer Klebespur erkennbar; das Blatt war zuvor in einen Umschlag eingeklebt. Auf der Vorderseite sind zwei Stempel des „Dom-Musick-Vereins" (schwarz) und einer der Internationalen Stiftung Mozarteum (blau) angebracht, auf der Rückseite steht lediglich Nissens Signatur. – Entwurfs-Partitur in weitgehend korrekturfreier sauberer Gebrauchsschrift, notiert mit dunkel- bis schwarzbrauner Tinte; Vorsatz *2 Violini | 2 Viole | Violoncello.*, vollständige Vorzeichnung; 19 Takte: T. 1–11^1 vollst., 11^2–16 Vl. 1, 17–19 Vl. 1/2 + Va. 1.

Überlieferungsgeschichte: Das Fragment gelangte im Jahre 1844 aus dem Nachlaß von Franz Xaver Wolfgang Mozart an den Dom-Musik-Verein und das Mozarteum zu Salzburg und ging bei der Konstituierung der Internationalen Stiftung Mozarteum (1880) in deren Besitz über.

Ausgaben: NMA VIII/19, 1, S. 198.

Literatur: Blaschitz Fragmente, S. 245, passim; Tyson Studies, S. 141 f.; Angermüller Mozart-Autographe, S. 174.

*

Wir können die philologischen Darlegungen nicht verlassen, ohne zuvor auf zwei bereits oben angedeutete Probleme wenigstens kurz einzugehen.

1) Nach wie vor erst teilweise eingelöst ist die Forderung nach einer verläßlichen Chronologie der autographen Hinterlassenschaft Mozarts[21], zumindest im Blick auf die Streichquintett-Fragmente. Denn trotz allen erzielten Fortschritten vermag eine genaue Datierung der erhaltenen Stücke nicht geleistet zu werden. Immerhin ist die methodologische Gewißheit Alfred Einsteins, der als erster überhaupt eine chronologische Einordnung der Fragmente in den Werkbestand unternommen hat, wohl endgültig geschwunden: Der Annahme, diese Stücke seien in ihrer überwiegenden Anzahl als Anläufe zu vollendeten Kompositionen anzusehen und folglich nach der Gleichheit der Tonart und der Besetzung ebensolchen zuzuordnen, wird heute niemand mehr umstandslos beipflichten[22]. Die Behauptung, Papier und Wasserzeichen spiel-

---

21 Wolfgang Plath, Chronologie als Problem der Mozartforschung, in: Christoph-Hellmut Mahling und Sigrid Wiesmann (Herausgeber), Bericht über den Internationalen Musikwissenschaftlichen Kongreß Bayreuth 1981, Kassel usw. 1984, S. 371–378; auch in: ders., Mozart-Schriften. Ausgewählte Aufsätze, herausgegeben von Marianne Danckwardt, Kassel usw. 1991 (= Schriftenreihe der Internationalen Stiftung Mozarteum Salzburg, Band 9), S. 332–341.

22 KV^3, Vorwort, S. XL. In der Methode folgte Einstein Mena Blaschitz, der Bonner Schülerin Ludwig Schiedermairs, die in ihrer Dissertation von 1926 als erste den Bestand der Salzburger Fragmente untersucht hatte. Schiedermair hatte zuvor den ersten Anlauf zu einer Chronologie der Handschrift Mozarts gemacht, siehe ders., W. A. Mozarts Handschrift in zeitlich geordneten Nachbildungen, Bückeburg/Leipzig 1919. – Die Problematik des Einsteinschen Verfahrens zeigt sich nicht nur an der verfehlten Datierungen, sondern auch an den Charakteristiken der Fragmente: Auch sie sind stets von den ihnen zugeordneten vollendeten Werken her bewertet. So heißt es, um nur ein Beispiel anzuführen, von dem a-Moll-Fragment KV 515c, das als erster Anlauf zum g-Moll-Quintett galt: „Mozart hatte zuerst ein Quintett in a-Moll (K.V. 515c = Anh. 79) begonnen, aber

ten für die Bestimmung der Entstehungszeit der einzelnen Werke bei Mozart bei weitem nicht die Rolle wie für Bachs Kompositionen[23], hat sich sogar in ihr Gegenteil verkehrt: Papier- und Schriftuntersuchungen haben sich als für diese Frage zentral und konkurrenzlos erwiesen.

Allerdings folgte der 'Demontage' der alten Chronologie nur teilweise die Etablierung einer neuen. Am Beispiel der Streichquintett-Fragmente ist das leicht zu zeigen. Nur bei den Nummern 514a und 516a bestätigt der Wasserzeichenbefund Einsteins Datierungen. Für die Sätze KV 515a und 515c steht die Entstehung nicht vor März 1791 fest; Verbindungen zum langsamen Satz des C-Dur-Quintetts KV 515 und zum Kopfsatz des g-Moll-Stücks KV 516 gibt es demnach nicht. Diesen vier gesicherten Fällen stehen drei fragliche gegenüber: KV 613a, von Einstein in völliger Verkennung schon der bloßen Manuskriptsituation (die Überschrift „Quintetto" weist die Niederschrift zweifelsfrei als Beginn eines Satzzyklus aus) als 'Anlauf' zum Menuett des Es-Dur-Quintetts KV 614 interpretiert[24], steht mit dem Datierungsvorschlag 1784/1785 nun merkwürdig vereinzelt da. KV 592b, einst in einen Zusammenhang mit dem D-Dur-Quintett KV 593 gewiesen, ist wohl eher im Umfeld der Werkserie von 1787 zu sehen. Schließlich KV 613b: Eine auf zwei unzusammenhängende Jahresfolgen gespreizte Datierungsspanne (1786 f., 1790) läßt viele Möglichkeiten offen, einen 'Anlauf' zum Quintett KV 614 aus dem Todesjahr jedoch fraglich erscheinen.

Ob diese Unsicherheiten in der Chronologie künftig noch aufgelöst werden können, bleibt abzuwarten; nach der erschöpfenden Anwendung differenzierter quellenkritischer Verfahren in der jüngeren Vergangenheit sollten die Hoffnungen aber gedämpft sein[25]. Aus diesem Umstand erwächst als wichtige Konsequenz, das Fragment stärker als zuvor in seinem jeweiligen Eigendasein und seiner Eigenart wahrzunehmen. Mehr als zuvor ist die in die Musik eindringende Analyse gefordert, um zumindest an den umfangreicheren Fragmenten die Substanz des musikalisch Intendierten freizulegen.

2) Die Tatsache, daß der Bestand an bekannten Fragmenten noch immer nicht genau beschrieben worden ist, mag Gedanken an die Einschätzung des in der Vergangenheit eingetretenen Überlieferungsschwunds als verfrüht erscheinen lassen; daß es schon zeitig Verluste gegeben hat, geht aus der Nachricht Constanze Mozarts hervor, viele Fragmente seien „ihrer gänzlichen Un-

---

diese Tonart, die gern einen larmoyanten, 'exotischen' Klang gewinnt, zugunsten der ihm in solchen Fällen geläufigeren Tonart, verlassen"; Einstein, Mozart, S. 208 f.

23 KV³, Vorwort, S. XL; vgl. Blaschitz Fragmente, S. 218 f.

24 KV³, S. 777.

25 Neben den bahnbrechenden Forschungen Tysons sind die nicht weniger bedeutenden Untersuchungen Plaths zur Schriftchronologie hervorzuheben (leicht zugänglich in dem in Anmerkung 21 zitierten Sammelband). Ob und inwieweit die noch ausstehende differenzierte Darstellung der Schriftentwicklung während der 1780er Jahre bis zum Tod Mozarts verläßliche Anhaltspunkte zur Datierung der Fragmente liefern kann, wird man sehen.

brauchbarkeit wegen vernichtet"[26] worden. Es sei in diesem Zusammenhang auf ein bislang unzureichend wahrgenommenes Indiz zur näheren Bestimmung der Verluste hingewiesen, nämlich auf die auf sehr vielen Fragmenten notierten „Signaturen". Erstmals Beachtung schenkte diesen Vermerken, soweit ersichtlich, Christoph Wolff, der sie aber als autographe „classification sigla" des Komponisten mißverstand[27]. In Wirklichkeit stammen die Siglen, die zumeist aus einer Kombination von römischen Zahlzeichen, Groß- und/ oder Kleinbuchstaben und arabischen Ziffern bestehen (z. B. II D 5), von Georg Nikolaus Nissen und stellen ein Ergebnis seiner und anderer Bemühungen um Ordnung und Katalogisierung der Fragmente dar. Die Prinzipien dieses Klassifikationssystems, jedoch nicht in allen Einzelheiten der Anwendung, erhellt der Brief Constanze Mozarts an Johann Anton André vom 29. November 1800[28]. Die Werke Mozarts insgesamt werden in zwei Kategorien eingeteilt: „I. Musik für den Gesang" und „II Für bloße Instrumente". Innerhalb dieser Großgruppen wird eine zunehmend differenzierter werdende Gliederung in Untergruppen vollzogen. Hierbei kommt es allerdings zu einer ziemlichen Verwirrung der Ordnungszeichen, wie ein Ausschnitt aus der zweiten Großgruppe zeigt: „a für ein ganzes Orchester | 1. Sinfonien 2. Concerte, nämlich a. für Saiten b. für blasinstrumente c. für Clavier 3. Redoutentänze. b Andre vielstimmige werke, als: Parthien für bloße blasinstrumenten, Notturni | c Orgelmusik | d Kammermusik | 1 für die Violine [...]. 2. Mehrstimmig für andre Instrumente mit Ausschluß des Claviers 3. für Clavier [...]".

Auch wenn noch nicht alle Fragmentenautographe von mir in Augenschein genommen werden konnten, so zeichnet sich an dem bislang untersuchten Corpus die Tendenz ab, daß Nissen zumindest die Manuskripte mit für ihn eindeutig bestimmbaren Gattungsbeiträgen konsequent signiert hat. Da Nissen die Fragmente der einzelnen Gruppen nach dem numerus currens anordnete, müßten sich bei vollständiger Überlieferung des von ihm bearbeiteten Materials heute entsprechende lückenlose Zahlenreihen ergeben. Das ist aber nicht der Fall. In der für unseren Zusammenhang relevanten Gruppe II D, d. h. der Kammermusik, stehen die Streichquintette in folgender Reihung: II D 11 = KV 515c, 12 deest, 13 = 613a, 14 = 613b, 15 = 592b, 16 = 516a, 17 = 515a. Unbesetzt ist also die Nummer 12, während das Fragment KV 514a, aus welchen Gründen auch immer, offenbar nicht signiert worden ist. Darf man schließen, daß Nissen ursprünglich noch mindestens ein Quintettfragment mehr vorlag?

Beim flüchtigen Blick in das von Otto Jahn als Beilage dem dritten Teil seiner Mozart-Biographie hinzugefügten „Verzeichniß der von Mozart un-

---

26 Constanze Mozart an Breitkopf & Härtel, Wien, 1. März 1800, Bauer-Deutsch IV, Nr. 1288, S. 324; zum Quellenverlust vgl. Konrad, Mozarts Schaffensweise (wie Anmerkung 12), S. 30 f., passim.
27 Christoph Wolff, Creative Exuberance vs. Critical Choice (wie Anmerkung 2), S. 192 f.
28 Constanze Mozart an Johann Anton André, Wien, 29. November [1800], Bauer-Deutsch IV, Nr. 1323, S. 390–392.

vollendet hinterlassenen Compositionen" (siehe oben, S. 168) könnte man
meinen, eine in diese Richtung weisende Spur zu finden; die Hoffnung trügt
jedoch. In der Hauptsache handelt es sich hier um einen Nachdruck der
entsprechenden Liste in Nissens Biographie, „mit unwesentlichen Aenderun-
gen im Ausdruck und in der Anordnung nebst einigen Bemerkungen" versehen. Unter den Nummern 53 und 54 heißt es: „*Quintett* für 2 Violinen, 2
Violen und Vcello, E-moll. Der erste Theil Allegro ist vollendet (74 Takte)"
sowie „*Allegro* für 2 Violinen, 2 Violen und Vcello, E-moll, Allegro (24 [recte:
25] Takte)". Diese beiden Quintette sind nirgends nachzuweisen. Tatsächlich
sind dem sonst so gewissenhaften Jahn gleich mehrere Fehler unterlaufen. Er
hat aus Nissens Verzeichnis (S. 16, Nrn. 19 f.) zunächst die falsche Gattungs-
angabe „Quintett" statt „Quartett" übernommen. Dann verlas er die Tonart-
angabe g-Moll zum zweiten Fragment KV 587a in die falsche e-Moll. Schließlich bemerkte er auch die von Nissen herrührenden Fehldaten nicht: Vom
Quartettfragment in e KV 417d ist nicht die ganze Exposition komponiert,
sondern nur, wie es in den CMN noch korrekt geheißen hatte, „Ein ganz
erster Theil", und dieser umfaßt lediglich 54 Takte (vgl. NMA VIII/20, 1, 3, Kri-
tischer Bericht, S. c/84, 88).

In anderen Gruppen fallen die Lücken zum Teil bemerkenswert groß aus,
bemerkenswerter als bei den Quintetten (bei den Klaviermusikfragmenten
etwa bleiben von 22 Nummern bislang fünf nicht nachweisbar). Immerhin ist
bei dieser Sachlage die Vermutung zulässig, daß sich aus einer Rekonstruktion
des Nissenschen Fragmentenverzeichnisses begründete Aussagen über das
einstige Ausmaß des Bestandes an unvollendeten Kompositionen Mozarts ge-
winnen ließen.

III

Mozart hat sich den von ihm mit Beiträgen gewürdigten großen musikalischen Gattungen während der Wiener Jahre jeweils in zeitlich begrenzten
Phasen gewidmet, Zeitabschnitten, in denen die intensive Auseinandersetzung
mit einem Genre diejenige mit anderen auszuschließen schien; die zentralen
'Klavierkonzert-Jahre' 1784 bis 1786 etwa förderten weder Opern noch Symphonien ans Licht[29]. Ähnliche und gewiß nicht ganz zufällige Konstanten
sind hinsichtlich der Beschäftigung mit Gattungen der Kammermusik zu beobachten. Streichquartette und -quintette lösten sich in konsequentem Wechsel ab: 1782/1785 „Haydn"-Quartette, 1786 „Hoffmeister"-Quartett – 1787/
1788 erste Wiener Quintettserie – 1789/1790 „Preußische" Quartette – 1790/
1791 zweite Wiener Quintettserie (durch Mozarts Tod abgebrochen?). Diese
Erscheinungen sollen nicht weiter verfolgt und bewertet werden, zumal eine
einsichtfördernde Würdigung solcher Sachverhalte nur aufgrund analytischer
Befunde und mit der Einbeziehung weiterwirkender kompositorischer Erfah-

---

29 Charles Rosen, Der klassische Stil. Haydn, Mozart, Beethoven, Kassel/München 1983,
    S. 300–327; Konrad Küster, Mozart. Eine musikalische Biographie, Stuttgart 1990, S. 271–279.

rungen, die Mozart in anderen Gattungen machte, zu leisten wäre[30]. Aber der
Hinweis auf die 'Gattungsphasen' vermag zu verdeutlichen, daß Mozarts Ge-
staltungswille sich gerne zeitweilig gültigen Fixierungen unterwarf, die das
musikalische Denken auf bestimmte Wege führten (waren sie durchlaufen,
hatte sich das an sie gebundene gedankliche Potential aufgebraucht und das
Interesse für die betreffende Gattung erlosch).

Bei dieser geistigen Veranlagung des Komponisten verwundert es nicht,
daß vollendete Werke und gattungsgleiche Fragmente in bestimmten Zeit-
kreisen zusammengehören. Die sieben Streichquintett-Fragmente lassen sich,
vernachlässigt man die besprochenen Detailschwierigkeiten der Chronologie,
mit Ausnahme nur des Fragments KV 613a problemlos entweder der ersten
Phase von 1787/1788 oder der zweiten von 1790/1791 zuweisen. Für den ohnehin auffälligen Es-Dur-Satz KV 613a – einen der ganz wenigen kammermusikalischen Eröffnungssätze aus Mozarts Reifezeit im Dreivierteltakt – besteht
die Alternative, ihn als 'unzeitigen' Versuch inmitten der Arbeit an den
Haydn-Quartetten begreifen zu wollen (gleiches Papier wie im Quartett KV
464, dem einzigen mit einem Kopfsatz in der Dreiertaktart: Sollten sich verwandte Kompositionsideen aufzeigen lassen?) oder aber gegen den Wasserzeichenbefund eine spätere Entstehungszeit anzunehmen (was zu tun bei der
eher seltenen Papiersorte jedoch von vorneherein fragwürdig bliebe).

Nur zwei der Fragmente überliefern keine Kopfsätze und sind auf vorher
konzipierte Teile eines Satzzyklus bezogen. Das g-Moll-Rondo KV 516a stellt
offenbar den Beginn des ursprünglich intendierten Finales für das Quintett
KV 516 dar. Der all'ongarese-Typ des achttaktigen Themas[31] – nur dieses hat
Mozart notiert – hätte den Verlauf des Satzes charakteristisch geprägt, aber
ihn vielleicht auch einseitig typisiert. Ob das dem Komponisten gleich nach
der Niederschrift klar wurde oder ob ihm plötzlich die Molltonart unpassend
erschien – für die Klärung dieser Vermutungen gibt es keinerlei Anhaltspunkte. Eines aber dürfte unbestreitbar sein: Mozart war eine kurze Zeit lang
der Überzeugung, den zur Abrundung des Zyklus passenden Anschluß gefunden zu haben. Erst im Vorgang des Festhaltens, beim komponierenden
Schreiben, offenbarte sich das Unpassende des Ansatzes. Nach unserer Kenntnis der Schaffensweise Mozarts ist auch nicht anzunehmen, daß dieser Entwurf bereits im Vorhinein, etwa als Notiz zur Seite während der Arbeit an
den anderen Sätzen, angelegt worden sei. Solches Konzipieren auf Vorrat
scheint Mozart in der Regel nicht gepflegt zu haben, da die Gefahr, den
entworfenen Satzbeginn schließlich nicht verwenden zu können, groß gewesen sein muß. Mozart hat gewußt, daß er zur richtigen Entscheidung über

---

30 Einen guten Ansatz dazu bietet Wolf-Dieter Seiffert, Vom Streichquartett zum Streich-
     quintett. Satztechnische Bezüge zwischen kammermusikalischem Früh- und Spätwerk bei
     Mozart, in: MJb 1991, S. 671–677.
31 Nicht berücksichtigt von Tibor Istvánffy, All'Ongarese – Studien zur Rezeption ungari-
     scher Musik bei Haydn, Mozart und Beethoven, Phil. Diss. Heidelberg 1982.

die Fortentwicklung eines zyklischen Verlaufs den Abschluß des jeweils vorherstehenden Werkteils benötigte.

Das gilt grundsätzlich auch für das Fragment KV 515a aus dem Jahre 1791, das ebenfalls nicht über die Fixierung eines Hauptthemas hinausgediehen ist; lediglich der Begleitstimmensatz zu den drei Takten der Eröffnungsphrase ist zusätzlich festgehalten. Tempoanweisung (Andante) und musikalischer Charakter weisen das Ganze als Beginn eines langsamen Satzes aus. Wo aber ist der dazugehörige Kopfsatz zu finden? Die Tonart F-Dur legt einen solchen in C-Dur (z. B. wie in KV 515) oder in a-Moll (analog zu KV 516 g/Es) nahe. Da im fraglichen Zeitraum lediglich das tonartlich unpassende Es-Dur-Quintett abgeschlossen worden ist, käme eine sinnvolle Zusammenstellung des Fragmentes nur mit jenem in a KV 515c in Frage. Dieses enthält den vollständigen Verlauf der Exposition und damit die Materialsubstanz des Satzes. Vielleicht überschaute Mozart nach Erreichen dieses wichtigen Formeinschnitts die entscheidenden kompositorischen Zielpunkte der weiteren Entwicklung so deutlich, daß er sich dem folgenden langsamen Satz zuwenden und dessen Hauptthema finden konnte. Das Gesagte muß freilich Spekulation bleiben, da zwingende musikalische Indizien zur Begründung der Zusammengehörigkeit der beiden Fragmente nicht zu sehen sind. Schließlich muß noch der Möglichkeit Raum gegeben werden, daß sowohl das eben behandelte g-Moll- als auch das F-Dur-Fragment als völlig selbständige Einfälle, als bloße „Ideen für Streichquintett-Sätze" entstanden sind und Mozart für sie während der verschiedenen Quintettphasen keinen Ort fand, sie sinnvoll in einen der entstehenden Zyklen einzubauen[32].

Die übrigen fünf Fragmente sind Kopfsätze, sollten also an erster Stelle von Satzreihen stehen. Die Feststellung ist nicht so simpel, wie sie scheinen mag, war es doch gerade der Sonatenhauptsatz, der mit seinen innovativen Gestaltungsmodellen in den Quartetten Joseph Haydns den kompositorischen Ehrgeiz des Jüngeren reizte. Mozart hatte sich ein hohes Ziel gesteckt: Der erste Satz seines ersten Wiener Streichquintetts KV 515, wenn man so will das Eingangsportal zu seiner späten Kammermusik, sollte unverkennbar etwas Einmaliges darstellen. Diese charakteristische Besonderheit suchte Mozart in der äußeren Dimension der Form[33]. Dabei ging es Mozart selbstverständlich nicht um bloßen Umfang, sondern um die Erfindung und Erprobung von Verfahrensweisen, die aus der Musik heraus, nicht als etwas ihr äußerlich Aufgesetztes, die große Form ergaben. Im Zusammenhang mit dieser individuellen Kompositionsaufgabe, die zugleich das wesentliche Element einer Werkidee ausmachte, steht das B-Dur-Fragment KV 514a.

---

32 Vgl. meine in die gleiche Richtung gehende Interpretation des „ultimo Allegro per una Sinfonia" Sk 1785g, das in Beziehung zur „Prager" Sinfonie KV 504 gestellt werden könnte; Mozarts Schaffensweise (wie Anmerkung 12), S. 404.

33 Rosen, Der klassische Stil (wie Anmerkung 29), S. 305. Vgl. auch den Beitrag in diesem Band von Hartmut Schick, S. 69 ff.

Schon der Vergleich der Taktzahlen, der sich an den Ausmaßen allein der Exposition orientieren muß, macht unübersehbar deutlich, daß im besagten Fragment die gleichen Formdimensionen wie im vollendeten Quintett Mozarts Vorstellung geleitet haben: hier 151 Takte, dort 122 Takte. Dahinter bleiben alle übrigen Quintettkompositionen weit zurück; hier lauten die Zahlen: KV 515c = 72 Takte, KV 516 = 94 Takte, KV 593 = 80 Takte (mit Adagio-Einleitung 101 Takte), KV 614 = 86 Takte.

Dem Fragment KV 514a eignet ein Zug zum Experimentellen, gelegentlich auch zum Forcierten. Die Annahme, dieses Stück dokumentiere den ersten 'Ansturm' auf das ins Auge genommene Ziel, hat viel für sich. Sie wird bekräftigt durch die Analyse der eingesetzten Kompositionsmittel. Als wichtigste sind hier zu nennen: erstens, systematische Ausnutzung dialogisierender Registerwechsel von paarweise gekoppelten Stimmverbänden im Kontrast zu konzertanten Abschnitten; zweitens, konsequente motivische Arbeit, die ein dichtes Netz von Ableitungen, Fortspinnungen und Rückbezügen schafft; drittens, Ausweitung harmonischer Flächen in der elementaren Grundspannung von Tonika und Dominante. Diese Mittel verlangen eine genauere Beschreibung.

1) Die Fünfstimmigkeit des Quintettsatzes bedingt seine reiche Klanglichkeit, die Klanglichkeit bestimmt die kompositorische Faktur seines Satzes[34]. Dieses elementare Wechselverhältnis von Klang und Satz, das alle Möglichkeiten des fünf-, vier- und dreistimmigen Satzes zur freien Verfügung hält, hat sich Mozart im Fragment KV 514a vor allem durch den konsequenten Einsatz von Stimmkopplung und -entkopplung sowie durch die abwechslungsvolle Placierung der Stimmverbände im Klangraum nutzbar gemacht. Dabei führt er die sinnvoll realisierbaren Gruppierungen in planvoller Steigerung ein. Die Grundprinzipien des Quintettsatzes und -klangs werden in den einleitenden acht Takten mit der Präsentation des ersten Themas anschaulich dargeboten:

Notenbeispiel 1:

---

34 Zu Geschichte und Stil der Gattung Streichquintett allgemein vgl. Artikel „Streichquartett", hier: 'Streichquintett und Streichsextett' (Ludwig Finscher), in: MGG 12, Sp. 1594–1598; Artikel „String quintet" (Michael Tilmouth), in: The New Grove Dictionary of music and musicians, Band 18, herausgegeben von Stanley Sadie, London etc. 1980, S. 287 f.; Tilman Sieber, Das klassische Streichquintett. Quellenkundliche und gattungsgeschichtliche Studien (Neue Heidelberger Studien zur Musikwissenschaft, Band 10), Bern/München 1983.

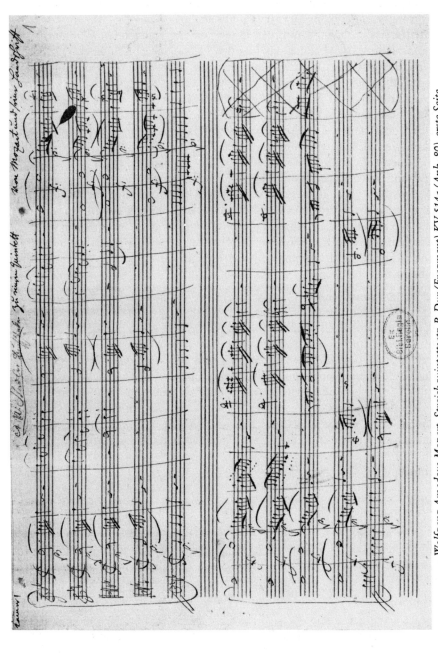

Wolfgang Amadeus Mozart, Streichquintettsatz B-Dur (Fragment) KV 514a (Anh. 80), erste Seite

Wiedergabe mit freundlicher Genehmigung der Staatsbibliothek zu Berlin — Preußischer Kulturbesitz, Musikabteilung

Die Form dieses Themas ist von einer mustergültigen Ausgewogenheit. Vier streng voneinander abgegrenzte Zweitaktgruppen, von denen die erste und dritte sowie die zweite und vierte materialgleich sind, folgen einander: fünfstimmiger Verband und Trio stehen sich gegenüber. Klangliche Flächigkeit kontrastiert mit durchhörbarer Stimmigkeit. Der harmonische Spannungsbogen reicht von der Tonika B zur Dominante F und von dieser wieder zurück zur Ausgangstonart. So elementar alle diese Vorgänge auch sind, so sublim ist die ihnen innewohnende Dynamik, denn das Wiederaufgreifen des Gleichen beinhaltet an keiner Stelle die Wiederholung des Selben. Die Tuttigruppen weisen zwar eine identische Binnenstruktur auf – Terzkopplung je der Violinen und Violen, dadurch Oktavparallelen je in den ersten und zweiten Parten; Sextabstand der gekoppelten Gruppen; von der Kopplung unabhängiges Violoncello in Baßfunktion – und als kompositorische Idee liegt ihnen die Ausgestaltung des Schritts vom Zwei- zum Dreiklang zugrunde (tatsächlich sind die ersten acht Takte real zwei- und dreistimmig), doch unterscheiden sie sich tief in ihren Formaufgaben. Die Eingangsgruppe ist thesenhaft, in sich geschlossen und erreicht ihre Wirkung durch die Erstmaligkeit all dessen, was in ihr geschieht. Ihre Stabilität fehlt der Wiederholung, denn zum einen geht dem Oberstimmenquartett die 'Bodenhaftung' durch den sich weiter vergrößernden Abstand zum Baß verloren (T. 1 f. Oktave – Dezime; T. 5 f. Dezime – Duodezime), zum andern führt der Weg von der nur scheinbar gefestigten Quintlage des Dominantklangs (diese Lage war, ausgehend von der Terz, das Ziel in T. 2) in dessen nach Auflösung strebende Septime.

Ähnlich verhält es sich mit den Triopartien. Auch sie führen vom Zwei- zum Dreiklang, doch geschieht das nicht als beinahe zufälliges Ergebnis von Aufwärtsbewegung der Stimmverbände bei liegendem Baß, sondern als Stimmführungsereignis; in den Trios herrscht der musikalische Satz. Das erste von ihnen (T. 3 f.) rundet die eröffnende Hälfte der Periode harmonisch ab: Die Kadenzierung mündet in einen auch klanglich stabilen Dreiklang in Grundstellung ohne Verdopplung. Das zweite Trio nimmt die Spitzentöne *c''* und *es''* des Dominantseptakkords auf, verzögert aber die Auflösung in die Tonikaterz durch vorgeschaltete Subdominant- und Dominantklänge. In dem Moment, in dem die Tonika schließlich erreicht wird, stellt sich keine rechte Schlußwirkung ein. Die weite Terzlage des B-Dur-Dreiklangs klingt offener und verlangt stärker nach einer Fortsetzung als der eigentlich offene Halbschluß in Takt 4. Dieser Forderung entspricht Mozart mit einer doppelten Grundkadenz:

Notenbeispiel 2:

Der Vorgang wird sogleich zur Demonstration eines bislang noch nicht präsentierten Klangverfahrens genutzt: In Takt 9–12 sind die Violin- und Violapaare in Sexten gekoppelt (Terzabstand der Gruppen). Hatte sich in der ersten Periode der 'Winkel' zwischen Quartett und Baß in den Tuttigruppen kontinuierlich vergrößert, geschieht nun das Gegenteil (T. 9 ff. Quint – Dezime – None – Terz; T. 13 ff. Terz – Oktave – Septime – Einklang). Der Satz ist bis auf wenige Taktteile real zweistimmig; konsequenterweise führt diese Reduktion in den leeren Oktavklang.

In Takt 17 wendet Mozart erstmals einen der für den weiteren Satzverlauf wichtigen Kunstgriffe an. Die gekoppelten Stimmpaare erklingen nicht mehr simultan, sondern sukzessive, so daß sich ein Wechsel der klanglichen Register ergibt. In Terzen parallel laufen abwechselnd zweite Viola und Violoncello im Baß sowie die beiden Violinen im Diskant; als Mittelachse fungiert die erste Viola. Etwas später (T. 37 ff.) kommt es zu einem Wechsel zwischen Tenor- (Violen) und Diskantlage ohne die motivisch selbständige Verbindungsstimme. Statt dessen vollzieht sich das Geschehen über dem Fundament eines Tonikaorgelpunkts im Violoncello. Wieder anders sieht das Verfahren in den Takten 72 ff. aus:

Notenbeispiel 3:

Hier ist eine Art 'Kanon der Register' gestaltet, indem mit halbtaktiger Verspätung auf das in Terzen und Sexten laufende Violenpaar die oktavgekoppelten Violinen (die Verbindung ist an dieser satztechnisch sich verdichtenden Stelle erstmals gebraucht) einsetzen.

Aus diesem Vorgang leitet sich unmittelbar der Höhepunkt der Exposition ab. Ihn erreicht Mozart, da die wichtigsten Kopplungen und Registerwechsel bereits vorgeführt worden sind, durch ein dem Vorangegangenen entgegenwirkendes Verfahren, das der Entkopplung (eine schlichtere Form der im folgenden behandelten Passage bieten die Takte 80–84; siehe Notenbeispiel 4, nächste Seite).

Im Zentrum des Satzes steht die motivische Imitation der jetzt solistisch behandelten Violen, eine Imitation, die zugleich mit dem Wechsel zwischen Tenor- und Altregister spielt. Umrahmt wird das Duo von den Violinen und dem Violoncello. Dieses Trio beschreibt den harmonischen Schritt vom Dominantgrund- in den Wechseldominant-Quintsextakkord, enthält darüber hinaus in der ersten Violine als durchführungsartiges Element die Verarbeitung eines Motivpartikels aus Takt 12 (vermittelt über T. 70 f.). Der Abschnitt ist allerdings doppeldeutig, da er nicht allein horizontal als Kombination von Duo und Trio, sondern außerdem vertikal als Gegenspiel von Solo (zweite Viola) und Quartett gehört werden kann (eindeutig hat Mozart das in den Takten 43 ff. gestaltet). Wie auch immer: Im Anschluß an diese Passage (T. 96 ff.) wird das zuvor imitatorisch behandelte Motiv in der bislang ausgesparten Terz- und Sextkopplung von erster Viola und Violoncello fortgeführt (vgl. T. 84 ff.). Klanglich ebenfalls neu ist im Epilog (T. 112 ff.) die Oktavführung der beiden Violinen über dem Harmoniefundament von zweiter Viola (Akkordbrechung) und Violoncello (Orgelpunkt).

Notenbeispiel 4:

Einen Kontrast zu all den soeben beschriebenen Partien des Fragments KV 514a – sie sind in der Entwurfs-Partitur vollständig ausgeführt – bilden solche, die eine eher konzertante Haltung auszeichnet. Dreimal sind im Verlauf der Exposition längere Strecken überwiegend einstimmig allein in der ersten Violine, mit allenfalls gelegentlich hinzutretendem Violoncello notiert. Nicht bloße Schreibabkürzung ist hier zu beobachten, sondern die Spiegelung einer anderen kompositorischen Absicht als in den jeweils vorangehenden und folgenden Abschnitten. Mozart experimentiert in dieser Exposition einerseits mit den Möglichkeiten des Ensemblesatzes und erprobt andererseits deren Gegenteil, eben die Präsentation des Solisten. Daraus ergibt sich eine eigentümliche Balancierung des Verhältnisses von Solo und Tutti (in das sich der Solist selbstverständlich nahtlos einfügt). Nach den ersten drei achttaktigen Perioden, die vom Ensemblespiel und dem mit ihm verbundenen ersten Thema bestimmt waren, übernimmt die erste Violine die gedankliche Führung, will sagen, obliegt ihr der Vortrag neuer Ideen und motivischer Ableitungen. Das Ensemble rekurriert zwar noch einmal auf das Spiel mit dem Themenkopf (T. 37 ff.), doch entspringt diesem eine vom Solisten formulierte Viertongruppe (T. 43), die den Satz bis zum Epilog in mancherlei Wandlungen dominiert (dazu unten mehr). Damit hat sich das Tutti seiner 'Führungsrolle' begeben, und der späte gedankliche Ansatz zu einem Epilogthema wirkt nach der auftrumpfenden Finalgeste der solistischen Violine eher gedämpft. Man gewinnt den Eindruck, daß die Spannung zwischen dem Einzelnen und dem Ensemble dem Quintettfragment den Lebensimpuls gibt. Es ist der Geist der hinter Mozart liegenden großen Konzertkompositionen, der durch die Partitur weht.

2) Vor diesem Hintergrund wird man auch das konzentrierte Spiel mit Motiven, besonders deren Ableitung und Fortspinnung, zu bewerten haben. Nur eines der thematischen Gebilde in Mozarts Quintettfragment wird als regulärer 'Gedanke' exponiert, und zwar gleich zu Beginn. Aber gerade dieses Hauptthema spielt als Thema im Verlauf der Exposition nur eine untergeordnete Rolle. Wichtig für das Geschehen im ersten Drittel ist lediglich das charakteristische Kopfmotiv. Es wird nacheinander in drei Formen eingesetzt; Mozart variiert dabei die Richtung des ersten Intervalls (T. 1 kleine Terz aufwärts; T. 18 große Terz abwärts; T. 37 kleine Sekunde abwärts) und damit zusammenhängend die Richtung des Circolo mezzo (T. 1 absteigend; T. 2 aufsteigend; T. 37 absteigend). Mit diesen Varianten sind die oben beschriebenen Kopplungen und Registerwechsel verbunden.

Auffällig erscheint die bereits in dieser frühen Phase des Satzes zu beobachtende Anwendung von Durchführungstechniken. Denn das Motiv wird nicht nur sogleich aus seinem thematischen Zusammenhang herausgelöst und verändert, sondern darüber hinaus zum Gegenstand kompositorischer 'Arbeit' gemacht: In den Takten 18 ff. entsteht aus ihm eine absteigende Terzfall-Sequenz, in den Takten 37 ff. dialogisieren zwei verschiedene Formen wechselchörig miteinander. Auch sonst lassen sich in diesem Abschnitt derartige Verfahren erkennen. In Takt 18 tritt zur erwähnten Sequenz eine selbständige Gegenstimme in der ersten Viola. Daraus ergibt sich in Takt 24 als erste Ableitung eine gestauchte, viermal repetierte Formel im Violoncello. Das daran anschließende viertaktige melodische Gebilde in der ersten Violine (T. 29 ff.) – es steht in der Funktion eines episodischen Themas – führt im Kern (T. 31) ein Derivat der ursprünglichen Gegenstimme (T. 20) mit sich. Die Wiederholung dieses Zwischenthemas (T. 33) schließlich tritt als variierte Reprise auf.

Nach Abschluß des an das Kopfmotiv gebundenen Teils tritt der Zug zur motivischen Arbeit noch deutlicher hervor. Geradezu ins Zentrum des Geschehens rücken zwei unscheinbare Viertonmotive (T. 43 f.). Mit ihnen und ihren Ableitungen bestreitet Mozart den Satz bis zum Beginn des Epilogs in Takt 111. Die wichtigsten Stationen der Entwicklung seien in einer Übersicht zusammengefaßt; die motivischen Beziehungen dürften so leicht einsichtig werden (siehe Notenbeispiel 5, nächste Seite).

Auf weitere Materialelemente, die vor allem bei der Verknüpfung der aus den Viertonmotiven gewonnenen Gebilden eingesetzt werden, soll nur summarisch hingewiesen werden; Augenmerk verdient der verschiedenartige Einsatz von Skalen und Skalenausschnitten sowie die schon früher erwähnte akzidentelle Schlußfigur aus Takt 12.

Die oben getroffene Feststellung, nur eines der thematischen Gebilde in Mozarts Quintettfragment werde als regulärer 'Gedanke' vorgestellt, kann nun dahingehend erweitert werden, daß alle weiteren Themen, die als solche eine bestimmte Formfunktion in der Exposition erfüllen, im wesentlichen abgeleitete sind, das heißt, aus dem musikalischen Geschehen heraus erwachsen und nicht in es hineingestellt werden. Das gilt für die episodischen Zwischenthemen (T. 29–37, T. 49–54) ebenso wie für den Seitensatz (T. 64–72); selbst das zum Schluß eher unvermittelt klingende Epilogthema zeigt bei genauerer Betrachtung einen Rückbezug auf bekanntes Material (vgl. T. 78 ff.).

Notenbeispiel 5:

3) Zu den Verfahren der klanglichen Variation und der motivischen Arbeit tritt als weiteres Mittel zur Erreichung eines großdimensionierten Satzes die im ersten Moment paradox anmutende Reduktion der harmonischen Bewegung. Die Polarität nur zweier Tonartenbereiche – deren Spannung aufzubauen, auf einen Höhepunkt hin zu steigern und dann zu halten das entscheidende Formungsgesetz des ersten Teils einer Sonate darstellt –, diese Polarität steht in ausgedehnten Formen in der Gefahr, so schwach zu werden, daß sie kaum mehr wahrgenommen wird: Ihre Energie verpufft, die Dynamik der Form geht verloren. Diesem Übelstand begegnet Mozart im Fragment KV 514a mit Maßnahmen, die auch im Quintett KV 515 Anwendung finden sollten. Die dortigen Verhältnisse hat Charles Rosen treffend beschrieben[35]: „Im Quintett C wählte sich Mozart das schwierigste und befriedigendste Verfahren zur Ausweitung der ersten Sonatenhälfte, nämlich die Expansion des

---

35 Rosen, Der klassische Stil (wie Anmerkung 29), S. 307.

anfänglichen Tonikaabschnitts, d. h. der 'ersten Themengruppe'. Damit dramatisierte er nicht eine Handlung, sondern gerade die Verweigerung einer Handlung, d. h. er mußte Spannung erzeugen und zugleich auf einem Extrempunkt von Lösung verharren".

Tatsächlich kommt der Komponist auch im Fragment mit zwei Kerntonalitäten aus, B-Dur von Takt 1 bis 64 und F-Dur von Takt 65 bis 122. Alle harmonischen Bewegungen innerhalb dieser beiden Bereiche geschehen zu dem Zweck, einerseits die Tonart zu halten, andererseits aber zu verschleiern, daß dies geschieht. Der Weg vom einen zum anderen Bereich wird breit angelegt und von der solistisch behandelten ersten Violine in einem modulatorischen Nachsatz ohne Hast begangen (T. 47–64). Beim Erreichen der Dominante greift Mozart sogleich weit in den harmonischen Raum aus (bis zu deren Doppeldominante G), um auch hier die tonale Befestigung aus der Distanz gestalten zu können. Da das Ziel schon erreicht ist, bleiben alle sich entfernenden Bewegungen nur scheinbar. Die b-Moll-Episode der Takte 99 bis 104 beispielsweise ist als Teil einer Kadenz zu verstehen, die eben über die vermollte Subdominante und anschließend über Dominantregionen diejenige Tonart anstrebt, die im Hintergrund stets präsent war. Daß aber dieses F-Dur bei seinem endgültigen 'reinen' Auftreten (T. 111) noch so unverbraucht klingt, beweist, daß Mozart ein überaus wirkungsvolles Verfahren nicht nur gefunden, sondern auch vollendet eingesetzt hat. Man fühlt sich lebhaft an den Opernkomponisten Mozart erinnert: So wie sein dramatisches Gespür den richtigen Zeitpunkt für den Auftritt einer Person trifft, so ereignishaft gestaltet er das Erreichen der Zieltonart.

Das Fragment KV 514a ist nach dem (ungenügenden) Ermessen des Musikforschers eine ebenso gelungene wie künstlerisch hochwertige Komposition, deren Abschluß man schmerzlich vermißt. Doch Mozart hat diesen weit entwickelten Satz offenkundig anders bewertet. Er ließ ihn liegen, zog sogar, als es 1788 darum ging, eine runde Zahl an Quintetten zum Verkauf anzubieten, die Bearbeitung der Bläser-Serenade in c KV 388 (384a) für fünf Streicher einer Vollendung vor. Warum tat Mozart das? Alfred Einstein urteilte pragmatisch: „Es ist eine Skizze von hohem Wert, nur verworfen, weil Mozart merkte, daß er das Violoncell zu wenig bedacht hatte"[36]. Häufig sind einfache Antworten die richtigen, aber in diesem Fall will das Gesagte nicht recht überzeugen. Denn im Vergleich mit den fertiggestellten Quintetten und angesichts der Tatsache, daß 37 Takte nur einstimmig notiert worden sind, erweist sich die Einschätzung Einsteins als unzutreffend.

Die Überlegungen werden eine andere Richtung einschlagen müssen. Es steht fest, daß Mozart die große Form, die 'Beethovensche Dimension' des Kopfsatzes einer Sonate, wie erwähnt, nur im Quintett KV 515 realisiert hat. Sie galt ihm offenkundig als etwas Einmaliges. Daraus kann bei der engen musikalischen Beziehung zwischen Fragment und abgeschlossenem Quintett ei-

---

36 Einstein, Mozart (wie Anmerkung 14), S. 207.

gentlich nur gefolgert werden, daß Mozart die zweifache Gestaltung des gleichen ungewöhnlichen Formziels in diesem Falle widerstrebte. Die individuelle Werkidee sollte und konnte sich in nur einer Komposition verwirklichen lassen. Vielleicht klärte sich erst während des Komponierens an dem Fragment gebliebenen Satz die Vorstellung von den räumlichen Proportionen einer weitdimensionierten Form, vielleicht ergab sich auch die Einsicht, daß mit anders gewähltem musikalischem Material in der Formgestaltung noch weiter ausgeholt werden konnte. Über alle mehr technischen Probleme hinaus scheint es zudem ein Anliegen Mozarts gewesen zu sein, Form und Satzcharakter in ein einander entsprechendes Verhältnis zu bringen. Während im Fragment die Themen und Motive nichts Repräsentatives enthalten (was keinen Mangel, sondern ihren individuellen Charakter beschreibt), weist das Hauptthema des Quintetts mit seinem auf engstem Raum durch vier Oktaven hinaufstrebenden Gestus unverkennbar auf die angestrebte Weite in allen musikalischen Dimensionen.

Mozart ahnte wohl zu Beginn seiner ersten Wiener Quintettphase die spezifischen kompositorischen Erfordernisse der Gattung, wie sie ihm vorschwebte. Aber von der Ahnung zur Vollendung führte der Weg über die Erfahrung, im konkreten Fall über das Schaffen eines musikalischen Verlaufs. An ihm gewann Mozart Anschauung und ein gedankliches Modell. Das Fragment KV 514a offenbart meines Erachtens eine der Rollen, die das Fragment in seinen verschiedenen Erscheinungsformen insgesamt in Mozarts Schaffensweise spielen konnte: Es fixierte Denkvorgänge und ermöglichte kompositorische Aktion als Reaktion auf Komponiertes. Mozart arbeitete sich, ohne daß ihm das bewußt gewesen sein muß, mit als solchen nie intendierten Fragmenten in die musikalischen Bereiche vor, die ihn instinktiv anzogen. Jeder Werkansatz konnte ihn potentiell zum Ziel führen, doch tat er es offensichtlich so lange nicht, bis Mozart die Gewißheit über den richtigen Weg dorthin erlangt hatte. Wenn es dann aber erreicht worden war, scheinen die 'vorarbeitenden' Fragmente für ihn förmlich ausgedient gehabt zu haben, da die mit ihnen gewonnenen Erfahrungen in ein schließlich vollendetes Werk eingegangen waren.

Auf diese Weise könnte ein Teil der Fragmente einem tieferen Verständnis zugeführt werden. Freilich läßt sich aus dem Bestand der Fragmente für Streichquintett kein weiteres Beispiel anführen, das in die Kategorie von KV 514a fiele. Die Ansätze KV 592b und 613b halten lediglich Themenexpositionen in den jeweiligen Grundtonarten fest, ohne daß darüber hinaus mögliche kompositorische Absichten erkennbar würden. Ausgedehnter ist das Fragment KV 613a, das erst nach der Präsentation des zweiten Themas samt dessen Wiederholung abbricht. Im Vergleich mit den anderen Quintettkompositionen ist seine Faktur insgesamt auffallend einfach. Stimmkopplungen sind nur gelegentlich eingesetzt und motivische Arbeit findet sich kaum. Merkwürdig mutet auch die Verbindung von menuettartigem Charakter und Sonatensatzform an. Die Rätsel dieses Fragmentes, angefangen von den schon erwähnten der Datierung bis hin zu seiner stilistischen Haltung, die sich nicht recht fassen läßt, müssen vorerst offen bleiben.

Faßbarer bietet sich das späteste der Kopfsatz-Fragmente dar, das den vollständigen Verlauf der Exposition eines a-Moll-Quintetts im wesentlichen fixierende aus dem Jahre 1791, KV 515c. Die Unterschiede zum Fragment KV 514a im Umfang, in der Satztechnik und der Formbildung sind unmittelbar einsichtig. Da das Stück erst jüngst von Christoph Wolff behandelt worden ist, soll hier auf eine genauere Analyse verzichtet werden, zumal Wolffs Resümee wichtige Beobachtungen zusammenfaßt: „Die Einbeziehung instrumentaler Virtuosität im Sinne punktueller, doch systematischer Hervorhebung einzelner Stimmen des Ensembles erscheint als Merkmal der „Preußischen" Quartette, begegnet aber besonders deutlich im Quartett-Fragment e-Moll KV Anh. 84/417d (ca. 1790) sowie dem Trio-Fragment KV Anh. 66/ 562e (1791), die beide in ihrer betont von konzertanten Elementen durchdrungenen Satzgestaltung dem Quintett-Fragment a-Moll von 1791 am nächsten stehen. Diese neuartige Satzgestaltung resultiert nicht in einer ausgedehnteren Form (die Länge der Satzteile und Sätze ändert sich nicht prinzipiell gegenüber der Streicher-Kammermusik der Jahre 1782 bis 1787), jedoch in einer differenzierteren und mit instrumentalem Raffinement angereicherten drei-, vier- und fünfstimmigen Partitur"[37].

Ein weiteres wesentliches Merkmal dieses Fragments ist in der Kontrastierung des konzertant-virtuosen Hauptsatzes mit einem betont schlichten, auf klarem Harmoniegrund sich entfaltenden Seitensatz zu sehen (T. 31 ff. [Tonika C]: T S^6 | T^6 S | D^2 T^6 | D^6 T | (D$^{6}_{5}$ d) | D$^{6}_{5}$ T | Tp D$^{4}_{3}$ | D$^{6}_{5}$ D). Gegenüber dem nervösen, sich in mehreren Anläufen konturierenden ersten Thema verhält sich das zweite wie etwas selbstverständlich Gegebenes. Es ruht in sich selbst, ohne das Potential zu einer motivischen Entwicklung in sich zu tragen. Dort, wo es sich harmonisch öffnet, geschieht das entweder hin zur variierten Wiederholung (T. 39 ff.) oder zur Überleitung in die Arbeit mit dem Hauptgedanken (T. 47 ff.).

Gerade diese starke Kontrastierung von Haupt- und Seitensatz erschwert den Vergleich mit dem einzigen vollendeten Quintett aus dem Todesjahr. Das Es-Dur-Werk KV 614 entwickelt den zweiten Gedanken (T. 39 ff.) viel stärker aus dem ersten heraus und ist mehr auf motivische Vereinheitlichung ausgerichtet. Das Fragment KV 515c scheint einer eigenen Werkidee verpflichtet zu sein. Bei ihm vermag man sich vorzustellen, daß Mozart es hätte vollenden können und wollen, da seine Formkonzeption offenkundig nicht in ein abgeschlossenes Werk – was nur heißen könnte, in das Quintett KV 614 – eingegangen ist.

---

37 Wolff, Musikalische Gedanken und thematische Substanz (wie Anmerkung 2), S. 928. –
    Richtigzustellen ist Wolffs Angabe in Anmerkung 20 (S. 927) seiner Studie, die Pausen in
    Takt 2 und 5 seien irreführende Ergänzungen der NMA: Tatsächlich stehen die Pausen-
    zeichen im Autograph.

IV

Unsere Überlegungen zu Mozarts Streichquintett-Fragmenten mußten dort, wo sie den gefestigteren Boden philologischer und analytischer Methodik verlassen, notgedrungen hypothetisch bleiben. Das liegt in der Natur der Sache. Wie immer bei Forschungen zur Werkstatt eines Komponisten sind der Erkenntnis enge Grenzen gesteckt. Nicht selten stößt man an diese bereits mit der deutlichen Artikulation dessen, was man wissen will. Das hindert den Fragenden nicht daran, statt wissenschaftliche Antworten zu geben bloße Erklärungsmöglichkeiten zu denken. Mozarts Komponieren, erst recht dasjenige in den ihn besonders herausfordernden Gattungen der Kammermusik, vollzog sich in hoher Bewußtheit, war geistige Arbeit, war häufig sogar „mühsame Arbeit"[38]. Allein diese Bewußtheit des Komponisten eröffnet überhaupt die Chance, in den vollendeten und den fragmentarischen Werken die Wege des gestaltenden Willens wenn schon nicht finden, so zumindest ahnen zu können.

Constanze Mozart hatte die Fragmente ihres verstorbenen Mannes in die Sphäre der frühromantischen Ästhetik rücken wollen; vergeblich, wie wir gesehen haben. Denn in welche Richtung die Vorstellungen der Romantiker vom Unvollendeten gingen, gibt zur gleichen Zeit etwa Friedrich Schlegel zu erkennen. Im zweiundzwanzigsten der Athenäums-Fragmente aus dem Jahre 1798 heißt es: „Ein Projekt ist der subjektive Keim eines werdenden Objekts. Ein vollkommnes Projekt müßte zugleich ganz subjektiv, und ganz objektiv, ein unteilbares und lebendiges Individuum sein. Seinem Ursprunge nach, ganz subjektiv, original, nur grade in diesem Geiste möglich; seinem Charakter nach ganz objektiv, physisch und moralisch notwendig. Der Sinn für Projekte, die man Fragmente aus der Zukunft nennen könnte, ist von dem Sinn für Fragmente aus der Vergangenheit nur durch die Richtung verschieden, die bei ihm progressiv, bei jenem aber regressiv ist. Das Wesentliche ist die Fähigkeit, Gegenstände unmittelbar zugleich zu idealisieren, und zu realisieren, zu ergänzen, und teilweise in sich auszuführen. Da nun transzendental eben das ist, was auf die Verbindung oder Trennung des Idealen und des Realen Bezug hat; so könnte man wohl sagen, der Sinn für Fragmente und Projekte sei der transzendentale Bestandteil des historischen Geistes"[39]. „Fragmente aus der Vergangenheit" und „Fragmente aus der Zukunft": Mit beiden haben Mozarts Fragmente nichts gemein. Sie sind 'Fragmente aus der Gegenwart', sind Zeugnisse eines unverstellt gegenwärtigen Komponierens, das, freilich anders als die Romantiker es meinten, Vergangenes und Zukünftiges in sich einschließt.

---

38 Mozart an seinen Vater Leopold, 19. Dezember 1780; Bauer-Deutsch III, Nr. 565, S. 65. Mozart an Michael Puchberg, Wien, 12. Juni 1790; Bauer-Deutsch IV, Nr. 1130, S. 110.

39 Friedrich Schlegel, Kritische Schriften und Fragmente, Band 2 [1798–1801], herausgegeben von Ernst Behler und Hans Eichner, Paderborn 1988, S. 106 f. In einem anderen Gedankengang führt das vierundzwanzigste Fragment aus: „Viele Werke der Alten sind Fragmente geworden. Viele Werke der Neuern sind es gleich bei der Entstehung", ebd. S. 107.

Register

Werke von Mozart